21世纪全国高职高专通识课规划教材

口才艺术与人际沟通

主　编　王志刚　梁志刚
副主编　熊　畅　周　炫
　　　　尹喜艳　方莉枚

内 容 简 介

人才未必都有好的口才，但拥有良好口才的人必定是人才。能说会道、善于处理人际关系是我们每一个人都向往具备的才能。在当今社会，我们都离不开人际沟通，而具备良好的口才则是拥有较好的人际关系的基础。

本书从现代社会交际的需要出发，根据作者多年教学实践以及广泛的人生阅历，以实用为原则，系统地为读者探索出了一条拥有良好口才和较强沟通能力的路径。本书遵循口才技能提升的内在规律，循序渐进地从基础技能训练篇开始，到专业性的提高篇结束。全书共分上、下两编，按照"项目导向、任务驱动"的模式，设置了思维训练、心理训练、普通话训练、诵读训练、态势训练5个基础性训练项目；社交、演讲、辩论、求职、推销、谈判6个专业性提高项目。11个项目又包括逻辑训练、普通话训练等26项任务。

本书是为高职院校专业学生编撰的通识教材，但从其开放的体例和注重实训的特点来看，同样也适合于其他大中专院校所有专业的学生使用。同时，本教材还是普通公民从事社交、提高口才水平的入门指导书。

图书在版编目(CIP)数据

口才艺术与人际沟通/王志刚，梁志刚主编. —北京：北京大学出版社，2010.8
(21世纪全国高职高专通识课规划教材)
ISBN 978-7-301-17386-2

Ⅰ.口… Ⅱ.①王… ②梁… Ⅲ.①口才学—高等学校：技术学校—教材 ②人际关系学—高等学校：技术学校—教材 Ⅳ.①H019 ②C912.1

中国版本图书馆 CIP 数据核字（2010）第 118537 号

书　　　名：	口才艺术与人际沟通
著作责任者：	王志刚　梁志刚　主编
策 划 编 辑：	郭　芳
责 任 编 辑：	成　淼
标 准 书 号：	ISBN 978-7-301-17386-2/G·2888
出　版　者：	北京大学出版社
地　　　址：	北京市海淀区成府路 205 号　100871
网　　　址：	http://www.pup.cn
电　　　话：	邮购部 62752015　发行部 62750672　编辑部 62765126　出版部 62754962
电子信箱：	zyjy@pup.cn
印　刷　者：	三河市博文印刷有限公司
发　行　者：	北京大学出版社
经　销　者：	新华书店
	787 毫米×980 毫米　16 开本　13.75 印张　335 千字
	2010 年 8 月第 1 版　2018 年 8 月第 3 次印刷
定　　　价：	27.00 元

未经许可，不得以任何方式复制或抄袭本书之部分或全部内容。
版权所有，侵权必究
举报电话：010-62752024；电子信箱：fd@pup.pku.edu.cn

前　言

最近几年，大学毕业生就业难俨然已经成为一个社会问题。记得某省一位主管教育的领导曾经对采访他的记者说过这样一段话："当前大学毕业生就业难，是客观存在的一种现象。但如果从就业主体去查找问题，就不难发现，他们就业难的一个主要原因，是不善于和人打交道，沟通技巧不足。"

结合自己多年从事高等教育工作的实际情况，编者比较认同这种分析，所以在教学过程中不断调整自己的教学思路和模式，目的在于提升学生的口语表达能力。比如在从事应用文写作这一课程的教学过程中，就采用了"讲、述、写"三位一体的教学方法；在讲授文学作品选讲这门课程过程中，讨论教学法更是普遍运用。应当说，经过几年的探索和实践，取得了一定的成绩。但是囿于所任课程的性质和教学课时的限制，一直未能系统化地将这些经验归纳整合。

从2009年开始，为了进一步加强文秘专业课程建设工作，适应新时期高职教育对教师教学方法、教学模式提出的新要求，我们决定组织校内外的一些专家、学者，对课程体系进行再造，对课程体系编排、教材建设、课程设置等诸多方面都进行了改革，取得了可喜的成就。革故鼎新之举也就为《口才艺术与人际沟通》的顺利出版提供了诸多便利。众多同人积极参与，经过多次讨论，最终确定了本教材的大体框架。《口才艺术与人际沟通》，是为高职院校学生编撰的通识教材，但从其开放的体例和注重实训的特点来看，同样也适合于其他大中专院校所有专业的学生使用。同时，本教材还是普通公民从事社交、提高口才能力的入门指导书。

本教材共分上、下两编，按照高职教育"项目导向、任务驱动"的教学模式要求，设置了思维训练、心理训练、普通话训练、诵读训练、态势训练等5个基础性项目；另外还有社交、演讲、辩论、求职、推销、谈判等6个提高性项目。11个项目下总计有逻辑训练、普通话训练等26项任务。教材遵循口才技能提升的内在规律，循序渐进地从基础篇开始，到提高篇结束。风格上注重理论性和趣味性结合，更有可读性；从实训角度讲，更有可操作性。

本教材的编撰工作具体分工如下：梁志刚负责教材的总体策划、出版社联络等工作，同时编撰了项目十一；王志刚负责教材总体设计、审定、校稿、内联等工作，同时编撰了前言、绪论、项目一、项目二中的任务二、项目五、项目六；熊畅编撰了项目十；周炫负责编撰项目二中的任务一、项目四中的大部分、项目七和项目八；尹喜艳负责编撰项目三、项目四中的一部分；方莉枚负责编撰项目九。

  由于编撰周期较短，一些错误和谬误在所难免，希望大家在使用过程中多提宝贵意见。同时申明，在本教材编撰过程中，我们借鉴了国内外同行的一些资料，在此一一致谢。

编 者
2010 年 5 月

目　　录

绪论 1

上编　基础篇

项目一　思维训练 9
　　任务一　逻辑训练 10
　　任务二　思维训练 25
项目二　心理训练 33
　　任务一　演讲心理训练 34
　　任务二　人际沟通的心理训练 39
项目三　普通话训练 49
　　任务一　学说普通话 50
　　任务二　声母训练 52
　　任务三　韵母训练 60
　　任务四　声调训练 68
　　任务五　音变训练 72
项目四　诵读训练 77
项目五　态势训练 89
　　任务一　表情训练 90
　　任务二　手势语训练 94
　　任务三　身姿、服饰及空间把握 100

下编　提高篇

项目六　社交 107
　　任务一　社交口才技巧训练 108
　　任务二　表达技巧训练 114
项目七　演讲 123
　　任务一　准备技巧训练 124
　　任务二　临场应变技巧训练 129
项目八　辩论 137

任务一　辩论的逻辑性训练 ……………………………………………… 138
　　任务二　辩论语言技巧训练 ……………………………………………… 142
　　任务三　团队式辩论技巧训练 …………………………………………… 147
项目九　求职 …………………………………………………………………… 156
　　任务一　自我介绍训练 …………………………………………………… 157
　　任务二　答问技巧训练 …………………………………………………… 160
项目十　推销 …………………………………………………………………… 173
　　任务一　做一名合格的推销员 …………………………………………… 174
　　任务二　掌握推销口才技巧 ……………………………………………… 180
项目十一　谈判 ………………………………………………………………… 189
　　任务一　谈判准备 ………………………………………………………… 190
　　任务二　谈判口才技巧训练 ……………………………………………… 200
参考文献 ………………………………………………………………………… 213

绪　　论

　　当今社会，很难找到一个不需要口才的行业。事实上，随着社会的多元化发展，如管理者、公务员、记者、导游、营销、服务、教师、主持人等职业越来越讲究口才的艺术性，口才已经成为人们生活中不可缺少的技能。

　　拥有良好的口才，如同拥有了成功的砝码，成为许多人孜孜不倦的追求。通过一个人的讲话水平和风度，可以判断其学识、修养。因为，口才不仅仅是口上之才，更是一个人心理素质、文化素质，甚至是综合素质的体现。所以，我们有理由认为：是人才者未必有好口才，但有好口才者必定是人才！

一

　　人生处处需要好口才！英国首相丘吉尔更是认为：一个人敢于站在多少人面前讲话，就代表他的人生成就有多大！

　　戴尔·卡耐基说："一个人的成功，有 15%取决于他的技术知识，而 85%取决于人类的工程——发表自己意见的能力、担任领袖的能力和激发他人热忱的能力。""现代成功人士 80%都是靠一根舌头打天下。"而口才，正是一个人各种能力的综合体现。

　　中国古代就有"一言可以兴邦，一言可以误国"之说，可见，口才对一个人的生活和事业是何等重要。美国人早在 20 世纪 40 年代就把"口才、金钱、原子弹"看做是在世界上生存和发展的三大法宝，20 世纪 60 年代以后，又把"口才、金钱、电脑"看做是最有力量的三大法宝。而"口才"一直独占三大法宝之首，足见其作用和价值。一个人的个性魅力是和他的说服力息息相关的，一位卓越睿智的商界精英，一位魅力无穷的政府领导，一位渊博儒雅的学者，都会在他的公众表达上有着不同凡响之处。也就是说，好口才是成功的敲门砖，可以带来意想不到的效果，有了好口才，才会有好人生！

　　的确，无论是求职面试、竞岗竞聘、工作汇报、号召说服、同学聚会、单位联欢、产品解说、技术讲解等，都需要我们拥有好口才。而对于一个高中学生而言，口才更会影响到他的高考录取结果！

　　2006 年的高考结束后，来自上海东光明中学的复读生胡洁，以 549 分的高考成绩，同时拿到了香港大学、香港科技大学和香港中文大学三张录取通知书。549 分，在众多报考香港大学的考生中，胡洁的分数仅过分数线，不少比胡洁成绩高的考生都没有她那么幸运；而到香港上大学的竞争是非常激烈的，香港科技大学的面试录取比例接近 40∶1。那么，是什么原因让这三家名校同时向她抛出橄榄枝呢？

原来，在面试过程中，胡洁良好的语言表达能力、积极乐观的心态、得体的礼仪等，给在场的主考官留下了深刻的印象。胡洁最后还是选择了香港中文大学，因为这个大学不仅发给了她录取书，还给了她50万元的奖学金。在上海，只有四个学生拿到了这个高额奖学金。

与此同时，香港的一些大学在面试完以后，一些高考状元并没有被他们录取，而胡洁综合素质的展现，让这样一个成绩并不太高的考生，成了香港高校的香饽饽。这既反应了香港高校的办学理念——注重综合素质超过注重考试成绩；同时，也给我们很多只注重考试分数的考生和家长们敲响了警钟：在未来的高考中，将会有越来越多的名牌大学注重学生的综合能力。

如果现在告诉你，有人能够让一个牧民的儿子成为石油大王洛克菲勒的女婿，成为世界银行的副总裁，你会相信吗？然而，擅长说服别人的乔治·拜伦就是依靠他出色的口才使这样的事变成了现实。

美国加利福尼亚州一老者有三个儿子，两个大儿子在城市扎了根，老人与小儿子相依为命。乔治·拜伦想把这位老者的小儿子介绍进城，多次被老人断然拒绝。有一天，拜伦对那位老人说："假如把你的小儿子介绍给石油大王洛克菲勒做女婿，你是否同意我把你的小儿子介绍进城呢？"老人经过激烈思考后终于同意了。拜伦又找到石油大王洛克菲勒对他说："如果我能让你女儿嫁给世界银行的副总裁，你会同意吗？"洛克菲勒也同意了。拜伦最后又找到世界银行的总裁对他说："如果我把石油大王洛克菲勒的女婿介绍给你做副总裁，你是否会考虑再设置一个位置？"结果，该总裁也同意了。

你不得不佩服拜伦的说服力吧！他居然能利用他的口才，让一个牧民的儿子做世界银行的副总裁。如果你能够具有这样的能力，你还担心什么事情不在你的掌控之中呢？这就是口才的魅力和力量。现代社会的方方面面都与口才息息相关，在当今这个竞争十分激烈的社会，口才已经成为决定一个人生活好坏及事业成败的重要因素。那么，如何才能提高我们的语言表达能力呢？什么样的口才是好的、绝妙的呢？

我们中国有句古话："听君一席话，胜读十年书。"的确，跟那些真正具备优秀口才能力的人交谈，比喝了醇酒更令人兴奋，甚至比上戏院或听音乐更能振奋精神。

中央电视台《对话》栏目《全球大调查问卷》中有这样一个问题："您认为在未来十年中最有竞争力、最有希望成功的人应具备哪些素质？"令人惊奇的是，有26位商界巨子无一例外地选择了交际能力、交流能力和公关能力等与口才密切相关的词汇。由此看来，一个人在融入社会时，口才越来越多地显示其独特的地位。人们总是通过口语表达来实现思想和感情的交流与沟通。没有语言交流，就没有人类文明。自古以来，口才艺术的发展就与时代相关，与政治、经济和日常生活工作紧密相连，并在其中发挥着重要作用。

二

那么什么是口才呢？

简单地说，口才是口语交际中说话（即口语表达）的才能。具体地说，口才是在交谈、演讲和论辩等口语交际活动中，表达者根据特定的交际目的和任务，结合特定的言语交际环境，准确、得体、生动地运用连贯、标准的有声语言，并辅之以适当的体态，表情达意，以取得圆满交际效果的口头表达能力。

从这个定义出发，只有实用的才是我们所要研究的。比如，一个人只能独自关在一间小屋内，对着墙壁口吐莲花、妙语连珠，而一到实际场合则张口结舌或者信口雌黄，这虽然也是一种口才，但无实用价值，我们不视其为口才。

从实用口才的定义出发，我们可以归纳出如下特点。

（一）鲜明的目的性

所谓目的性，就是说话者的主观意图。俗话说："看什么人，说什么话；到什么山，唱什么歌。"其所揭示的，就是说话者所要表达的目的性。

任何人在开口说话前，其思维总是要有所活动的：能不能说、为什么要说、说给谁听、起什么作用、产生什么效果、自己将怎样应对，如此，等等。在一般情况下，实用口才的目的是单一的。某个时间、某个场合、对某个人，说什么样的话，目的相当明确；只要获得了期望的效果，目的就达到了。

（二）明显的综合性

综合性体现为三个方面：

1. 心与口的综合

任何一句口语的表达，都离不开心理的支配。有什么样的心理，就有什么样的口语。刘姥姥三进贾府，而三次的口语表达都不同。这就是心理支配的结果。

心与口的综合，还表现在当一个人为着某种交际目的要想开口之时，其心理必然有所活动：该不该开口？怎样开口？开口会产生什么效果？只有经过一番思索之后，才会启动言辞的阀门，以口将它表述出来。

2. 各种能力的综合

表面上看，口才是一种口语表达的才能，但事实上，这种才能是人的许多方面的能力综合的结果，如思想水平、思维定式、认识程度、生活阅历、处世之道、应变应急、知识储备、天赋秉性、表达技巧，等等。

3. 表达方式的综合

口才在运用中,不仅仅是言辞的声音传递,还包括表达者在表达时的情感、神态、动作、音量、语调等。这些因素综合在一起,共同传递表达者发布的信息。

(三) 突出的个性化

个性是在一定的社会条件和教育影响下形成的一个人的比较固定的特性。实用口才所表现出来的个性要求,就是什么人说什么话——每一个人说的话,都要符合她的性别、身份、地位、年龄、职业、教养、气质、习惯、情趣、心理,让人听其言而知其性。

(四) 很强的实用性

我们这里所说的口才,并不同于单纯的口语表达,而是从现实的实际需要出发,着眼于日常生活、学习、工作等方面的实际使用。它不是为了展示自己的才能而表达,也不是为了取悦受众而施展,人们可以用它来交流思想、沟通关系、传递信息、矫正谬误、廓清视听、指导行止。它给人的,主要不是美的享受,而是实际的内在蕴涵。

三

演讲是征服的艺术,是一种行为智能,绝非简单的语言技巧。古今中外无数的演讲家、雄辩师,凭借敏捷的思维、犀利的目光,在洞察历史的真谛以后,驾驭声遏行云的口语艺术,以其一言九鼎之力,推动历史前进的车轮。像战国时的苏秦凭借三寸不烂之舌,游说东方六国,促成合纵抗秦联盟;三国时诸葛亮出使东吴,舌战群儒,终于说服吴主联刘抗曹,大破曹操于赤壁;美国黑人领袖马丁·路德·金以演讲为武器,反对种族主义,获得1964年诺贝尔和平奖……无数事实说明,演讲在历史的时空中发挥着惊天动地的巨大作用。

"演讲"是一门独立的语言艺术,就某个问题对听众说明事理,发表见解。口才是演讲的前提条件。没有口才,便谈不上演讲,很难想象,一个笨嘴笨舌、缺乏口才、词不达意的人,能演讲得好。口才的外延很大,它几乎涉及社会生活中的各行各业,如主持口才、销售口才、领导口才、演讲口才、公关口才、论辩口才等。而演讲只是口才展示的形式之一,虽然也有广泛的使用空间和较高的使用频率,但它毕竟是在特定的环境中才能进行。口才却不受时间、空间的影响,随时都能得以展现。没有干练的口才,成功的演讲只能是一种空想。要想演讲得精彩、成功,必须有意识地锻炼自己的口才。

口才于演讲具有怎样的作用呢?

(一) 促进自己迅速成材

演讲家都不是天生的,而是后天实践造就的,是经过艰苦的多方面的努力才成功的。

当我们看到演讲家在讲台上口若悬河、滔滔不绝地讲述的时候,我们自然会对他那悦耳的声音、和谐的语调及优美的态势语等由衷地赞叹,这是讲台上的工夫。而比这更重要的是演讲家讲台下的工夫,那就是他必须具备站在时代前沿的精深的思想、渊博的学识、丰富的阅历,这需要努力地学习与钻研。同时,他还必须具备敏锐的观察力、敏捷的思维能力、准确的判断力、迅速的应变力和较强的记忆力,这更需要刻苦的磨炼。可以说,是多方面刻苦的学习与磨炼造就了一个演讲家。当他成为一个演讲家的时候,我们说:他成材了。而当他正在加倍努力学习与磨炼尚未成"家"的时候,他也在思想、学识、智能等方面得到了极大的提高。所以说,演讲对促进人的成材有极大的作用。

(二)激励自己多作贡献

一个人思想精深,学识渊博,但却茶壶煮饺子"道"不出来,未免太遗憾了。著名作家茅盾、数学家陈景润在文学和数学领域都有卓越贡献,但口头表达能力较差,在一定程度上影响了他们的贡献。而鲁迅、闻一多先生不仅能写且也能说,能充分利用演讲这个迅速直接的传播工具来宣传真理,揭露邪恶,也就能为社会做出更多的贡献。

(三)融洽自己的人际关系

演讲家经过长期训练和实践所得的本领,不仅在演讲台上可以表现他们的文雅举止和出众口才,而且在日常交际生活中,他们的丰富的学识、敏捷的应对、良好的修养都很容易冲破种种人际关系的障碍,比一般人更能迅速、有效地与人进行交往和沟通。同时,演讲家通过演讲活动可以广泛地接触各阶层、各地区人士,扩大自己的交际面。

四

英国著名作家萧伯纳曾经说过,"假如你有一个苹果,我有一个苹果,彼此交换后,我们每人都只还有一个苹果。但是,如果你有一种思想,我有一种思想,那么彼此交换以后,我们每个人都有两种思想。甚至,两种思想发生碰撞,还可以产生出两种思想之外的其他思想"。任何一个人,他所掌握的知识、技能,他的直接的经验都是有限的。人要想适应无穷无尽不断变化的外部世界,就必须凭借沟通来获得别人的宝贵经验,沟通使他们无论在思想观念上,还是在情感上都变得无限。

(一)人际沟通的含义

人际沟通简称沟通,就是社会中人与人之间的联系过程,即人与人之间传递信息,沟通思想和交流情感的过程(如图1-1所示)图中甲和乙是进行人际沟通的双方。当甲发出一个信息给乙时,甲

图1-1 人际沟通示意图

就是沟通的主体，乙则是沟通的客体，乙收到甲发来的信息后，也会发出一个信息（反馈信息）给甲，此时乙成了沟通的主体，甲则成了沟通的客体。由此可见，在人际沟通过程中，沟通的双方互为沟通的主体和客体。

　　有时候，乙接到甲的信息后，并不发出反馈信息。人们习惯把有反馈信息的人际沟通称为双向沟通，如两个人进行对话；而把只有一方发出信息而另一方只是接收信息的人际沟通称为单向沟通，如电视台播音员和观众之间的沟通。

　　让我们看看一个故事，就知道沟通是要双向的。

　　有一个秀才去买柴，他对卖柴的人说："荷薪者过来！"卖柴的人听不懂"荷薪者"（担柴的人）三个字，但是听得懂"过来"两个字，于是把柴担到秀才前面。

　　秀才问他："其价如何？"卖柴的人听不太懂这句话，但是听得懂"价"这个字，于是就告诉秀才价钱。秀才接着说："外实而内虚，烟多而焰少，请损之。（你的木材外表是干的，里头却是湿的，燃烧起来，会浓烟多而火焰小，请减些价钱吧。）"卖柴的人因为听不懂秀才的话，于是担着柴就走了。

（二）口才对人际沟通的作用

　　这是一个讲究人际沟通的时代，这是一个靠口才赢得人脉的时代。生意场上有"金口玉言，利益攸关"之说，工作场合有"一言定乾坤"之说，生活中有"一言既出，驷马难追"之说。可见，在现代社会中，是否能说，是否会说，实在影响着一个人的成败得失。

　　人生活在一个社会群体中，人际关系是你和社会交往的一个纽带。人际关系并不是凭空建立起来的，沟通在其中起了非常重要的作用。美国石油大王洛克菲勒说："假如人际沟通能力也是同糖或咖啡一样的商品的话，我愿意付出比太阳底下任何东西都珍贵的价格购买这种能力。"由此可见沟通的重要性——成功者都是懂人际沟通，珍视人际沟通的人。现代社会，不善于沟通将失去许多机会，同时也将导致你无法与别人的协作。我们都不是生活在孤岛上，只有与他人保持良好的协作，才能获取自己所需要的资源，才能获得成功。

　　小李大学毕业，他看到电脑销售领域很有发展潜能，因此就找了几个比较有钱的朋友，希望得到他们的资助。那几个人看他刚毕业，没有资金又没有经验，对他想发展的领域又不熟，因此不愿意赞助，小李就向他们陈述自己的构想，说当地人们收入水平上升，很多人却想学电脑，买电脑，而且这个地区卖电脑只有几家，而且服务不好。他将自己的计划、建议、以后的公司地址等都向他们说明白了以后，那几个人看他说得有道理，并且考虑得非常周全，就把资金借给了他。拿到了这笔钱后，他按自己的计划创办公司，销售业务不断上升，几年时间里，不但还清了借款，还把公司发展为业务规模非常大的公司。小李的成功是沟通带来的，没有与那几个投资人有效地沟通，就不可能有他以后的成功。

　　小李的成功，就在于他用得体的言辞把自己创业的思想有效地表达了出来，从而打动了投资者，给他带来了转机。由此可见人际沟通缺少不了口才，良好的口才能够让你获得更多的社会关系，助推事业发展。

上编

基础篇

随着社会的开放，人们运用口语进行交际的活动日渐频繁。当今，一个人具有良好的口才，既是社会交际的迫切需要，又是一个人交际能力的重要表现。然而，良好的口才并不是人们生来就有的，它来源于人们在丰富多彩的社会生活中不断地学习和实践。但这也不等于说，一个人学历高或年龄大，就是在口语运用方面学习好、实践多，就一定具有良好的口才。如果他在人际交往中仅仅满足于自己"说了"或"听了"，那么他是很难具备良好的口才的。只有为着提高口语运用的能力，有计划、有步骤地在口语运用方面不断地学习和实践的人，才有可能具有良好的口才。这种有计划、有步骤地进行口语运用的学习和实践的行为，我们称之为口才训练。

本编主要内容就是口才艺术与人际沟通的基本技能训练，包括思维训练、心理训练、普通话训练、诵读训练与态势训练五个环节。五个环节囊括了作为发送者内在素质提高的思维、心理训练，也包含了思维的物质载体——言语（普通话、诵读）训练，还有外在态势的训练，可以说是内外兼修的基本技能培训。

项目一　思　维　训　练

　　在生活中，思维的灵活运用往往影响着人们各种行为的变化。思维科学原理告诉我们，人的思维活动是与语言紧密相连的，也就是说，语言既是人们交际的工具，也是人们进行思考的工具。二者的不同之处仅在于：思维过程中的语言运动是无声地进行着而已。除此而外，二者之间还表现为一种相互依赖且相辅相成的关系，确切一点说，口才实现与思维活动之间，呈现的是一种同步发展的关系。这种同步发展关系可以概括为：口才水平低，其思维能力一般也差；思维水平不高，其口才水平也不高。当然了，有一种现象除外：言说者有心理障碍或发声功能的生理障碍。

　　思维训练离不开逻辑训练，离不开思维方式的训练。

　　本项目下共有两项任务，第一项任务是逻辑训练，第二项任务是思维训练。

任务一　逻辑训练

一、概念

事例介绍

事例一：一个学生砸坏了教室的玻璃窗，老师批评他不爱护人民财产，要他赔偿。他说："人民财产，人人有份，我是人民，我砸烂的是我的一份，我赔偿给谁？"该学生将"人民"这个概念在集合意义上的使用同在非集合意义上的使用混同起来了。"人民"是所有人的集合体，其性质是不为它的组成分子（即每一个具体的人）所具有的。这是混淆概念的表现。

事例二：某建筑工人上班时忘记戴安全帽，安检员不准他进入施工现场。他指着围栏门上挂着的一个牌子说："我是按规定才不戴安全帽来上班的。你看，这不写着'非工作人员不得入内'么？安全帽当然是'非工作人员'，我怎么能够戴着它入内呢？"这里，'非工作人员'的概念就是被该工人偷换了的。

从以上两个事例中，我们可以看到，讲话要讲究逻辑性，不讲逻辑的言辞是经不起推敲的，甚至会南辕北辙。逻辑指的是人类思维活动的规律和形式，是人表达思想的必要工具。发送者以言辞进行交际的时候，必须遵守逻辑的要求，才能达到目的。并且，衡量一个人言辞表达能力的高低，也常常以其是否符合逻辑来判断。

知识归纳

（一）概念的含义及认识

1960年中国接连发生大灾荒，毛泽东节衣缩食，7个月不吃肉，身体健康受到影响。周恩来多次劝告他多吃点肉，均遭拒绝。宋庆龄从上海带来一网兜螃蟹送到毛泽东那里，毛泽东说："我说过，人民生活不好转，我决不吃肉！"宋庆龄说："这不是肉，这是螃蟹！"毛泽东无奈，只好收下。

这里就提出一个概念的问题。

什么是概念呢？概念是反映客观事物本质及范围的思维形式。从客观事物抽象出概念，需要言辞；将概念表示出来，也需要言辞。言辞表达应当承认概念的确定性，以一定的言辞表达一定的概念。

（二）概念用言辞表达的方法

1. 不同的概念用相同的言辞表达

由于不同的概念能够用相同的言辞来表达，发送者可以借此获得特定的效果。

（1）自我解嘲。一位教师在课堂上不慎带出一个口语："妈的！"旋即他便意识到自己的不当。于是笑道："'妈的'这个词不一定是骂人的脏话，它有好几个意思：骂人，当然是一个，但还有鄙视、气愤之意，另外，还可以表示佩服、赞叹、喜欢。我刚才所要表达的，就是后面几个意思。"学生们都笑了。

（2）自我辩护。有人向楚王敬献了一种长生不老药，传达官捧着药走向楚王。这时候有个侍卫随口问了一句："能吃么？"传达官回答道："可以吃。"侍卫一把抢过来把药吃了。楚王大怒，想要把侍卫杀掉。侍卫争辩道，"我刚才明明问过传达官'能吃么'，他说'可以吃'我才吃的。因此，不能怪罪我。况且，大王您求的是长生不老之药，我要是死了，就说明世上根本就没有长生不老之药，只能证明大王被人骗了。"楚王只好赦免了他。

（3）戏弄、惩治对手。阿凡提当理发匠的时候，一位吝啬出奇的阿訇常找阿凡提理发。但每次理完发后分文不付，只对阿凡提说："我每天为你祈祷，祝愿你长命百岁。"说完就走。一天，他又请阿凡提理发。阿凡提给他理完发，开始修整胡子时问他道："阿訇先生，您的胡子还需要不需要？""当然需要了！"阿訇回答说。阿凡提嚓嚓两下把他的胡子剪了下来，交到他手里说："如果需要的话就给您吧！""阁下，您的眉毛怎么办呢？"阿凡提又问。不知所措的阿訇慌忙地答道，"不，眉毛就不需要了，不需要了！"阿凡提又是嚓嚓几下把阿訇的眉毛剃下来扔到地上说："那好吧，如果不需要眉毛就把它扔掉。"阿訇气得埋怨起阿凡提来。"请别生气，阿訇阁下，我完全是按照您的意思理的。如果按照我的意思我根本就不想给您理发。这下没有眉毛、没有胡须的祈祷是不起作用的，请您另找理发师吧！"阿凡提说。

2. 相同的概念用不同的言辞表达

由于相同的概念可以用不同的言辞来表达，发送者便能借此获得独特的交际效果：

（1）减少重复，丰富语汇。丈夫看了一场篮球赛回来，对同样是球迷的妻子描述道："真是精彩极了！在终场前5分钟，梦雪队8号一个远程砸眼命中，12号飞身勾篮得手，9号快速冲刺进网，6号侧身装框又得两分。一下子反败为胜！"其中的"砸眼命中"、"勾篮得手"、"冲刺进网"、"侧身装框"等词汇表达的都是"球进了篮筐"这一个概念，但是用的词却很生动，不重复，显得活泼、形象。

（2）避免忌讳，便于接受。现实生活中，一个落后的人，别人说他落后，他可能不愿意听，但是如果说他后进，可能便于接受一些。比如现在说那些成绩差的人，不能说落后生，只能说后进生，同样，一个脾气不好的人，你不能这样说他，但你改称"你的个性较强",他就认可了。

(3) 防止误听,传递准确。有一次,有位学生来我家做客,我去接她。约定在地铁口出口见面,到了约定时间,还没有见到她来。我就打电话给她,她说已经到了地铁口,可是不见我。我说我在地铁口"B"出口,就是第"二"个出口。她说,哦,原来这样啊,我在"D"出口呢。这样把B出口按照数字序号的方式读成第二个出口,就不会有听成"D"出口这样的问题了。

(4) 委婉含蓄,迂回前进。大学即将毕业的女儿回家告诉父亲:"我们班上有个条件很不错的女生爱上了一个比她大十多岁的老师。"父亲说:"这有什么稀奇。"女儿问:"那么,你不反对这个女生的选择了?"父亲答:"我怎么会反对呢?"女儿便说:"那个女生就是我。"

(三) 注意言辞表达中的概念

(1) 明确概念的内涵与外延。内涵指的是概念所反映的客观事物的本质属性,外延指的是概念所反映的客观事物的范围。在表达时,应予以明确,否则会出差错。

某小学在进行思想品德教育的时候,讲到"给予胜于接受"。一个学生马上抢着说:"是的,我爸爸在工作中总是努力给予别人,竭力避免接受。"老师说:"太好了,向你爸爸学习,请问他是做什么工作的?"学生说:"拳击运动员。"显然,那个小学生并没有理解"给予"和"接受"的内涵与外延。

(2) 区分概念的种类。概念有单独与普遍、集合与非集合、相对与对称、正与负之分,不能混同,在表达时应区分开来。

某人母亲去世,他上班后,同事对他说:"真对不起,这次你母亲去世我都抽不开身去看看,下次一定去。"此人听后怒不可遏。因为同事将"母亲去世"这一概念当成普遍概念来用了。

(3) 把握概念的定义和划分。定义是明确概念的内涵,划分是明确概念的外延。表达时应予以把握,否则要出差错。

有一个大人问一个小男孩:"你们家几个男孩啊?"小男孩想了想说:"两个。"大人奇怪地问:"怎么,你还有哥哥或者弟弟么?"小男孩说:"我和我爸都是男孩。"显然在这里小男孩并没有知道男孩这一概念的外延。

(4) 掌握概念的概括与限制。概括是减少概念的内涵而扩大概念的外延,限制是增加概念的内涵而缩小概念的外延。例如宪法:限制为中华人民共和国宪法,概括为法律。

隋文帝杨坚并不喜欢次子杨广,而是喜欢长子杨勇,立意传位于杨勇。后来在杨坚病重时候,对侍臣说:"速招我儿。"觊觎帝位已久的杨广早就和侍臣串通好了,侍臣得旨,便招杨广榻前受命。杨坚此时已经无能为力了,只好传位给了杨广。杨坚并没有对"我儿"这个概念加以限制,所以造成了这一后果。

实训实习

（一）下列各组概念从前到后，作为连续地限制或概括是否正确，请说明理由。
1. 行为规范　法律　民法
2. 法律　法令　命令
3. 行为　违法行为　贪污行为
4. 审判长　司法干部　国家干部

（二）对下列概念进行一次限制和一次概括。
1. 小说：
2. 纪律：
3. 审判员：
4. 经济犯罪：
5. 防卫：

知识拓展

"白马非马"论

公孙龙是诸子百家中的名家，一向以诡辩著称。名家的中心论题是所谓"名"（概念）和"实"（存在）的逻辑关系问题，所以名家也称"辩者""察士"。

据说：公孙龙过关，关吏说："按照惯例，过关人可以，但是马不行。"公孙龙便说白马不是马，一番论证，说得关吏哑口无言，只好连人代马通通放过。

对于一般人，说"白马是马"就如同说"张三是人"一样，清楚明白，准确无误。怎么可能"白马非马"呢？

孔子的六世孙，大名鼎鼎并自认为聪明的孔穿，为了驳倒公孙龙的主张，找上门去辩论，结果被公孙龙驳得无以应对，吃了败仗。

辩论是在赵国平原君家里进行的。

孔穿对公孙龙说："向来听说先生道义高尚，早就愿为弟子，只是不能同意先生的白马不是马的学说！请你放弃这个说法，我就请求做你的弟子。"

"白马非马"是公孙龙成名的得意之作，要他放弃，那他公孙龙也就不成其为公孙龙了。所以公孙龙回答孔穿说："先生的话错了。我所以出名，只是由于白马的学说罢了。现在要我放弃它，就没有什么可教的了。"接着公孙龙又批评孔穿的求学态度："想拜人家为师的人，总是因为智力和学术不如人家吧；现在你要我放弃自己的学说，这是先来教我，而后才拜我为师。先来教我，而后再拜我为师，这是错误的。"

在前哨战中，孔穿已处于下风。公孙龙不愧为一位能言善辩的逻辑学家。他在教训过孔穿以后，又针对孔穿其人，宣传起自己的理论。公孙龙引经据典地说："白马非马的说法，也是仲尼（孔子）所赞同的。"孔子所赞同的，你孔穿还能不赞同吗？

公孙龙对孔穿讲了一个故事：当年楚王曾经张开"繁弱弓"，装上"亡归箭"，在"云梦"的场圃打猎，结果把弓弄丢了。随从们请求去找。楚王说："不用了。楚国人丢了弓，楚国人拾了去，又何必寻找呢？"仲尼听到了说："楚王的仁义还没有做到家。应该说人丢了弓、人拾了去就是了，何必要说楚国呢？"公孙龙评论道：照这样说，仲尼是把楚人和人区别开来的。人们肯定仲尼把楚人和人区别开来的说法，却否定我把白马与马区别开来的说法，这是错误的。

末了，公孙龙又做了总结性的发言："先生遵奉儒家的学术，却反对仲尼所赞同的观点；想要跟我学习，又叫我放弃所要教的东西。这样即使有一百个我这样的人，也根本无法做你的老师啊！"孔穿无法回答。

二、判断

事例介绍

事例一：西晋有个清谈家王戎幼时与一群孩子嬉戏，当他们发现路边一李树结满了果实时，孩子们都争相前去摘取，唯独王戎坐着不动。有人问他何故？他说："树在道边而多子，必苦李也。"孩子们摘下来品尝，王戎的判断果然不错。

事例二：齐国的晏子出使楚国，楚王为了侮辱他，故意捆绑一个人从他面前走过，然后对他说："这是个齐国人，犯了盗窃罪。你们齐国人是不是有偷盗的习惯？"晏子说："桔生淮南则为桔，生于淮北则为枳。它们只是叶子相像，果子的味道却完全不同，这是因为水土不同。现在，老百姓生长在齐国不盗窃，一到楚国就偷盗，恐怕是楚国的水土使得老百姓习惯于偷盗吧？"晏子的判断就是假判断。桔和枳，本来就是两个不同的品种，淮南的桔树不可能到了淮北就变成了枳树。然而晏子用于此，却起到了很好的驳斥、奚落楚王的作用。

知识归纳

（一）判断的含义及认识

判断是对事物有所断定的一种思维形式。判断是言辞的思想内容，言辞是判断的表现形式。判断有真假之分。凡是如实地反映客观事物的判断，就是真判断，如事例一王戎的判断。而没有如实反映客观事物情况的判断，就是假判断，如事例二里面晏子的判断。

（二）判断用言辞表达的方法

1. 相同的言辞表达不同的判断

汉语中存在大量的一语双关的现象，一句话说出来，可能是这个意思，也可能是那个意思。比如在校园里遇到一位老师，有熟人问老师干啥去，老师回答说："上课去。"到底是给学生上课，还是老师听别人讲课？这里就有歧义。有时候，我们往往利用这种歧义，达到另外的语言效果。比如挖苦嘲讽、戏谑逗趣、谐音达意、应付敷衍等等。

某乡村小学向学生乱收费，凡送礼给校长的，均得减免。一天一位家长捉了两只肥鸡送给校长，校长故作姿态说："我要是收下你的鸡，又没有精力饲养它，岂不会饿死了？我要是不收下，你一番好意送来，岂不有失礼节？这叫我怎么办？"家长说："请校长务必收下，'饿死事小，失节事大'。"

2. 用不同言辞表达相同判断

汉语中又存在多句一义的现象，同一个意思，可以这样说，也可以那样说。比如要表达"他非常高兴"这样一个判断，就可以用这些言辞：他笑容满面、他兴奋极了、他眼里闪着欢愉的光、他心花怒放、他欢快地跳跃着等等。有时候，用某种言辞表达某一意义时候有所不便，就可以改换另一种言辞来表达同样的判断。比如弯曲回避、幽默诙谐、调侃捉弄、回击挑衅。

在宋代，"鸟"是骂人的话。苏东坡与佛印和尚是好朋友，二人经常一起开玩笑。一天，苏东坡想捉弄佛印，便对他说："古人作诗，经常把'僧'与'鸟'相对，比如'鸟宿池边树，僧敲月下门'。"佛印当然明白苏东坡的意思，于是顺口说道："今天，我这个'僧'恰好与你面对呢！"佛印也是变换另一种言辞，把苏东坡给捉弄了。

3. 用疑问言辞表达确定判断

含有疑问的言辞，一般都是不表达判断的。但是，在实际言语交往中，发送者却可以借用含有疑问的言辞表达自己的判断。这种借用，是一种故意行为，是无疑而问。

根据发送目的的不同，用疑问言辞表达判断分为两种形式，一个是设问，一是反问。

设问有自问自答、问而不答、问过之后经过分析论证之后才以结论做答三种情况。"什么东西在作怪？面子、地位。请教别人，是否丢脸？并不丢脸。"这就是自问自答。1989年12月26日，邓小平会见泰国总理差猜，讲到西方国家对中国实行制裁时说："他们使用经济手段，也使用政治手段，如高级官员不接触。这个东西对中国有什么影响？"这是问而不答，不过答案已经在语气里面表现出来了。

反问是为了加重语气、增添感情色彩，故意运用疑问言辞来表达判断。它与设问不同，它不需要答案，答案就在反问之中。

4. 用否定言辞表达肯定判断

有时候为了加强语气，强调某种因素，发送者可以用否定言辞来表达肯定判断。例如，"不信我赢不了你"，意思是，"我能赢得了你"。

(三)复合判断的言辞表达

有些判断中还包含其他判断,称之为复合判断。复合判断不能用一个简单的语句来表达,需要两个或两个以上的语句。

1. 联言判断

这是一种判断两种或两种以上事物情况同时存在的判断。"中国的土地,可以征服,而不可以断送;中国的人民,可以杀戮,而不可以低头。"

2. 选言判断

这是一种判定事物有几种可能情况的判断。

3. 假言判断

这是一种判断一个事物存在是另一个事物存在条件的判断。

实训实习

通过定义,判断选项真伪。

(一)社会刻板印象:对各类人持有的一套固定的看法,并以此作为判断评价其人格的依据。

下面不属于社会刻板印象的是( )。

A. 所谓"无商不奸",生意人都是唯利是图、见钱眼开的
B. 小杨敏感细腻,衣着精致得体,一点也不像东北男人,倒像是个上海小资男人
C. 都说演艺圈是个大染缸,好人家的孩子是不会走演艺娱乐这条路的
D. 说起教授,人们常常会有这样一种印象:带着眼镜,头发花白,经常会在胳膊下夹着厚厚的一摞书

(二)考试公平:是指所有参加考试的考生在考试过程中都受到完全同等的对待。根据上述定义,下列违反考试公平的做法是( )。

A. 某市停止了实行多年的通过考试择优录取的初中招生办法,在初中招生中改用就近入学方式。对于户口所在地几乎等距离地介于几所初中之间的孩子,采用了电脑自动派位方式安排就读学校
B. 有一道试题是关于北京地下铁道建设的讨论,对于北京的考生,这道题没有什么理解困难。但是,一些来自偏远农村的考生,就对"地下铁道"感到很困惑
C. 为了参加这个考试,李红已经脱产复习了半年,家里重金为她请了有经验的辅导教师。王丽只能利用业余时间准备考试,每天下班后,还要为残疾的父亲和年幼的弟弟做饭洗衣,常常晚上10点以后才能开始复习看书

D. 竞争上岗考试中包含了一些有关西方文学的试题。其实，这些西方文学知识对胜任这个岗位的工作没有多大关系。一些"书呆子"却考了高分

（三）足值货币：是指这样的一种货币，它本身具有十足的内在价值，并且它是以自身所包含的实际价值同商品世界一切商品相交换的，是一种内在价值的等量交换，并以其内在价值量的大小来决定交换的比例。

下列属于足值货币的是（　　）。

A. 信用卡
B. 美元
C. 银行承兑票据
D. 贵金属货币

（四）预感：是指一个人通过梦境、幻觉、直觉等方式对未来事件的信息预先感知。

根据上述定义，以下属于预感的是（　　）。

A. 惠灵顿发现蜘蛛吐丝结网，得出了河水会结冰的结论
B. 普鲁士的士兵通过法军阵地每天有波斯猫出来晒太阳的现象，得出了那里有法军师长的结论
C. 林肯梦见自己被刺杀了，他告诉别人自己会被暗杀
D. 朱可夫由农民过沼泽地的方法想到了坦克通过沼泽地的方法

知识拓展

注意言辞表达中的判断

利用言辞与判断的关系，在作出判断时可以获得表达的艺术效果。但也并不是说，表达者可以随心所欲地以言辞支配、主宰判断。在讲求判断的艺术时，对判断的某些方面加以注意，既可避免误用，又可提高表达的艺术。

（一）判断的全称与特称

一位省领导到某县检查工作，县政府办公室主任向他汇报说："当前春耕太忙，几乎所有县长、副县长都下到基层去了。其他县长、副县长除主持日常工作外，也都抽空到基层去。"听得省领导莫名其妙。因为一个县只有一个县长，应是特称，主任却用了全称，在县长前加了"所有的"和"其他"。

全称指的是断定某类的某一个对象都具有或不具有某种性质，特称指的是断定某类的部分对象具有或不具有某种性质。全称一般前面都要加"所有"、"一切"、"都"等表示量的词汇。特称一般前面加"有的"、"这些"、"这个"、"不少"等量词。

（二）判断的主项和谓项

主项指的是判断中表示判断对象的概念，如"北京是中国的首都"中的北京。谓项指

的是判断中表示对象具有或不具有的那个性质的概念，如前面判断中的"是中国的首都"。言辞表达中，主项和谓项的搭配要恰当，不能矛盾。比如说："在我回广州的路上，正是正月十五元宵节。"这就是一个病句。

（三）判断的关系

王安石的儿子小时候非常聪明，有位客人用一个笼子装了一只獐和一只鹿送给他。客人问他："哪只是獐，哪只是鹿？"由于两种动物小的时候外形差不多，很难分辨出来，小家伙一时愣住了。不过他很聪明，略微停顿后说："獐旁边的是鹿，鹿旁边的是獐。"

任何事物都具有或不具有某种性质，形成性质判断。而事物与事物之间总是存在这样或那样的关系，因此又形成了关系判断。关系判断就是断定事物与事物之间关系的判断。

（四）对判断中概念的理解

判断是由概念构成的。如果对判断中概念的理解有误，那么所作判断也必然有误。

三、推理

事例介绍

事例一：法国生物学家居维叶对学生要求很严。一次下午要考试，几个顽皮的学生想捉弄老师，便在他午睡时装扮成怪物爬在窗台上尖叫。居维叶猛地被惊醒，睁眼看看那怪物，又倒头睡下，口中自语道："这怪物头上有角，腿上是一双蹄子。有角有蹄的动物，都是食草动物；食草动物是不吃肉的，我怕啥？"学生见吓不到老师，只好溜走了。居维叶的言辞表达，就是推理。

事例二：清朝时候，伊犁城中无水，平时用水都从城外河中挑水。后来，城池被叛军包围了，城中军民眼看因为无水不能生存。这时候，一个官佐对将军说："戈壁皆积沙无水，故草木不生。今城中多大树，如果其下无水，怎么能活？因此，城中地下必定有水。"于是在大树下挖掘，果然有水。那位官佐的话，其实也是推理。

知识归纳

（一）推理的含义及认识

推理是由一个或几个已有的判断，推出一个新判断的思维形式。

推理是由前提和结论两部分组成的，前提是已有的判断，结论是推出的新判断。它们二者之间存在着一种推理根据——前提与结论之间的逻辑联系。如果没有这个逻辑联系，就不能从前提推出结论。上述事例一里面居维叶以"有角、有蹄的动物都是食草动物"和"食草动物是不吃肉的"这两个已知判断，推导出一个未知的新判断——我怕啥？（它不会吃我）

与概念和判断一样，推理也要依存于言辞材料。不同的是，概念依存于词和词组，判断依存于语句，而推理则依存于句群或句组，往往用连接词表达。如"因为……，所以……"；"既然……，就……"；"由于……，因此……"，等等。

（二）推理用言辞表达的方法

1. 直接推理

直接推理是指由一个前提直接推出一个结论的推理。毛泽东在延安追悼张思德的集会上说："因为我们是为人民服务的，所以我们如果有缺点，就不怕别人批评指出。"这就是一个直接推理。

2. 演绎推理

演绎推理是指根据已知的一般性知识，得出某种特殊性事实的新知识的推理。演绎推理属于间接推理。间接推理是指由两个或两个以上判断作为前提而推出结论的推理。

演绎推理是从一般到个别（或特殊）；前者是已知的，后者是推出的。演绎推理由于前提是具有不同类型的判断，所以它也分为几种类型：

（1）三段论。它是指由两个包含着共同项的判断推出一个新判断。第一个判断叫大前提，第二个判断叫小前提，第三个判断叫结论。

三国时候，吴主孙亮爱吃梅子。一天，他叫太监去库房去取蜂蜜来渍梅子。蜂蜜取来后，他发现蜜中有老鼠屎，便责问太监。太监说，这是库吏渎职所致。孙亮召来库吏，库吏说拿给太监的时候并没有老鼠屎。他两个互相诿过。有人主张将两人一起治罪。孙亮说，不急，我有办法澄清这个问题。他叫卫士当众剖开老鼠屎，见里面是干燥的，于是便命左右将太监绑了，问他服罪不？太监此时还在抵赖，孙亮说："要是鼠屎先在蜂蜜中，里外都应浸湿；而今鼠屎里面并未浸湿，所以鼠屎不是先在蜜中的。这不是你后放进去的是谁？"太监赶紧求饶，原来他与库吏往日有仇，想趁机陷害他。

孙亮这个推理其实就是典型的三段论。他的大前提是"鼠屎先在蜂蜜中，里外都应浸湿"，小前提是"鼠屎里面并未浸湿"，结论是"鼠屎不是先在蜜中的"。

（2）关系推理。它是指以关系判断为前提和结论的推理。它是根据关系的逻辑性质进行推演的推理。汉代，三朝元老颜驷一直未被重用。一次武帝问他何故？他说："文帝好文而臣好武，景帝好老而臣尚少，陛下好少而臣已老，故三世不遇。"他认为，他之所以如此，是由于某种关系所致。其推理就是关系推理。

（3）联言推理。它是指前提或结论是联言判断，并根据联言判断的逻辑性质进行推演的推理。德国著名诗人海涅是犹太人。一次，有一个人对海涅说："我最近刚从塔西提岛旅行回来，你猜最使我惊讶的是什么？——这个岛上既没有犹太人，也没有驴子！"海涅立即回敬道："我俩一起到那岛上去，那就既有犹太人，又有驴子了！"他们二人所言，都是联言推理。

（4）选言推理。它是指前提中有一个是选言判断，并且根据选言判断的逻辑性质进行推演的推理。《三国演义》中诸葛亮三气周瑜的故事大家都知道，周瑜临终时候大叫："既生瑜，何生亮？"就是省略了一个大前提，"要么生周瑜，要么生诸葛亮"的选言推理。它只有小前提"既然生了瑜"和结论"不能再生诸葛亮"。

（5）假言推理。它是指以两个或两个以上的假言判断为前提的推理。它有肯定的和否定的之分。事例介绍二就是肯定的假言推理。

（6）二难推理。它是指由两个假言前提和一个选言前提构成的推理。它之所以叫"二难"，是因为表达者说出具有两种可能的大前提，使对方不能肯定或否定其中的任何一种可能，陷入进退维谷、左右为难的境地。《第二十一条军规》里面讲的军规内容，其实就是二难推理。

还有一种是复合判断推理。这是一类包含若干种方法的推理，如假言易位、假言连锁、假言联言等。这里仅作一下介绍，不再具体举例说明。

3. 归纳推理

前面所讲演绎推理是由一般到个别（或特殊），而归纳推理则相反，它是从个别（特殊）性前提，推导出一般结论的推理。

德国著名大科学家高斯八岁时进入乡村小学读书。教数学的老师是一个从城里来的人，觉得在一个穷乡僻壤教几个小猢狲读书，真是大材小用。同时，他又有些偏见：穷人的孩子天生都是笨蛋，教这些蠢笨的孩子念书不必认真，如果有机会还应该处罚他们，使自己在这枯燥的生活里添一些乐趣。这一天正是数学教师情绪低落的一天，同学们看到老师那抑郁的脸孔，心里畏缩起来，知道老师又会在今天给这些学生处罚了。"你们今天替我算从1加2加3一直到100的和。谁算不出来就罚他不能回家吃午饭。"老师讲了这句话后就一言不发的拿起一本小说坐在椅子上看去了。教室里的小朋友们拿起石板开始计算："1加2等于3，3加3等于6，6加4等于10……"一些小朋友加到一个数后就擦掉石板上的结果，再加下去，数越来越大，很不好算。有些孩子的小脸孔涨红了，有些手心、额上渗出了汗来。还不到半个小时，小高斯拿起了他的石板走上前去。"老师，答案是不是这样？"老师头也不抬，挥着那肥厚的手，说："去，回去再算！错了。"他想不可能这么快就会有答案了。可是高斯却站着不动，把石板伸向老师面前："老师！我想这个答案是对的。" 数学老师本来想怒吼起来，可是一看石板上整整齐齐写了这样的数：5050，他惊奇起来，因为他自己曾经算过，得到的数也是5050，这个8岁的小鬼怎么这样快就得到了这个数值呢？高斯解释他发现的一个方法，这个方法就是古时希腊人和中国人用来计算级数 1 2 3 … n 的方法。那个数学老师对高斯马上另眼相看，以后的教学过程中，还教了他很多数理方面的知识。

高斯的计算方法就是归纳推理。

4. 类比推理

类比推理就是根据两个对象在某些属性上类似而推出其他属性也类似的推理。

有一天，有个科普讲座在讲授饮酒的坏处，说饮酒可以导致胃肠内很多正常帮助消化的细菌被杀死，对人体是非常有害的，并且举了很多例子，台下观众频频点头称是。主讲者趁机询问大家以后还喝不喝酒了。这时候，台下有个醉醺醺的人说："还要喝酒啊，因为喝酒可以消毒啊，消毒也就不生病了。"那个答话的人，运用的也是类比推理。

实训实习

（一）根据医学资料记载，全球癌症的发病率20世纪下半叶比上半叶增长了近10倍，成为威胁人类生命的第一杀手。这说明，20世纪下半叶以高科技为标志的经济迅猛发展所造成的全球性生态失衡是诱发癌症的重要原因。

以下各项，如果是真的，都能削弱上述论证，除了：（　　）

A. 人类的平均寿命，20世纪初约为30岁，20世纪中叶约为40岁，目前约为65岁，癌症发病率高的发达国家的人均寿命普遍超过70岁。

B. 20世纪上半叶，人类经历了两次世界大战，大量的青壮年人口死于战争；而20世纪下半叶，世界基本处于和平发展时期。

C. 高科技极大地提高了医疗诊断的准确率和这种准确的医疗诊断在世界范围的覆盖率。

D. 高科技极大地提高了人类预防、早期发现和诊治癌症的能力，有效地延长着癌症病人的生命时间。

E. 从世界范围来看，医学资料的覆盖面和保存完好率，20世纪上半叶大约分别只有20世纪下半叶的50%和70%。

（二）一份关于酸雨的报告总结道，"加拿大的大多数森林没有被酸雨损害。"这份报告的批评者坚持认为这一结论必须改变为，"加拿大的大多数森林没有显示出明显的被酸雨损害的症状，如不正常的落叶、生长速度的减慢或者更高的死亡率。"

如果正确，下面哪个为批评者坚持要改变报告结论提供了逻辑上最强有力的正当理由？

A. 加拿大的一些森林正在被酸雨损害。

B. 酸雨可能正在造成症状尚未明显的损害。

C. 报告没有把酸雨对加拿大森林的损害与酸雨对其他国家森林的损害进行比较。

D. 过去的15年内，加拿大所有森林都下过酸雨。

E. 酸雨造成的损害程度在不同森林之间具有差异。

（三）近期英国土地价格的下跌已经使许多在房地产上大量投资的机构受到了损害。去年，在这次价格下跌尚未开始的时候，一所地方大学为其资产增加了200英亩的土地。当然，这所大学并未购买这块土地，而是作为馈赠接受下来的。所以价格下降并没有影响到该大学。

下面哪个，如果正确，对以上的结论提出了最严重的质疑？

A. 去年给予这所大学的200亩土地与该所大学处于同一社区。

B. 与房地产馈赠相比，这所大学经常接受更多的资金捐赠。

C. 这所大学所处地区目前的土地价格要高于全国的平均水平。

D. 去年，这所大学预算用来进行翻修的资金包括今年出售一些土地的预期收入。

E. 去年，这所大学没有交纳学校建筑物所占土地的地产税，相反却付费补偿地方政府所提供的服务。

（四）在某餐馆中，所有的菜或者属于川菜系或者属于粤菜系，张先生点的菜中有川菜，因此，张先生点的菜中没有粤菜。

以下哪项最能增强上述论证？

A. 餐馆规定，点粤菜就不能点川菜，反之亦然。

B. 餐馆规定，如果点了川菜，可以不点粤菜，但点了粤菜，一定也要点川菜。

C. 张先生是四川人，只喜欢川菜。

D. 张先生是广东人，但不喜欢粤菜。

E. 张先生是四川人，最不喜欢粤菜。

拓展阅读

鸡丹丹

女儿丹丹一岁半的时候，妈妈带她回了一趟老家。

一天黄昏，妈妈带她出去散步。在一棵大榕树下，看见一只公鸡、一只母鸡和几只小鸡在啄食。女儿好奇地蹲下来看。妈妈告诉女儿，这是公鸡，那是母鸡。女儿天真地问："什么是公鸡？什么是母鸡？"妈妈说："公鸡就是鸡爸爸，母鸡就是鸡妈妈。"

女儿高兴地指着其中一只小鸡说："那是鸡丹丹。"

四、证明

事例介绍

孔子路过泰山的一侧，有一个在坟墓前哭的妇人看上去十分忧伤。孔子立起身来靠在横木上，派遣子路去问询那个妇人。孔子说："你哭得那么伤心，好像很伤心的事。"那个妇人说:"我的公公被老虎吃了,我的丈夫也被老虎吃了,现在我的儿子也被老虎吃了。"孔子问:"那为什么不离开这里呢?"妇人回答说:"这里没有苛刻的暴政。"

孔子说:"学生们记住,苛刻的暴政比老虎还要凶猛可怕。"

孔子的结论,就是运用归纳法得出的。他依据妇人说的几个具体事实,进行归纳概括,令人信服地揭示出苛政比老虎更让老百姓害怕的道理。

知识归纳

(一) 证明的含义及认识

证明指的是根据一个或几个真实材料来判定另一判断的真实性的思维形式。

证明是各种推理和逻辑方法的综合运用。在言辞表达中,它常常用来巩固自己的主张、看法,或反驳对方的主张、看法。它主要用在演讲、论辩、报告、谈判等需要说理的场所。

(二) 证明用言辞表达的方法

1. 立论

(1) 演绎法。演绎法就是用演绎推理的形式来证明论点的方法。由于演绎法是以一般原理、原则为论据的,因此,只要发送者所依据的一般原理、原则站得住脚,并遵守推理规则,其所要证明的论点也就站得住脚。

请看下面一句话:"我们正确解决问题的关键,在于实事求是,一切从实际出发。"这句话的根据就是:马列主义、毛泽东思想是我们一切工作的指导思想;实事求是正是马列主义、毛泽东思想的出发点和根本点。

(2) 归纳法。归纳法就是用归纳推理的形式来证明论点的方法。归纳法是以一些具体场合的事实作为论据来证明一切原理的。在言辞表达中,要使自己的论点能够成立,就要在这些事实上着眼。前面的事例部分,即是归纳法。孔子的结论,即是运用归纳法得出的。他依据妇人说的几个具体事实,进行归纳概括,令人信服地揭示出苛政要比老虎更让百姓害怕的道理。

(3) 分析法。分析法就是通过分析问题、剖析事理来揭示论点与论据之间的因果关系。因此它又叫因果法。任何问题的发生都有其原因,知道了原因,就可以分析出它会产生的结果。反过来,知道了问题的结果,又可以分析出它是什么原因产生的。如果说归纳法是"摆事实"的话,那么分析法便是"讲道理"。

1883年3月17日,恩格斯在安葬马克思时的讲话,采用的就是分析法。他一开始就提出论点:"这个人的逝世,对于欧美战斗着的无产阶级,对于历史科学,都是不可估量的损失。"然后开始分析,寻找原因,回答论点提出的问题:"马克思发现了人类历史的发展规律,""马克思还发现了现代资本主义生产方式和它所产生的资产阶级社会的特殊运动规律。""一生中能有这两个发现,该是很够的了!"

(4)类比法。类比法就是也能用类比推理的形式来证明论点的方法。类比法是从个别到个别。它是把两类某些属性相同或相似的事物放在一起进行比较,然后得出结论,即通常所说的"打比方"。这种方法,内容具体、生动形象,易于使接受者通过形象感悟认同发送者的观点。中国古代的劝谏,多用此法。如螳螂捕蝉、揠苗助长、井底之蛙等故事,都是如此。

(5)排他法。排他法就是将所要证明的问题可能会产生的种种结果,全部罗列出来,然后一个个加以分析,逐步排除那些不可能的,剩下的那一个,就是所需要的。

(6)反证法。反证法就是通过证明与自己论点相反的论点的错误,来判定自己论点的正确。它的证明前提是:两个论点必须对立。按照逻辑基本规律中矛盾律的要求,两个互相对立的因素,不能同真,必有一假。因此,揭露对方论点的错误,也就反过来证明了自己论点的正确。

《五灯会元》载:寒冬腊月,大雪纷飞。历来不相信菩萨的丹霞路经一处庙宇,欲进佛殿避雪,老方丈不允,说怕冲撞了菩萨。几经哀求,方丈始答应他暂避片刻。一会儿,丹霞冻得瑟瑟发抖,见佛殿内空无一人,便抱下两具木头菩萨砸碎烧着,烤起火来。方丈被惊动跑来斥责道:"反了你了!"丹霞说:"我是在烧取菩萨的舍利。"方丈喝道:"胡说!这菩萨是木头做的,哪来的舍利?"丹霞说:"那更好呀,既然根本就没有舍利,麻烦您再帮我抱两具来烧烧吧。"气得方丈胡须都要抖落了。

反证法在实际交往中,常常以说反话的形式表现出来。它除了用于立论之外,也可用于驳论。

2. 驳论

(1)直驳法。直驳法就是直截了当地反驳。它是用充足的理由和确凿的事实直接证明对方论题的错误或荒谬的。

蒲松龄幼时爱看晋人干宝所编辑的神怪灵异故事集《搜神记》。有天被父亲发觉,斥责他道:"为何看此闲书?"蒲松龄反驳说:"杜甫说过'读书破万卷',这'万卷'之内,不就有此书吗?"其父再也无语。

(2)归谬法。归谬法就是一种间接反驳的方法。它先假定对方论题能够成立,然后将其合理引申,得出荒谬的结论,从而证明对方论点的错误。

琼瑶的小说《在水一方》中,自命不凡的作家卢友文老是写不出作品,无聊至极,便去赌场赌博,每每输得精光。其妻杜小双批评他不该去赌,他竟说:"我是作家啊,不亲自去赌,怎么能把赌博写得生动呢?"杜小双说:"好嘛,如果你要写妓女,你就先得嫖娼啰?如果要写杀人犯,你就先得杀人啰?"卢友文张口结舌,不能作答。

归谬法在现实生活中运用较广,特别是对付那些无理狡辩、强词夺理者时,其反驳力

（3）归真法。归真法也是一种间接反驳的方法。它是暂时撇开自己所要反驳的论题，而去证明另一个与自己所要反驳的论题相矛盾的论题的正确，从而确定自己所要反驳的论题的谬误。

这种方法是根据逻辑基本规律中的排中律而来的。排中律认为：两个互相矛盾的判断，既不能同真，也不能同假。只要证明其中一个是真的，那么与之矛盾的那个，就一定是假的。

归真法常常用于论证中处于劣势的一方。在处于强势一方恃强凌弱的情况下，弱方不能同其正面抗辩；而采取归真法，就容易收到以弱胜强的效果。

1986年5月，菲律宾发生政变，总统马科斯被赶下台，被迫偕夫人伊梅尔达亡命美国。新总统科•阿基诺为了揭露前总统夫妇生活的豪奢，公开宣称伊梅尔达留在总统府的鞋子居然有三千多双。伊在美国申辩说，绝不会有那么多。但总统科•阿基诺不允，仍以3000双作为官方认定的数字向世界公布，激起了世人对伊的愤慨。伊纵有千口，无法辩白。到了1991年，菲律宾火山连续喷发，造成了很大的人员伤亡和财产损失，总统科•阿基诺呼吁国际社会援助。这时，伊便在美国公开宣布：将当年留在总统府的3000双鞋子拍卖，每双1万美元，收入全部捐给难民。伊在此之前，曾经拍卖过鞋子，5双鞋子曾经卖过400多万美元。所以这次她宣称的每双1万美元并不过分。然而总统科•阿基诺却发表声明说：欢迎伊梅尔达的义举。但鞋子没有3000双，只有1200双，捐款只能以这个数字计算。这下伊梅尔达不答应了，她反驳说："以前你一口咬定我有3000双鞋，现在又说只有1200双，我要问：其余的，弄到哪里去了？"这一招确实厉害，总统科•阿基诺只得承认当年统计有误。

任务二 思维训练

事例介绍

公元前354年，魏国军队围赵国都城邯郸，双方战守年余，赵衰魏疲。这时，齐国应赵国的求救，派田忌为将，孙膑为军师，率兵八万救赵。攻击方向选在哪里？起初，田忌准备直趋邯郸。孙膑认为，要解开纷乱的丝线，不能用手强拉硬扯，要排解别人打架，不能直接参与去打。派兵解围，要避实就虚，击中要害。他向田忌建议说，现在魏国精锐部队都集中在赵国，内部空虚，我们如带兵向魏国都城大梁猛插进去，占据它的交通要道，袭击它空虚的地方，它必然放下赵国回师自救，到时乘其疲惫，我们在预先选好的作战地区迎敌于归途，魏军必定大败，赵国之围遂解。田忌采用了孙膑的建议，果然如孙膑所料，齐国大胜。孙膑用围攻魏国的办法来解救赵国的危困，这在我国历史上是一个很有名的战例，被后来的军事家们列为三十六计中的重要一计。围魏救赵这一避实就虚的战法为历代军事家所欣赏，至今仍有其生命力。

这个案例是一个典型的旁通思维的体现。要救赵却南辕北辙，根本不去理睬正在赵国肆虐的魏军，反倒跑到远离魏军的魏国去，获得的效果比直接去救赵更好。

知识归纳

（一）思维的含义和认识

思维是人在感知的基础上产生和发展起来的对客观现实的间接、概括的反映，是人的一种分析、综合、判断、推理的认识活动过程。

思维的概括，是借助于词、借助于言语来实现的。如果没有一定说出的、听到的词或言语，那么，由个别事物概括出来的一般东西，就失去了存在的物质依靠。马克思说："语言是思维的直接现实。"在言辞表达中，由发送者说出而由接受者听到的词或言语，是发送者思维的载体和物质外壳，它是发送者思维活动的直接反映，是受思维活动支配的。"言为心声"这里的心，就是思维。因此一个人言辞表达能力的高低，交际目的成功与否，首先决定于他的思维能力。思维能力强的，言辞表达能力就强；反之，则弱。

口才与人际沟通的载体是口头语言，它的传递、交流和发生作用，一般来说不像书面语言那样，可以慢慢想、慢慢写、慢慢改，而往往是随时随地、事到临头需要表达。表达什么、怎样表达，这就是思维问题了。如果思维能力弱——迟钝、紊乱，就不可能组织行之有效的言辞予以应付。要么张口结舌、信口雌黄，要么语无伦次、不着边际。如果思维能力强——敏捷、缜密，就能迅速组织起恰如其分的言辞予以应对。

（二）思维的方式

思维能力有强弱之分，思维方式也有很多种。在现实生活中，我们经常可以看到有的人对一些显而易见、泾渭分明的事物或问题，会以一种超乎寻常、让人不解的言辞来表达，这就是其思维不按常规走向而选择另一种方式的表现。

1. 形象思维

形象思维又称艺术思维，指的是发送者在进行思维活动时，不运用概念、判断和推理，而始终不脱离具体的形象，把具体形象作为思维的材料。它以丰富的表象积累为基础，通过对表象的加工、改造，发送出生动的、形象的、有趣的言辞，使其产生具体可感的效果，达到感染、说服接受者的目的。

发送者在进行形象思维时，往往是靠两种方式进行的。

（1）想象。

想象就是在原来感知事物基础上，对已有表象进行分析、综合、加工，创造出新的甚至不存在的新形象的心理过程。想象不是凭空想象，是发送者将自己的记忆调动起来，概括已知的，推测未知的，补充不足的而已。一个生活阅历丰富、知识积累厚重的人，想象必定优美、生动。

（2）联想。

联想是一种以表象为基础的，由此及彼的思维活动。它的特点是由一事物想到另一事物。联想必须具备两个条件：一是要有丰富的表象储备，二是表象与表象之间要有因果、类似、相反等内在与外在联系。

联想有如下几种形式：

① 类似联想

类似联想是指事物间在性质、形态上有某些类似而引发的联想。

比如1930年，毛泽东为反对红军中的教条主义思想写了篇叫做《调查工作》的文章。但因残酷的战争环境，文章遗失了。毛泽东为此耿耿于怀。1961年1月，毛泽东的秘书田家英终于在几经周折后在中央政治研究室找到了这篇文章。当他将其呈送给毛泽东时，毛颇有感慨地说："失散多年的孩子终于回来了。"

这话就是类似联想。

② 关系联想

关系联想是指因事物之间存在着某种关系，自然联想到彼。

比如邓小平在召开关于精简机构会议时发言说："中央直属机关不是拆大庙，但小庙多得很嘛。还有每个庙的菩萨也太多，很有文章可做的，不要以为没有好多油水。"

机构臃肿、人浮于事与庙宇多、菩萨多二者之间存在很多相似之处，就是关系联想。

③ 反向联想

反向联想是指从此事物联想到与其相反的另一事物。

④ 接近联想

接近联想包括时间相接近而引发的联想、空间接近而引发的联想等。

2. 抽象思维

抽象思维是与形象思维相对应的一种思维方式。它不是借助形象来直接、具体反映事物，而是借助概念、判断、推理等逻辑手段对事物、问题进行间接的、概括的反映。因此它又叫逻辑思维。

抽象思维与形象思维虽是两种截然不同的思维方式，但在发送者的言辞表达中，二者是不能截然分开的，它们有着密切的联系。形象思维只有在一定的抽象思维的基础上才能形成；而抽象思维又是贯穿于形象思维始终的，它常常要依靠想象思维体现其意图。

抽象思维要在实际中运用，需要以下几种手段。

（1）分析与综合。

分析，是把事物、问题的整体分解为各个部分、各个方面、各个环节、各个因素的思维过程。它是抽象思维能力构成的最基本的要素。在抽象思维过程中，只有通过分析，发送者才能深刻认识事物、问题，接受者才能认识、领悟其见解。

综合，是把事物、问题的各个部分、各个方面、各个环节、各个因素联系起来的思维过程。它与分析正好相反。

分析与综合，虽然着眼的是两个相反的方面，但二者并非截然对立的两极，它们互相联系，密不可分。分析是综合的基础，没有分析，就不能综合；综合是分析的归结，没有综合，分析就不能正确进行。

分析与综合运用较为广泛，凡以议论这一基本方式出现的表达，诸如演讲、报告、发言、谈话、论辩等，都常常用到。在实践中，可从事物、问题的本质联系上，个性和共性的相互关系上，质和量的统一的观点上，绝对性与相对性统一的观点上入手。

（2）归纳与演绎。这个问题，在上一任务中已经详尽解说，这里不再赘述。

（3）抽象与概括。

抽象，是排除事物、问题的个别的、偶然的、现象的因素，抽取出一般的、必然的、本质的因素。

概括，是把抽象出来的事物、问题的一般的、必然的、本质的因素归结在一起。

抽象与概括，是一个问题的两个方面：先有抽象，后有概括；没有抽象，也就没有概括。

1965年7月，毛泽东重上井冈山，26日在与陪同人员谈到博物馆、纪念碑时，他忆及当年在井冈山的战斗和工作，忆及为革命牺牲的无数先烈，如方志敏等之后，他接着说："现在，我们胜利了，要更好地建设社会主义中国，更好地建设社会主义井冈山。"

这段表述，就是抽象与概括的运用。他先用抽象：排除当年井冈山斗争中若干个别的人、忆及工作、战斗、流血、牺牲这些现象，抽出"要为中国人民解放……"这样一个一般的、必然的、本质的因素；然后概括：将抽象出来的因素归结为一个结论——要更好地建设井冈山。

3. 灵感思维

灵感思维是创造心理学上的一种特殊思维方式。它是发送者在进入言辞表达的角色时，由于事物、问题的偶然启发、触动，思绪豁然贯通，涌动如潮，由此产生对事物、问题的认识、评价。

灵感思维的特点有两个。

（1）突发性。

面对某种场合，发送者有时会感到一时间无从开口。正在思考如何开口、开口后又怎样进行下去时，突然获得一种契机，心灵被某一因素触动，霎时茅塞顿开，思维出乎意料地畅通，发出中肯恰当的、滔滔不绝的言辞。

（2）偶然性。

它不是由发送者把握、主导的思维活动，而是完全被动地等待触动心灵的契机到来后才产生的思维活动。并且，这种契机不是必然到来的，也不是周期出现的，而是一种非常偶然的爆发。

4. 直感思维

直感思维是指发送者依靠自己对事物、问题的直接感觉来进行思维。它的特点是直观性、具体性。就是说，发送者在现场通过眼、耳、鼻、舌、身等感觉器官所获得的是什么感觉，就从这个感觉出发而表达出自己认识和见解。

直感思维与灵感思维不同。灵感思维可以说是由于某种契机，将过去储存的记忆重新调动起来，事实上是过去就储备起来的，这时候直接拿出来运用。但直感思维不同，完全是发送者现场当时的具体感觉，可以不需要过去的积累、阅历与思索。

直感思维也不像抽象思维那样，要依靠概念、判断、推理等手段进行分析综合、归纳演绎和抽象概括，而全凭自己当时的感觉作出结论。因此，这种思维方式带有较多的或然性因素，也就是有可能如此而不一定如此。

（三）思维的态势

态势即形态、姿势。由于发送者自身的素质不同、所处的场合不同，对事物、问题的观察角度和认识深浅也不同。在进行思维的时候，便会以不同的态势出现。这里介绍几种常见的态势：

1. 正向思维

正向思维就是按照事物、问题的正常发展方向或人们观察、认识事物、问题的正常方向展开思维。

这种思维是一种最基本的态势。它直来直去，不拐弯，不抹角，丁是丁，卯是卯，完全按部就班，循规蹈矩。所发言辞符合一般接受者心理，认为"是这么回事"、"就是如此"；接受者既容易听清，也容易听懂。但它难以启迪接受者心灵，往往是"你怎么说，我怎么听"，很少产生思索效应。

2. 逆向思维

逆向思维又叫反向思维。它与正向思维相反：它不是按照事物、问题发展的正常方向或人们观察、认识事物、问题的正常方向进行思维，而是从它们的反方向去展开思维。

这种思维态势由于不依成法，不按常规，出人意料，往往能收到独特效果，容易启迪接受者的心灵，引起深思。

3. 侧向思维

侧向思维就是不着眼于事物、问题的主流而着眼于支流，抓住一些看似无关的信息材料来发现问题，或展开新的联想。

本来，看问题要看主流，抓矛盾要抓主要矛盾。但在实际的言语交往中，有时撇开主流去抓支流，效果可能会更好。长江中含泥沙的量越来越大，如果只在江中修建一些拦泥沙的设施，是永远解决不了问题的。如果设法消除或减少每一条支流带下的泥沙，问题也就解决了。侧向思维的作用就在这里。

4. 旁通思维

旁通思维就是摆脱思考的方向，完全跳出事物、问题的情景之外，从另外的、其他的渠道和角度对待事物，处理问题。

《孙子兵法》有云："善出奇者，无穷如天地。"这种思维态势突破了思维逻辑圈子的限制，出奇制胜，效果非常明显。著名的"围魏救赵"就是一个典型的旁通思维例证。

旁通思维与侧向思维有某些相似之处，如都不走正常思维的方向，但它们明显不同的是：侧向思维并不脱离事物、问题框定的范畴，讲的仍然是这件事，只是从侧面迂回到目的地罢了。而旁通思维则要脱离事物、问题框定范畴，去讲与之无关的、另外的东西。

5. 模糊思维

模糊就是不清楚、不分明、不确定。客观事物是复杂的，思维不能在任何时候都以一种清楚、明白、确定的模式展开，往往呈现随机性和不确定性。这种思维态势就是模糊思维。

模糊思维所表达的言辞，既不是非好即坏、非此即彼的简单化，也不是凝固看待事物的机械化，而是随机应变。

按照表达基本原则的要求，说话应当清楚、明白、确定，但是在实际的人际交往中，有时只能以模糊思维发送的模糊言辞。倘若不模糊，反倒不妙。

1990年伊拉克入侵科威特，酿成海湾危机。11月28日，我国外交部部长钱其琛离京赴美，出席联合国讨论海湾危机的会议。登机前，各国记者围住他，有记者问道："中国是否就安理会授权对伊拉克使用武力的决议投赞成票？"钱其琛回答："中国一贯的立场是主张和平解决海湾问题，避免使用武力，避免采取战争的行动。"记者又问："那么您是说中国将投票否决那项决议吗？"钱其琛回答："我没有这样说。"记者又追问："那么中国将会弃权吗？"钱其琛回答："我想我投票以后你们就知道了。"

钱其琛的回答，全是在模糊思维支配下的表达。因为当时中国的态度需要保密，对记者的这些追问既不能不答，也不便以"无可奉告"之类的外交辞令打发，运用模糊思维的语言再好不过。

实训实习

（一）逆向思维训练

（1）走自己的路，让别人去说吧！

（2）近朱者赤，近墨者黑。

（3）良药苦口利于病，忠言逆耳利于行。

（4）好马不吃回头草。

（5）当一天和尚撞一天钟。

（二）联想训练

1. 自由联想训练

杯子、电、水、太阳……）——？——？——？……

（最佳为 15 个联想词/1 分钟）

学生在台下完成，看哪位同学联想词最多。选定的同学需上台对联想过程进行描述。

2. 强制联想训练

请分析鸡蛋和宇宙有哪些联系？（10 个联系/3 分钟）

知识拓展

古人妙用逆向思维经典案例分析

历史上被传为佳话的司马光砸缸救落水儿童的故事，实质上是一个运用转换型逆向思维法的例子。有人落水，常规的思维模式是"救人离水"，而司马光由于不能通过爬进缸中救人的手段解决问题，因而他就转换为另一手段，果断地用石头把缸砸破，"让水离人"，救了小伙伴的性命。古人很善于运用逆向思维思考问题，解决问题。有许多案例，在今天读来，仍能让我们有所启发。

孙膑智胜魏惠王

孙膑是战国时著名兵法家，至魏国求职，魏惠王心胸狭窄，妒其才华，故意刁难，对孙膑说："听说你挺有才能，如果你能使我从座位上走下来，就任用你为将军。"魏惠王心想：我就是不起来，你又奈我何？孙膑想：魏惠王赖在座位上，我不能强行把他拉下来，把皇帝拉下来是死罪。怎么办呢？只有用逆向思维法，让他自动走下来。于是，孙膑对魏惠王说："我确实没有办法使大王从宝座上走下来，但是我却有办法使您坐到宝座上。"魏惠王心想：这还不是一回事，我就是不坐下，你又奈我何？他便乐呵呵地从座位上走下来。孙膑马上说："我现在虽然没有办法使您坐回去，但我已经使您从座位上走下来了。"魏惠王方知上当，只好任用他为将军。

宋太祖以愚困智

南唐后主李煜派博学善辩的徐铉到大宋进贡。按照惯例，大宋朝廷要派一名官员与徐铉一起入朝。朝中大臣都认为自己辞令比不上徐铉，谁都不敢应战，最后反映到宋太祖那里。太祖的做法，大大出乎众人意料。他命人找 10 名不识字的侍卫，把他们的名字写上送进宫，太祖用笔随便圈了个名字，说："这人可以。"在场的人都很吃惊，但也不敢提出异议，只好让这个还未明白是怎么回事的侍卫前去。

徐铉见了侍卫，滔滔不绝地讲了起来，侍卫根本搭不上话，只好连连点头。徐铉见来人只知点头，猜不出他到底有多大能耐，只好硬着头皮讲。一连几天，侍卫还是不说话，徐铉也讲累了，于是也不再吭声。这就是历史上有名的宋太祖以愚困智解难题之举。照一般的做法，对付善辩的人，应该是找一个更善辩的人，但宋太祖偏偏找一个不认识字的人去应对。这一做法，反倒引起了善辩高手的猜疑，使他认为陪伴自己的人，是代表宋朝"国家级水平"的人。对大国猜不透，就不敢放肆。以愚困智，只因智之长处，根本无法发挥。

鲁人做鞋帽生意

鲁国有一个人，非常擅长编织麻鞋，他的妻子也是织绸缎的能手，他们准备一起到越国做生意。有人劝告他说："你不要去，不然会失败的。你善编鞋，而越人习惯于赤足走路；你妻子善织绸缎，那是用来做帽子的，可越人习惯于披头散发，从不戴帽子。你们擅长的技术，在越国却派不上用场，能不失败吗？"可鲁人并没有改变初衷，几年后，他不但没有失败，反而成了有名的大富翁。

一般来说，做鞋帽生意，当然是应该去有鞋帽需求的地区，但鲁人则打破了这种习惯性的思维方式，认为就是因为越人不穿鞋不戴帽，那里才有着广阔的市场前景和巨大的销售潜力，只要改变了越人的粗陋习惯，越国就会变成一个巨大的鞋帽市场。鲁人成功的秘密就在这里，逆向思维帮了他的大忙。

项目二　心理训练

爱默生说："恐惧较之世上任何事物更能击溃人类。"诚然，有过公共演讲经历的人都知道，很少人能够做到心情平静信心十足地登上演讲台。心理学研究表明：人们在日常生活中，经常会遇到各种各样的困难和障碍，为了解决问题，实现自己的目标，就必须克服困难。而困难的出现和克服，会引起人内心的不安和紧张，严重时就会给人带来恐惧，形成焦虑。人际沟通过程中，出现心理障碍状态，也是经常遇到的现象。

本项目从克服演讲紧张心理入手，提供给你一些解决类似问题的办法，共安排了两项任务，即演讲心理训练、人际沟通心理训练。

任务一　演讲心理训练

事例介绍

郭晶晶演讲紧张得哆嗦　周继红激励梦之队压力不可怕

2月3日下午，正在济南集训的中国跳水队，举办了一场别开生面的演讲比赛。演讲比赛以"我的追求"为主题，要求每位参赛运动员都要结合自身经历，谈感想，谈追求。

登台演讲的共有15名国家队员，其中包括大名鼎鼎的郭晶晶、吴敏霞等多名奥运冠军和世界冠军。别看这些对各种世界大赛等闲视之的名将们，真的参加起这种现场打分论高低的演讲比赛来，他们也是个个心里打鼓，还真有些紧张。

郭晶晶：腿有点哆嗦

奥运冠军郭晶晶是排在第9个登台演讲，她给自己取的演讲题目是《梦，还在远方》。

在5分钟的演讲中，她用自己夺得奥运冠军的经历告诉大家，自己圆了奥运冠军梦，用了近10年时间。"期间我也曾经有过迷茫，也曾遇到过挫折。但挫折并不意味着被打败。只要内心有追求，再辛苦，也要坚持；要成功，就不要抱怨。"

演讲结束后，郭晶晶笑着说："参加这个比赛，压力太大了，腿都有点哆嗦。跳水比赛，在跳板上能控制，在这里有点控制不住啊。"虽然自己夸张地说腿都哆嗦，事实上郭晶晶在台上表现得非常镇静，台下的观众都夸：不愧是世界冠军。在已经举行过的几站奥运选拔赛中，郭晶晶都获得了冠军。这也使得她参加北京2008年奥运会变得几无悬念。郭晶晶如是说，"到北京奥运会上夺金，压力肯定很大。关键还是把心态放平了就行。"

周继红：压力不可怕

在中国已参加的奥运会上，中国跳水队总共夺得20枚金牌，位居我国各个运动项目之首。今年的奥运会将在北京举办，中国跳水队有没有压力？

国家游泳运动管理中心副主任、跳水队领队周继红说："压力肯定是有的。但有压力，才有动力，才会激发起拼搏斗志。关键还在于队员们怎么看待压力，怎么调整好自己的心理心态。"

如何调整心态非常重要。所以周继红说："这已经是国家跳水队第二次举办演讲比赛。我们搞演讲比赛，有三个目的。一是必须从自身经历出发，讲自己的事情，起到励志教育的作用；第二，跳水比赛，是对心理素质要求极高的一个项目，而技术水平，往往需要心理素质的水平才能体现出来；第三，通过比赛可以提高队员的综合素质。"

（《大众日报》2008年02月04日，有删改）

演讲不仅是对演讲者思想、文化、知识、表达能力的考验，也是对演讲者心理和心理素质的严峻考验。良好的心理素质可以帮助演讲者获得演讲的成功，而心理素质差的演讲者也许还没有登场就败下阵来。因此，培养演讲者良好的心理素质，是取得演讲成功的先决条件。

知识归纳

（一）演讲时产生紧张心理的表现

演讲时产生怯场紧张的心理，是任何演讲者都有过的体验。世上没有一个成功的演讲者在演讲时一点都不紧张的，只是他们善于把紧张的程度控制在最小的范围之内，至于初上讲台的人，怯场更是无可避免的。面对听众他们常常精神紧张，手足无措，四肢冰冷，头冒虚汗，张口结舌，语无伦次，甚至头脑一片空白，无法继续讲话。总之，就是言语表达失控。

（二）演讲时产生紧张的心理的原因

美国散文家及诗人爱默生说过："恐惧较之世上任何事物更能击溃人类。"20 世纪 80 年代，美国曾进行过这样一次有趣的试验，其题目是："你最害怕的是什么？"测验的结果竟然是"死亡"屈居第二，而"当众演讲"却赫然名列榜首。可见，演讲在大多数人的心目中，是一件非常可怕的事。那么，造成这种恐惧的原因有哪些呢？

1. 思想认识方面造成的自卑心理

演讲者只看到别的演讲者的长处，而不能正确认识自己的价值，从而全面否定自己。特别是有专家或领导在场时，这种心理就表现得尤为强烈，总觉得自己说出话会贻笑大方，以致讷讷而不能成言。

2. 不习惯当众说话

每个人都具有一种理性的自我形象，总希望别人用赞许的眼光来看待自己，用较高的标准来评价自己。而对大多数人而言，当众演讲有许多未知的因素，他的理性的自我形象面临一种危险和挑战，一旦面对这种复杂而多变的环境，他不能及时调整，准确把握，自己的内在体系一旦受到破坏，紧张感、怯场感便油然而生。

3. 缺乏必要的准备

这里的准备，指主、客观两方面的准备。主观上，上台之前，没有仔细推敲文稿，没有熟练地记忆，没有精心地设计，对于上台后的成功与否没把握，走上讲台自然会心虚，进而导致怯场。一旦某句话没讲好，某个动作没做好，或某个地方忘了台词，就会使这种紧张心理加剧。客观上，事先没有熟悉客观环境，对会场大小、听众的人数、发言的次序、讲台布置气氛等不了解，一上台感到陌生，随之会产生紧张感。

4. 身体状况不佳

不好的身体会分散演讲者的注意力，影响其情感的投入，使精神面貌不佳。

（三）如何克服演讲时的紧张心理

建立自信、充分准备和适应变化是消除紧张心理的主要途径，但在演讲过程中，我们还可以运用以下具体方法来消除紧张心理。

1. 自信暗示法

演讲者不应在上台演讲前多想可能导致演讲失败的因素，如"不要紧张不要害怕"、"我忘了演讲词怎么办"、"听众嘲笑我怎么办"等等。这种负面的自我暗示往往会导致失败的结局。

演讲者对自己的演讲题材和演讲效果要充满自信，更要在精神上鼓励自己去争取成功。演讲者可以用以下积极正面的文字反复暗示、刺激自己："我的演讲内容对听众具有极大的价值，听众一听一定会喜欢"；"我非常熟悉这类演讲题材，我一定会成功"；"我已准备得非常充分了"，等等。每次在演讲前暗示自己：我会讲得很好，会讲得很成功，听众会非常喜欢听我的演讲。想象演讲结束，听众掌声雷动的情形，热血沸腾的动人场面。

2. 提纲记忆法

初学演讲者常常把能够背诵演讲稿作为准备充分的标志。背诵记忆，对于初学演讲者可能是一种必要的准备方式。但是，背诵依赖的是机械记忆，逐字逐句的记忆不仅耗费演讲者大量的时间，而且容易造成演讲者心理麻痹。实际的演讲过程中，一旦因怯场、听众骚动，设备等突然出现故障而打断了演讲者的思路，机械记忆的链条往往就被截断，演讲者脑海中会一片空白，导致演讲停顿。此外，单纯的背诵记忆，还极易形成机械单调的"背书"节奏，丧失了演讲应该具备的激情和人情。

著名政治家、演讲家丘吉尔，年轻时也常常背诵演讲稿而后发表演讲。在一次国会会议的演讲中，丘吉尔突然忘记了下面的一句话，他不断重复最后一句话仍然无济于事，最后只得面红耳赤地回到座位上。从此，丘吉尔放弃了背诵演讲稿的准备方式。

对于大多数的演讲来说，我们提倡用提纲要点记忆法。提纲要点记忆的一般程序是：

首先，就有关演讲的主题、论点、事例和数据等做好演讲笔记，最后整理成翻阅方便的卡片。然后，对笔记或卡片上的材料深思、比较并补充，整理出一份粗略的演讲提纲，提纲注明各段的小标题。最后，在各段小标题下面按序补充那些重要的概念、定义、数据、人名、地名和关键性词句。至此，一份演讲提纲基本完成。在整理演讲材料和编排纲目的过程中，演讲者应反复思考和熟悉了解自己的演讲内容，而在演讲时仅仅将演讲提纲作为提示记忆的依据。

3. 目光训练法

初学演讲者往往害怕与听众进行眼神的交流，于是出现了低头、抬头、侧身等影响演讲效果的不正确的姿势。演讲者正视演讲对象，这不仅是出于演讲者的礼貌，更重要的是演讲者与听众全方位互动交流的需要。

初学演讲者不妨按以下方法来训练：找人与自己对视，并且在此过程中不要讲话。或者在早上散步的时候，故意从那些参加晨练扭秧歌的大妈面前走过，用眼神与她们对视交流，想象在对她们进行演讲。每次在坐地铁的时候，人群往上走我就看着他们的眼睛往下走，想象如果在对他们发表演讲，我应该用一种什么样的眼神与他们交流。

经常进行目光对视训练，平时在底下养成习惯了，上台看听众也就非常自然了。

4. 呼吸调节法

适度的深呼吸有助于缓解紧张、焦躁、烦闷的情绪。演讲者在临场发生怯场时，可以运用深呼吸法进行心理和生理调节：演讲者全身呈放松状态，目光转移到远方景物，做缓慢的腹式深呼吸，根据情况做五到十次，甚至更多次。很多运动员、歌星、主持人，他们在上场时也做深呼吸来调节自己的情绪。其实，这在心理学上叫注意力转移法。原来把注意力放在担心上，现在不过是把注意力转移到深呼吸上，以此来让自己放松平静下来。

5. 调节动作法

你在台上紧张的时候，会发现你的浑身肌肉紧缩着，绷得紧紧的，这个时候你换个动作，换个姿势，会直接减轻你的紧张程度。或者是握紧双拳，握得不能再紧之后放松，这样反复练习，多做几下身体就会慢慢放松下来。

6. 专注所说法

专注自己的说话，就是把注意力全部专注在你要演讲的内容上，而不是放在听众怎么评价我，对我形成什么样的印象上。其实演讲的最高境界就是忘了自己，面向听众，专注所说。

专注自己的说话，其实也是注意力转移的一种方法。我们常常是面对听众会紧张，但自己说话不会紧张，所以将注意力全部放在讲话本身上，而无暇顾及听众的反应，无暇关注听众，自然就会减轻紧张程度。

7. 预讲练习法

与前面的几种方法相比，更重要的是多讲多练，积累成功的经验。讲一次不行，讲十次，三十次，五十次，肯定会越来越能够把握自己。

预讲练习有两种方式：

第一种，为了纠正语音，锻炼遣词造句能力，训练形体语言，演讲者可以自撰一个演讲题，或模仿名家的演讲，在僻静处独自演练。著名演讲家，美国第十六任总统林肯，青年时代就经常模仿律师、传教士的演讲，独自一个人对着森林和玉米地反复练习。

第二种，为了参加正式的演讲比赛或在规格较高的会议上发表演讲，有必要进行试讲。这种试讲最好邀请一些亲朋好友充当听众，一则可以模拟现场气氛，二则可以听取亲朋好友的意见和建议。

大量的预讲练习可以帮助演讲者建立充分的自信，而且还便于自己更好地去发挥，避免因准备不充分或不适应演讲环境而引起的惊慌失措。中国有句古语叫熟能生巧，就是这个道理。

实训实习

（一）心理练习

只要通过每周两次的感激练习，就可以让你拥有一份好心情。你也可以去尝试，因为这项练习只需要2分钟就够了，去想一下你开心的事，想一下这些事为什么使你开心，例如：

- 今天我没有头痛；
- 我有一顿很好的午餐；
- 我有自己的家庭；
- 我的新袜子能使我的脚始终保持暖和；
- 我开玩笑，然后大家就笑了。

（二）为控制恐惧制订你自己的个人行动计划

例如：如果预讲时你的嗓音会发颤，告诉自己下一次开口讲话前，你应该练习深呼吸。把行动计划写在索引卡上，每次预讲前都拿出来研究一番。

（三）积极心态训练

自我暗示：每天清晨默念10遍"我一定要最大胆地发言，我一定要最大声地说话，我一定要最流畅地演讲。我一定行！今天一定是幸福快乐的一天！"（平常也自我暗示，默念或写出来，至少10遍。）

（四）想象训练

至少5分钟想象自己在公众场合成功的演讲，想象自己成功。

知识拓展

口才训练心理暗示：最优秀的人是你自己

古希腊的大哲学家苏格拉底在临终前有一个不小的遗憾——他多年的得力助手，居然在半年多的时间里没能给他寻找到一个最优秀的闭门弟子。

事情是这样的：苏格拉底在风烛残年之际，知道自己时日不多了，就想考验和点化一下他的那位平时看来很不错的助手。他把助手叫到床前说："我的蜡所剩不多了，得找另一根蜡接着点下去，你明白我的意思吗？"

"明白，"那位助手赶忙说，"您的思想光辉是得很好地传承下去……"

"可是，"苏格拉底慢悠悠地说："我需要一位最优秀的承传者，他不但要有相当的智慧，还必须有充分的信心和非凡的勇气……这样的人选直到目前我还未见到，你帮我寻找和发掘一位好吗？"

"好的，好的。"助手很温顺很尊重地说："我一定竭尽全力地去寻找，以不辜负您的栽培和信任。"

苏格拉底笑了笑，没再说什么。那位忠诚而勤奋的助手，不辞辛劳地通过各种渠道开始四处寻找了。可他领来一位又一位，总被苏格拉底一一婉言谢绝了。有一次，当那位助手再次无功而返地回到苏格拉底病床前时，病入膏肓的苏格拉底硬撑着坐起来，抚着那位助手的肩膀说："真是辛苦你了，不过，你找来的那些人，其实还不如你……"

"我一定加倍努力，"助手言辞恳切地说，"找遍城乡各地、找遍五湖四海，我也要把最优秀的人选挖掘出来、举荐给您。"

苏格拉底笑笑，不再说话。半年之后，苏格拉底眼看就要告别人世，最优秀的人选还是没有眉目。助手非常惭愧，泪流满面地坐在病床边，语气沉重地说："我真对不起您，令您失望了！"

"失望的是我，对不起的却是你自己，"苏格拉底说到这里，很失意地闭上眼睛，停顿了许久，才又不无哀怨地说："本来，最优秀的就是你自己，只是你不敢相信自己，才把自己给忽略、给耽误、给丢失了……其实，每个人都是最优秀的，差别就在于如何认识自己、如何发掘和重用自己……"话没说完，一代哲人就永远离开了他曾经深切关注着的这个世界。

那位助手非常后悔，甚至后悔、自责了整个后半生。

为了不重蹈那位助手的覆辙，每个向往成功、不甘沉沦者，都应该牢记先哲的这句至理名言："最优秀的就是你自己！"

（来源：中国口才网）

任务二　人际沟通的心理训练

事例介绍

不会说话的孩子也可以向母亲用微笑、哭闹来表达要求和情感；在职场上，面试找工作、如何让老板满意，都涉及如何进行有效沟通；调查显示，老年人退休后衰老加快的原因之一就是退休后失去了许多沟通机会。此外，沟通的频度、广度的下降会影响人的安全感和智力发展。

当代著名哲学家理查德·麦基翁（Richard McKeon）认为："未来的历史学家在记载我们这代人的言行的时候，恐怕难免会发现我们时代沟通的盛况，并将它置于历史的显著地位。其实沟通并不是当代新发现的问题，而是现在流行的一种思维方式和分析方法，我们时常用它来解释一切问题。"这段话以非常精辟的视角展现了沟通在当代的状况和地位。沟通这种手段，它存在于人们生活的每一个阶段和方面。

知识归纳

（一）人际沟通的含义

人际沟通简称沟通，就是社会中人与人之间的联系过程，即人与人之间传递信息、沟通思想和交流情感的过程。假设甲和乙是进行人际沟通的双方，当甲发出一个信息给乙时，甲就是沟通的主体，乙则是沟通的客体；乙收到甲发来的信息后也会发出一个信息（反馈信息）给甲，此时乙就变成了沟通的主体，甲就变成了沟通的客体。由此可见，在人际沟通过程中，沟通的双方互为沟通的主体和客体。

有时候，乙接到甲的信息后，并不发出反馈信息。那些有反馈信息的人际沟通，常被人们称为双向沟通，例如两个人之间进行对话；而只有一方发出信息，而另一方没有反馈信息的人际沟通，就被称为单向沟通，例如电视台播音员和观众之间的沟通。

（二）人际沟通的工具

作为信息传递的过程，人际沟通必须借助于一定的符号系统才能实现，所以，符号系统是人际沟通的工具。我们可以把符号系统划分为两类，即语言符号系统和非语言符号系统。

1. 语言符号系统

语言符号系统（verbal sign system），是利用语言进行的言语沟通。语言（verbal）是社会约定俗成的符号系统，而言语（speech）是人们运用语言符号进行沟通的过程。语言是人类最重要的沟通工具，也是信息传递的最有力的手段。

2. 非语言符号系统

非语言符号系统（non verbal sign system），是指在人际知觉和沟通过程中，凭借动作、表情、实物、环境等进行的信息传递。

（三）人际沟通的障碍

在现实生活中，某些影响人际沟通的因素会造成沟通的必要条件缺失，导致人际沟通受到阻碍。

1. 地位障碍

社会中每个个体都处在一定的社会地位上，由于地位各异，人通常具有不同的意识、价值观念和道德标准，从而造成沟通的困难。不同阶级的成员，对同一信息会有不同的、甚至截然相反的认识，他们对同一政治、经济事件往往持有不同的看法；宗教差别也会成为沟通障碍，不同宗教或教派的信徒，其观点和信仰各异；职业差别更有可能造成沟通的鸿沟，所谓"隔行如隔山"即是此意。

讲话适应理论认为，人们在人际互动过程中倾向于适应彼此的讲话风格（双方趋同）以改善沟通，并经过互惠和提高相似性来增强吸引。但是，具有较高威望讲话风格的人就要强调他们的讲话风格的表现——差异性。具有较低威望讲话风格的人就会显示向高威望讲话风格靠拢的倾向，除非他们认为其低地位是不稳定的和不合法的，在这种情况下，会坚持自己的讲话风格，于是就会产生沟通障碍。

2. 组织结构障碍

有些组织庞大，层次重叠，信息传递的中间环节太多，从而造成信息的损耗和失真。也有一些组织结构不健全，沟通渠道堵塞，缺乏信息反馈，也会导致信息无法传递。另外，不同的组织氛围会影响沟通，鼓励表达不同意见的组织氛围促进沟通。组织内信息泛滥（overload）也会导致沟通不良。处于不同层次组织的成员，对沟通的积极性也不相同，也会造成沟通的障碍。

3. 文化障碍

文化背景的不同对沟通带来的障碍是不言而喻的。如语言的不通带来的困难，社会风俗、规范的差异引起的误解等，这在我们社会生活中是屡见不鲜的。在右面图片的故事里，一个美国老师在一个中国家庭中当家庭教师，当孩子们很热情地请老师休息一下，吃些水果时，老师却会理解为："我是不是看起来很老，力不从心了？"（如图 2-1 所示）

图 2-1　文化背景的障碍

4. 个性障碍

这主要指由于人们不同的个性倾向和个性心理特征所造成的沟通障碍。气质、性格、能力、兴趣等不同，会造成人们对同一信息的不同理解，为沟通带来困难。个性的缺陷，也会对沟通产生不良影响。一个虚伪、卑劣、欺骗成性的人传递的信息，往往难以为人接受。

5. 社会心理障碍

人们随时随地都须与他人沟通,对人际沟通的恐惧也相当程度地伴随着人们。它表现为个人在与他人或群体沟通时所产生的害怕与焦虑。如果沟通个体存在沟通恐惧的心理,沟通将无法进行。对沟通有恐惧心理的人,轻者为了保护自己而表露有碍进一步沟通的信息,重者甚至无法与人交谈。这种沟通上的心理障碍除直接对沟通产生影响外,因为沟通者不能获得人际沟通所附带的积极意义,所以其社会功能必然要受到严重影响。比如说,在生活习惯上比较孤独封闭;在学习态度上会比较消极退缩;在人际接触中会逃避,因此减少了被认识与被赏识的机会,反而增加了被误解与被排斥的机会;沟通恐惧的长期经验会降低个人的自尊心;在现代服务业发达的社会中,沟通恐惧感会造成个人丧失许多就业的机会等。

尽管沟通存在许多环节的障碍,但是可以通过学习一些沟通技巧,从而提高沟通能力,克服一些沟通障碍。

(四) 人际沟通过程中的心理分析

在人际沟通过程中,沟通的主体和客体都是人,他们都有心理活动。人际沟通过程中的心理活动主要体现在沟通动机、对信息的选择和理解方面。

1. 沟通动机

沟通是由信息源发出信息开始的。为什么发出信息?向谁发送信息?这便是沟通的动机问题。

人际沟通往往是在下述两种情况下进行的:其一,沟通双方有着相似的态度和共同的语言,其沟通动机是为了同对方一起了解和共同占有信息,扩大共同的经验领域;其二,具有亲密关系的伙伴之间出现某种态度不一致。西方社会心理学家认为,后一种情况常是迫切需要进行沟通的典型状况。

下面我们就来讨论这种情况。

美国心理学家沙赫特认为,群体内的沟通主要是指和脱离群体准则的离异分子的沟通。他做了以下一个实验:在5~7人组成的大学生群体里,加进主试事先安排好的3个人。第一个人充当反对该群体大多数成员意见的离异分子,第二个人充当起初反对后来赞成群体立场的动摇分子,第三个人充当一直赞成群体立场的一般分子。结果,沟通集中于离异分子,目的是迫使他改变观点。而当离异分子接受群体的立场被认为已经不可能时,群体成员对他的沟通的念头就被打消,转换成把离异分子从群体内排斥出去的动机;对动摇分子,沟通集中于最初持反对立场的时候,当其立场转变后,沟通随之减少;对一般分子沟通的量是很少的,这种情况在内聚力大的群体中表现得更为明显。

那么有强大内聚力的群体,当态度或意见不一致的时候,为什么会活跃地沟通呢?美国社会心理学家纽科姆的解释是沟通就是 A—B—X 模型中想要维持和恢复均衡的过程。如果 A、B 之间形成好感关系，但对 X 的态度却不一致，这时系统内产生紧张，为恢复平衡的动机所驱使，A、B 之间便会展开使对方改变态度的沟通。

美国社会心理学费斯汀格的解释是群体内的态度、意见不一致时，除容易招致群体活动的无效率外，由于社会实在性受到威胁，群体内便产生一致性的压力。所谓社会实在性，是指当自己的态度、意见的妥当性没有明显的判断标准时，以自己的态度、意见和周围的人保持一致作为妥当性的依据。态度、意见一致的对方，在提供社会实在性这点上是理想的存在。但是态度、意见一旦产生不一致，社会实在性就受到威胁。因此，不仅为了维持和发展有效率的群体活动，而且为了确保社会实在性，才使说服对方回心转意的沟通得以产生。

此外，成员希望改变在群体内的地位的愿望，也是沟通的动机之一。群体内地位低的成员具有提高地位的愿望，在获得信息之后，往往有一种倾向，即首先向地位高的成员传递。另外，地位低的成员在希望提高地位的愿望难以实现的时候，也往往想以同地位高的成员再进行沟通作为补偿和满足。

2. 对信息的选择

接收者对信息并不是一视同仁，而是有选择性的。人选择信息的倾向性大抵有下述四种情况：

第一，倾向于选择自己赞同的信息，排斥自己不赞同的信息。例如，埃利希等人曾研究过某人从 A 车和 B 车中选购一种物品，若他购买了 A 车的物品，那么他就十分关心关于 A 车的广告而对 B 车的广告就没有多大兴趣。这类事例在日常生活中是很多的。

第二，对两种截然相反的信息并没有明显的选择性。斐泽在 1963 年曾做过以下的实验：他给吸烟者和不吸烟者同样一个阅读文章的机会。文章有两篇，一篇说吸烟引起肺癌，一篇说吸烟与肺癌无关。只读论述吸烟致癌的文章，对于吸烟者来说，是非赞同性信息；对于不吸烟者来说，则是赞同性信息。但是，被试（吸烟者、不吸烟者）通读这两篇文章，则没有表现出喜恶。

第三，喜欢选择反对自己观点的信息。例如，1968 年春天美国发生了反战大抗议，许多大学生在"我们不去"的反应征请愿书上签了字，其他许多学生也考虑了是否签字。1970 年，贾尼斯等人在耶鲁大学中挑选了具有四种不同态度的学生，他们的态度分别是：马上拒绝签字、在仔细考虑后拒绝签字、同意这个誓言表示可以签字、已经签了字。贾尼斯测验了他们对相反信息的选择性。试验者给每个学生 8 篇关于战争的文章，其中 4 篇支持"我们不去"的誓言，其余 4 篇则反对这个誓言，然后统计学生们对这些文章的兴趣程度，结果是支持誓言的学生对支持誓言信息的兴趣低于对反对誓言的信息，即学生喜欢选择反对自己观点的信息。

第四，越是不让接触的信息，人们越想选择。例如，一个公开的报告会结束后，未听报告者中并没有多少人关心和打听报告会的内容；相反，一个只允许某一级领导干部参加的内容暂时保密的报告会结束后，会有不少本来不该知道的人千方百计地打听报告的内容。再如，老师对学生说某本书是毒草，这本书本来不受学生欢迎，甚至不为学生所知，然而经老师这么一讲，学生却争先恐后地看这本书。

由此可见，人们选择信息的心理是极其复杂的，很难确切地说某种信息人们乐意选择、某种信息人们不太愿意选择。影响人们信息选择心理的因素主要有：①经常可得性。凡经常的、容易得到的信息易为人所选择。②传递人的倾向性。传递信息的人对该信息的喜爱或厌恶的倾向性常可左右接收者对信息的选择与否。③有用性、可信性和趣味性。凡有用的、可信的和有趣味的信息容易为人们所选择。

3. 对信息的理解

接收者在理解信息的过程中，主要表现为求真意。接收者收到的信息并不都十分明确，有时即使言辞明确，但在表面言辞之下却可能有隐含的意义，这就不能不使接收者产生一定的心理紧张："他说的究竟是什么意思？"因此，在解释信息的时候要利用各种各样的线索，例如发出信息的表情、视线、姿势、动作、说话的声调等等。

影响一个人理解信息的主要因素有个人的知识、经验和个性心理特征等。在解释信息的时候，常常会出现个体根据自己的口味、既有的经验或常识来加以理解的情况。如在黑板上画一个"o"，数学家说它是一个圆，运动员说它是一个球，作家说它是一轮明月，儿童说它是一只饼，语言学家说它是句号。尤其在信息内容本身不明时，接收者更有可能根据以往的经验、当时的需要和社会情境来加以理解。

（五）克服沟通心理障碍的主要方法

1. 开列沟通情境和沟通对象清单

这一步非常简单。闭上眼睛想一想，你都在哪些情境中与人沟通，比如学校、家庭、工作单位、聚会以及日常的各种与人打交道的情境。再想一想，你都需要与哪些人沟通，比如朋友、父母、同学、配偶、亲戚、领导、邻居、陌生人等等。开列清单的目的是使自己清楚自己的沟通范围和对象，以便全面地提高自己的沟通能力。

2. 评价自己的沟通状况

在这一步里，问自己如下问题：
- 对哪些情境的沟通感到愉快？
- 对哪些情境的沟通感到有心理压力？
- 最愿意与谁保持沟通？
- 最不喜欢与谁沟通？
- 是否经常与多数人保持愉快的沟通？

- 是否常感到自己的意思没有说清楚？
- 是否常误解别人，事后才发觉自己错了？
- 是否与朋友保持经常性联系？
- 是否经常懒得给别人写信或打电话？

……

客观、认真地回答上述问题，有助于了解自己在哪些情境中、与哪些人的沟通状况较为理想，在哪些情境中、与哪些人的沟通需要着力改善。

3. 评价自己的沟通方式

在这一步中，主要问自己如下三个问题：

- 通常情况下，自己是主动与别人沟通还是被动沟通？
- 在与别人沟通时，自己的注意力是否集中？
- 在表达自己的意图时，信息是否充分？

主动沟通者与被动沟通者的沟通状况往往有明显差异。研究表明，主动沟通者更容易与别人建立并维持广泛的人际关系，更可能在人际交往中获得成功。

沟通时保持高度的注意力，有助于了解对方的心理状态，并能够较好地根据反馈来调节自己的沟通过程。没有人喜欢自己的谈话对象总是左顾右盼、心不在焉。

在表达自己的意图时，一定要注意使自己被人充分理解。沟通时的言语、动作等信息如果不充分，则不能明确地表达自己的意思；如果信息过多，出现冗余，也会引起信息接受方的不舒服。最常见的例子就是，你一不小心踩了别人的脚，那么一句"对不起"就足以表达你的歉意，如果你还继续说："我实在不是有意的，别人挤了我一下，我又不知怎的就站不稳了……"这样啰唆反倒令人反感。因此，信息充分而又无冗余是最佳的沟通方式。

4. 制订、执行沟通计划

通过前几个步骤，你一定能够发现自己在哪些方面存在不足，从而确定在哪些方面重点改进。比如，沟通范围狭窄，则需要扩大沟通范围；忽略了与友人的联系，则需写信、打电话；沟通主动性不够，则需要积极主动地与人沟通等等。把这些制成一个循序渐进的沟通计划，然后把自己的计划付诸行动，体现有具体的生活小事中。比如，觉得自己的沟通范围狭窄，主动性不够，你可以规定自己每周与两个素不相识的人打招呼，具体如问路，说说天气等。不必害羞，没有人会取笑你的主动，相反，对方可能还会在欣赏你的勇气呢！

在制订和执行计划时，要注意小步子的原则，即不要对自己提出太高的要求，以免实现不了，反而挫伤自己的积极性。小要求实现并巩固之后，再对自己提出更高的要求。

5. 对计划进行监督

这一步至关重要。一旦监督不力，可能就会功亏一篑。最好是自己对自己进行监督，比如用日记、图表记载自己的发展状况，并评价与分析自己的感受。

计划的执行需要信心，要坚信自己能够成功。记住：一个人能够做的，比他已经做的和相信自己能够做的要多得多。

实训实习

按照提高沟通能力的方法，对下面问题进行一次书面描写。
- 对哪些情境的沟通感到愉快？
- 对哪些情境的沟通感到有心理压力？
- 最愿意与谁保持沟通？
- 最不喜欢与谁沟通？
- 是否经常与多数人保持愉快的沟通？
- 是否常感到自己的意思没有说清楚？
- 是否常误解别人，事后才发觉自己错了？
- 是否与朋友保持经常性联系？
- 是否经常懒得给别人写信或打电话？
……

知识拓展

沟通中的倾听

当使用倾听技巧的英文 listening skills 在 google 上搜索时，得到的搜索结果数量是惊人的，由此可见，倾听在沟通中是很占分量的。每个人都在说话，也都在听别人讲话，但并不是每个人都会说、会听。人生来长着一张嘴，两只耳朵，似乎也在暗示我们多听少说。而实际上也确实如此，人们在每天的交流中，听是多于说的（如图2-2所示）。但在听说读写的沟通技能中，倾听却是被教得最少的一项技能。

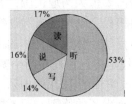

图2-2　用在各种沟通技巧上的时间的百分比

任何不能被理解的沟通都不能算是成功，在有效的倾听中，人们用耳朵去理解别人，表达的是一种尊重的态度。相比较于说而言，听是较被动的，人们可以通过说来主动地表达自己的意见，但是当听的时候，就得力图去理解他人的想法和感情，这就要求听者搁置自己的偏见和先见，所以倾听是很需要修养的一项沟通技巧。

先看看是什么影响了有效倾听，有12种具体的沟通障碍：

（1）对比。听者总是在评价谁更机敏、更聪明或者更能干。

（2）猜测。听者惯于猜测别人的心思，往往不相信别人的话。

（3）演练。别人说话时听者却总在构思自己的意见。

（4）过滤。听者只听到某些信息，对其他信息充耳不闻。

（5）先入为主。在倾听具体内容前就做出自己的判断了。

（6）心不在焉。对方的话题触动听者一连串的联想，没有专心听对方说话。

（7）自居。把别人说的一切都抓住不放，并拿来和自己的经验相对照。

（8）好为人师。听者随时准备提供帮助和建议，还没有听对方讲多少，就开始搜索建议。

（9）争辩。当讲话者观点与自己不一致时，易激动，好争辩。

（10）刚愎自用。听者想尽办法（歪曲事实、百般辩解、责难、翻旧账）顽固坚持自己的意见。

（11）转移话题。在谈话过程中，突然转移话题。

（12）息事宁人。想讨人喜欢，什么都说好，似听非听，没有真正投入其中。

倾听方面的研究者迈克尔·普尔迪的调查显示了好的和差的倾听者的特性：

- 好的倾听者：

（1）适当地使用目光接触。

（2）对讲话者的语言和非语言行为保持注意和警觉。

（3）容忍且不打断（等待讲话者讲完）。

（4）使用语言和非语言表达表示回应。

（5）用不带威胁的语气来提问。

（6）解释、重申和概述讲话者所说的内容。

（7）提供建设性（语言和非语言）的反馈。

（8）移情（起理解讲话者的作用）。

（9）显示出对讲话者外貌的兴趣。

（10）展示关心的态度，并愿意听。

（11）不批评、不判断。

（12）敞开心扉。

- 差的倾听者：

（1）打断讲话者（不耐烦）。

（2）不保持目光接触（眼睛迷离）。

（3）心烦意乱（坐立不安），不注意讲话者。

（4）对讲话者不感兴趣（不关心，做白日梦）。
（5）很少给讲话者反馈或根本没有（语言或非语言）反馈。
（6）改变主题。
（7）做判断。
（8）思想封闭。
（9）谈论太多。
（10）自己抢先。
（11）给不必要的忠告。
（12）忙得顾不上听。

那么，你是好的倾听者，还是坏的倾听者？你在倾听过程中容易出现哪些问题呢？对照上面的内容，自己检验个人的倾听风格，并可以思考如何进一步提高自己的倾听技巧。

项目三　普通话训练

"普通话"一词是江苏昆山人朱文熊于1906年提出来的,当时他用这个词指"各省通行之话"。后来又有不少人使用这个名称。中华人民共和国建立以后,语言文字规范化工作受到高度重视。1955年,"全国文字改革会议"和"现代汉语规范问题学术会议"在北京召开。这两个会议确定了现代汉民族共同的名称、定义和标准,将它正式定名为"普通话",意思是"普通"和"共通"的语言。同时,从语音、词汇和语法三个方面确定了普通话的内涵,即"以北京语音为标准音,以北方话为基础方言,以典范的现代白话文著作为语法规范"。这样普通话的含义就非常明确了。

要学好普通话,就要掌握普通话声母、韵母、声调以及变音的相关知识。

本项目包括:普通话基础知识、普通话声母训练、普通话韵母训练、普通话声调训练以及普通话变音训练五个任务。

任务一　学说普通话

事例介绍

东北人说"显大瓣儿蒜",表示的是"令人生厌地显示自己";说"猴儿精",表示的是"人很精明";说"虎绰儿的",表示的是"鲁莽或没有心机";说"嘚瑟",表示的是"臭美";说"唠嗑儿",表示的是"聊天儿"……这些说法,到了南方地区,不少人是听不明白的。

广州人说"倾偈",表示的是"聊天";说"点解",表示的是"为什么";"嘛嘛地"表示的是"一般般";"乜嘢"表示的是"什么"……换北方人,甚至是邻近省份的湖南人来听,都会是一头雾水。

以上事例可见,天南海北的方言各具特色,以统一的规范语言作为不同方言区的人们交流与沟通的工具是很有必要的。那么这一统一规范的标准语言就是普通话。

知识归纳

（一）普通话的含义

"以北京语音为标准音,以北方话为基础方言,以典范的现代白话文著作为语法规范。"

以北京语音为标准音。自13世纪以来,北京一直是中国的政治、经济、文化中心,过去的"官话"、"国语"基本上都是以北京话为基础。普通话以北京语音为标准音,并不意味着每个词都照搬北京词的发音,一些土音成分不包括在内。

以北方话为基础方言。这里主要指的是普通话的词汇来源。不过北方话不等于普通话,北方话词汇是普通话词汇的基础,但普通话词汇又比北方话词汇丰富得多,因为它还从其他方言里吸收了许多有特殊表现力的方言词,从古代汉语里继承了许多仍然有生命力的古语词,从外国语中借用了许多需要的外来词,同时舍弃了北方话中某些过于土俗的词语。

以典范的现代白话文著作为语法规范。现代白话文,不是文言文,不是早期白话文,不是不规范的现代白话文。"典范"主要是指得到广泛认可的具有代表性的优秀作品。

（二）方言

所谓方言,即是,同一种语言在时间和空间的共同作用下所形成的地域变体。每一种语言的内部,都存在各种各样的地域性差异,汉语也不例外,汉语的方言也就是汉语的地域变体。通常所说的汉语七大方言是:北方方言、吴方言、湘方言、赣方言、客家方言、闽方言、粤方言。

北方方言以北京话为代表,分布在长江以北除皖北怀宁等9县、湖北监利、苏北海门三县的所有地区，长江以南包括云南、贵州、重庆、广西、安徽的部分地区，苏浙赣湘鄂的部分地区。

吴方言以苏州话为代表（现在多以上海话为代表），分布在上海市、浙江省、苏南、苏北部分地区、赣东北部分地区、闽北浦城。

湘方言以长沙话和邵阳话为代表，分布在湖南省中部、南部、广西东北部的部分地区。

赣方言以南昌话为代表。分布在赣北、赣中、湘东和粤东南部分市县，皖西南和闽西部分地区。

客家方言以梅县话为代表。分布在广东的东部、中部以及毗连的赣南闽西和湘东南地区，台湾西北部和南部的部分市县，广西、四川有不成片分布。

粤方言以广州话为代表。分布在广东珠江三角洲和茂名地区，广西东南的梧州、玉林、钦州、香港、澳门特别行政区。

现代闽方言主要分布区域跨越多省，包括福建和海南的大部分地区，广东东部潮汕地区、雷州半岛部分地区、浙江南部温州地区的一部分、广西的少数地区、台湾的大多数汉人居住区。闽方言使用人口约占汉族总人口的5.7%。

生活在方言区的人学习普通话，可以充分地利用方言语音与普通话语音的对应规律更好地学习普通话。

实训实习

（一）请搜集关于自己家乡的方言的相关资料，找出自己家乡的方言与普通话语音、词汇、语法方面存在哪些差异，这些差异呈现出什么样的规律。

（二）结合方言地图，分析自己家乡以及邻近地区方言的归属。

知识拓展

粤方言趣谈

古语词对于一般的人而言总是显得文绉绉，说者总是摇头晃脑，似乎满肚子文墨。然而在粤语中这些"之乎者也"却是老百姓随口而出的日常用语，让人惊讶不已——南蛮之地也有如此古雅之风？

咱就挑边词、副词看看粤语的古语程度。粤语把"也"说成"亦"，自然"也是"就说成"亦係"，"也就是"则为"亦即係"。表微转的"只是"在粤语中说成是"唯独係"；"原因"在粤语中说成"因由"，人们表示疑问时常说："到底係乜因由呢？"而连词"因为"说成"皆因"，"皆"含有"都是"的意味；"因此"、"所以"说成"故此"。而像普通话"于是"，粤语常加上一个"乎"字，变为"于是乎"，让人觉得饶有道理在这话里头。

再看副词。表肯定、一定说"势必";表示的确、确实说"委实";"不曾"用"未曾",粤语否定词常用"未",这也是古否定副词;而"最终、终于"则说成"终须"。

另外像"犯不着、不值得"在粤语中则言"无谓";"先不说"则说成"姑勿论"或"且勿论"。这些同样"古香古色"。

"之"这个字在粤语口语中极其常用,词前词后词中间都可用。讲粤语的人在做完某事情后,口中常常舒口气说:"卒之做完啦!"。"卒之"即"终于"的意思;"然后"这个词,粤语可以说成"然之后",似乎很文雅的感觉;当话题转折时,普通话一般口语用"不过",而粤语却在"不过"之前加"之",虽然带有客气的口气,但仍旧是非常地道的口语用法。此外,粤语中表示解释说明时常说"谓之……",例如:"呢个可谓之自欺欺人喇!"相当于普通话的"称为……""叫做……"。

所以,要学古文,先说说粤语倒也无妨。

任务二 声母训练

事例介绍

(一)事例一:

某士兵被俘虏了,长官答应满足他3个愿望再枪毙他。士兵说:"我要和我的马说几句话。"长官答应后,他在马耳朵旁悄悄地说了几句话。第二天,马带着一位美女回来了,士兵和美女共度良宵。

接着,长官对士兵说:"你还有两个愿望,你说吧!"士兵说:"我要和我的马再说几句话。"长官又同意了。不一会儿,马回来了。第二天又带回来一个美女,士兵又和美女共度良宵。

最后,长官说:"你还有最后一个愿望,说吧!"士兵还是说:"我还是要和我的马说几句话。"长官感到很奇怪:这家伙,死到临头了,三个愿望怎么都是要找美女呀?于是他就悄悄地走到马厩旁想听个究竟。只见这位士兵揪着马耳朵大叫:"我是叫你去带一个女(旅)的人来,不是一个女的人!"

弄了半天,原来这位士兵的方言存在n和l不分,也就是鼻边音不分的现象。怪不得他会"旅"和"女"不分。

(二)事例二:

在山东的某所中学的生物课堂上,一位教师正在用不太标准的普通话上着课。他对全班同学说:"同学们,这个细胞是用我们的右眼看不到的……"坐在讲台下的一位中学生心想:"这右眼看不到,难道左眼就能看得到了?这是什么原因呢?"原来这位教师的方言中

"右"和"肉"是互相混淆的，舌尖后音r的方音不到位。他想表达的意思是：用肉眼看不到，而不是用右眼看不到。

由以上两例可见，普通话语音的学习是十分重要的，在我们日常的学习和生活中，不标准的普通话，不仅会影响个人的交流和沟通，甚至有时会给个人带来很多不必要的麻烦。

知识归纳

一、声母的发音部位

普通话共有22个声母，其中辅音声母21个，此外还包括1个零声母。它们是b、p、m、f、d、t、n、l、g、k、h、j、q、x、zh、ch、sh、r、z、c、s。辅音声母发音时，在发音器官内受到阻碍的部位，叫做发音部位。根据不同的发音部位，普通话声母可以分为七大类：双唇音、唇齿音、舌尖前音、舌尖中音、舌尖后音、舌面音、舌根音。

（一）双唇音：上唇和下唇紧闭，阻塞气流而形成的音，共有3个：b、p、m。

（二）唇齿音：下唇和上齿接近，阻塞气流而形成的音，只有1个：f。

（三）舌尖前音：舌尖和上齿背接触或接近，阻塞气流而形成的音，共有3个：z、c、s。

（四）舌尖中音：舌尖和上齿龈接触，阻塞气流而形成的音，共有4个：d、t、n、l。

（五）舌尖后音：舌尖和硬腭前部接触或接近，阻塞气流而形成的音，共有4个：zh、ch、sh、r。

（六）舌面音：舌面前部和硬腭前部接触或接近，阻塞气流而形成的音，共有3个：j、q、x。

（七）舌根音：舌面后部和软腭接触或接近，阻塞气流而形成的音，共有3个：g、k、h。

二、声母的发音方法

各种发音方法都可分为成阻→持阻→除阻三个阶段。成阻就是发音时的两个部位先形成阻碍，为发音做好准备的阶段。持阻就是蓄积一定的力量和阻力，同时让气息积聚在发音部位的后面，为发音做好最后的准备。除阻是气流冲破阻碍，最后发出声音的过程。声母的发音方法是指发音时，气流在发音部位构成阻碍和消除阻碍的方法。主要包括三个方面：成阻和除阻的方式，气流的强弱，声带是否颤动。

（一）成阻和除阻的方式

1. 塞音

发音时，两个发音部位完全闭合，阻塞气流，然后突然打开闭合部位使气流迸裂而出，爆发成音。普通话声母中共有6个塞音：b、p、d、t、g、k。

2. 擦音

发音时,两个发音部位接近,形成一条窄缝,气流从窄缝中摩擦成音。普通话声母中共有 6 个擦音:f、h、x、sh、r、s。

3. 塞擦音

发音时,两个发音部位首先完全闭合,阻塞气流然后逐渐打开,形成窄缝,气流摩擦而出,形成塞擦音。它是综合前两种发音方法控制气流而发出的音,是先塞后擦。普通话声母中共有 6 个塞擦音:j、q、zh、ch、z、c。

4. 鼻音

发音时,成阻的两个部位完全闭合,软腭下垂,打开鼻腔通道,使气流完全从鼻腔透出成音,普通话声母中共有 2 个鼻音:m、n。

5. 边音

发音时,舌尖抵住上齿龈,软腭上升,阻塞鼻腔通道,让气流从舌头两边透出成音。普通话声母只有 1 个边音同 l。

(二)气流的强弱

根据发音时气流强弱不同,可将普通话声母中的塞音与塞擦音分为两类:送气音与不送气音。

1. 送气音

发音时,口腔呼出的气流比较强,形成送气音。普通话声母中有 6 个送气音:p、t、k、q、ch、c。

2. 不送气音

发音时,口腔呼出的气流比较弱,形成不送气音。普通话声母中有 6 个送气音:b、d、g、j、zh、z。

普通话声母中的擦音,因为是气流从两个发音部位之间的缝隙擦出,所以无气流强弱之分了。

(三)声带是否颤动

普通话声母根据声带是否颤动可以分为两类。

1. 清音

发音时,声带不颤动,透出的气流不带音,如:b、p、f、d、t、g、k、h、j、q、x、

zh、ch、sh、z、c、s 共 17 个声母。

2. 浊音

发音时，声带颤动，透出的气流带音，如：m、n、l、r 四个声母。

另外不作声母的辅音 ng 也是浊音。

综合上述分类，可以列出普通话声母发音部位发音方法总表，（见表 3-1 所示）。

表 3-1　普通话声母发音部位、发音方法一览表

发音方法 发音部位	塞音（清音）		塞擦音（清音）		擦音		鼻音	边音
	不送气	送气	不送气	送气	清音	浊音	浊音	浊音
双唇音	b	p					m	
唇齿音					f			
舌尖前音			z	c	s			
舌尖中音	d	t					n	l
舌尖后音			zh	ch	sh	r		
舌面音			j	q	x			
舌根音	g	k			h		(ng)	

三、普通话声母的发音

1. b[p]双唇、不送气、清、塞音

发音时双唇完全闭合，阻住气流，软腭上升，堵住鼻腔通道；然后使气流冲破阻碍，爆破成音，不颤动声带。例如"标兵"、"包办"。

2. p[p']双唇、送气、清、塞音

发音的情形与 b[p]相同，只是爆破发音时气流较强。例如"批评"、"乒乓"。

m[m]双唇、浊、鼻音

发音时双唇闭合，软腭下降，使气流从鼻腔流出，同时颤动声带。例如"蒙昧"、"埋没"。

3. f[f]唇齿、清、擦音

发音时上齿靠近下唇，中间留一条缝隙，软腭和小舌翘起，堵住鼻腔通道，肺部呼出的气流通过喉头，但不振动声带，气流经过口腔，从唇齿的缝隙间摩擦而出。例如"风范"、"分发"。

4. z[ts]舌尖前、不送气、清、塞擦音

发音时舌尖顶住上齿背，软腭和小舌翘起，堵住鼻腔通道，肺部呼出的气流通过喉头，

但不振动声带,然后舌尖与上齿背离开一条缝隙,气流摩擦而出,形成先塞后擦的发音。例如"祖宗"、"造作"。

5. c[ts']舌尖前、送气、清、塞擦音

发音的情形与 z[ts]相同,只是发音时气流较强。例如"猜测"、"参差"。

6. s[s]舌尖前、清、擦音

发音时舌尖靠近上齿背,中间留一条缝隙,软腭和小舌翘起,堵住鼻腔通道,肺部呼出的气流通过喉头,但不振动声带,到达口腔,从缝隙间摩擦而出。例如"三思"、"诉讼"。

7. d[t]舌尖中、不送气、清、塞音

发音时舌尖顶住上齿龈,软腭和小舌翘起,堵住鼻腔通道,肺部呼出的气流通过喉头,但不振动声带,到达口腔,然后舌尖突然离开上齿龈,气流爆出而发音。例如"大胆"、"歹毒"。

8. t[t']舌尖中、送气、清、塞音

发音的情形与 d[t]相同,只是爆破发音时气流较强。例如"贪图"、"推托"。

9. n[n]舌尖中、浊、鼻音

发音时舌尖顶住上齿龈,软腭和小舌下垂,打开鼻腔通道,肺部呼出的气流通过喉头,振动声带,然后从鼻腔缓缓流出。例如"哪能"、"难弄"。

10. l[l]舌尖中、浊、边音

发音时舌尖顶住上齿龈,软腭和小舌翘起,堵住鼻腔通道,肺部呼出的气流通过喉头,振动声带,到达口腔,从舌头的两边流出。例如"劳累"、"罗列"。

11. zh[ts]舌尖后、不送气、清、塞擦音

发音时舌尖翘起,顶住硬腭前部,软腭和小舌翘起,堵住鼻腔通道,肺部呼出的气流通过喉头,但不振动声带,到达口腔,然后舌尖与硬腭前部离开一条缝隙,气流摩擦而出,形成先塞后擦的发音。例如"真正"、"重镇"。

12. ch[ts']舌尖后、送气、清、塞擦音

发音的情形与 zh[ts]相同,只是发音时气流较强。例如"出处"、"拆穿"。

13. sh[ts]舌尖后、清、擦音

发音时舌尖与硬腭前部中间留一条缝隙,软腭和小舌翘起,堵住鼻腔通道,肺部呼出

的气流通过喉头，但不振动声带，到达口腔，从缝隙间摩擦而出。例如"深山"、"熟睡"。

14. r[ZL]舌尖后、浊、擦音

发音时舌尖与硬腭前部中间留一条缝隙，软腭和小舌翘起，堵住鼻腔通道，肺部呼出的气流通过喉头，振动声带，到达口腔，从缝隙间摩擦而出。例如"如若"、"仍然"。

15. j[tc]舌面、不送气、清、塞擦音

发音时舌面前部抬起，顶住硬腭前部，软腭和小舌翘起，堵住鼻腔通道，肺部呼出的气流通过喉头，但不振动声带，到达口腔，然后舌面前部与硬腭前部打开，形成一条缝隙，气流摩擦而出，形成先塞后擦的发音。例如"基建"、"家具"。

16. q[tc']舌面、送气、清、塞擦音

发音的情形与j[tc]相同，只是发音时气流较强。例如"亲戚"、"确切"。

17. x[c]舌面、清、擦音

发音时舌面前部抬起，靠近硬腭前部，中间留一条缝隙，软腭和小舌翘起，堵住鼻腔通道，肺部呼出的气流通过喉头，但不振动声带，到达口腔，从缝隙间摩擦而出。例如"详细"、"心胸"。

18. g[k]舌根、不送气、清、塞音

发音时舌根翘起，顶住软腭，形成阻塞；软腭和小舌翘起，堵住鼻腔通道，肺部呼出的气流通过喉头，但不振动声带；到达口腔，然后舌根与软腭突然离开，气流爆出而发音。例如"更改"、"光顾"。

19. k[k']舌根、送气、清、塞音

发音的情形与g[k]相同，只是爆破发音时气流较强。例如"苛刻"、"快看"。

20. h[x]舌根、清、擦音

发音时舌根翘起，与软腭之间留一条缝隙；软腭和小舌翘起，堵住鼻腔通道，肺部呼出的气流通过喉头，但不振动声带，到达口腔，从缝隙间摩擦而出。例如"胡混"、"黄昏"。

实训实习

（一）分辨n和l

1. 发音部位上的区别

n的发音方式是舌尖翘起，顶住上齿龈，同时小舌下垂，气流通过鼻腔流出。l的发音

方式是舌尖翘起，顶住上齿龈，同时小舌抬起，封住通往鼻腔的通道，气流经过舌头的两边流出。

2. 字词练习

n—l 你—里 难—蓝 挪—罗 奴—卢 脑—老
l—n 晾—酿 梁—娘 脸—捻 淋—您 锣—挪

3. 绕口令练习

《牛小柳和刘大妞》
路东住着牛小柳，路南住着刘大妞。
牛小柳拉着大黄牛。刘大妞吃着小石榴。

《男旅客和女旅客》
男旅客穿着蓝上装，女旅客穿着呢大衣；
男旅客扶着拎着篮子的老大娘，女旅客搀着拿着笼子的小男孩儿。

（二）分辨 z、c、s 与 zh、ch、sh

1. 发音部位上的区别

发舌尖前音 z、c、s 时，舌尖抵住或接近齿背（或下齿背），舌尖平伸。发舌尖后音 zh、ch、sh 时，舌头放松，舌尖轻巧地接触或接近硬腭前部，舌尖翘起。

2. 字词练习

zh—z 正—在 制—造 种—族 著—作 准—则
ch—c 差—错 尺—寸 储—藏 纯—粹 场—次
sh—s 上—司 声—速 绳—索 胜—算 殊—死

3. 绕口令练习

《湿字纸》
刚往窗上糊字纸，你就隔着窗户撕字纸。
一次撕下横字纸，一次撕下竖字纸，
横竖两次撕了四十四张湿字纸。
是字纸你就撕字纸，不是字纸，你就不要胡乱地撕一地纸。

《涩柿子和石狮子》
树上结了四十四个涩柿子，树下蹲着四十四头石狮子。
树下四十四头石狮子，要吃树上四十四个涩柿子。
涩柿子不让石狮子吃涩柿子，
石狮子偏要吃涩柿子。

《鱼翅与鱼刺》
紫瓷盘，盛鱼翅。一盘熟鱼翅，一盘生鱼翅。迟小池拿了一把瓷汤匙，要吃清蒸美鱼翅。一口鱼翅刚到嘴，鱼刺刺进齿缝里，疼得小池拍腿挠牙齿。

（三）分辨 f、h

1. 发音部位上的区别

发唇齿音 f 时，上齿与下唇内缘接近，唇形向两边展开。发舌根音 h 时，舌头后缩，舌根抬起，和软腭接近，注意唇齿部位不能接触。

2. 字词练习

f—h　发—化　父—护　防—蝗　斧—虎　凤—凰
h—f　发—挥　发—火　繁—华　返—回　犯—浑

3. 绕口令练习

《画凤凰》

红凤凰，黄凤凰，粉红墙上飞凤凰；
凤凰飞，飞凤凰，红黄凤凰飞北方。

《活佛花》

会糊我的粉红活佛花，
就糊我的粉红活佛花；
不会糊我的粉红活佛花，
可别糊坏了我的粉红活佛花。

（四）分辨 j、q、x 与 z、c、s

1. 发音部位上的区别

舌面音 j、q、x 时，舌面前部与硬腭前部形成阻碍，舌尖不要抬起，否则气流在舌尖部位受到阻碍，发音就近似于 z、c、s，也就是通常人们说的"尖音"。

2. 字词练习

j—z　机—资　寄—字　挤—籽　急—紫
q—c　七—此　起—此　妻—辞　汽—刺

3. 绕口令练习

《比尖》

尖塔尖，尖杆尖，杆尖尖似塔尖尖，塔尖尖似杆尖尖。
有人说杆尖比塔尖尖，有人说塔尖比杆尖尖。
不知到底是杆尖比塔尖尖，还是塔尖比杆尖尖。

知识拓展

清朝有个黄霁青，是咸丰同治年间的大词人，他虽比不上苏轼、辛弃疾，在当时却也是赫赫有名。可偏偏有个南方的秀才慕名去拜访他，投札时错把"黄"写成了"王"。要是一般人准得把那札给退回去，可是这位黄霁青并没有这么做，他是大词人，词写得顺手，诗来得也快。提笔一挥，写下了一首诗：

江夏琅琊未结盟，草头三画最分明。
他家自接周吴郑，敝姓曾连顾孟平。
须向九秋寻鞫有，莫从四月问瓜生。
右军若把涪翁换，辜负笼鹅道士情。

"江夏"是宋朝文学家黄庭坚的帮乡，"琅玡"是晋朝书法家王羲之的帮乡。"草头"和"三画"是这两个字的字形。第三、四句说的是这两个姓在《百家姓》中的位置。"右军"为王羲之，他爱鹅，有个道士曾送他一群鹅。"涪翁"就是黄庭坚。最后两句说，王羲之要是和黄庭坚换了姓氏，那多对不起送牒的老道呀！几行诗，将人批得入木三分。门口等着要见黄先生的那位，看了诗后脸一红，扭头就走了。

任务三　韵母训练

事例介绍

某位普通话不太好的学生，到银行去办理交费业务。可是银行的顾客太多了，排着长长的队。学生于是就去咨询大堂经理有什么办法可以办得更快些。大堂经理说："你可以网上去交费的！"学生一听心想："晚上正好没事，再出来一趟吧！"到了晚上，学生跑到银行，结果银行已经关门，这位学生气得不行了。第二天一大早上班时间，这位学生就去质问这位大堂经理："你怎么让我晚上来，结果你们这儿都没有人上班的？"这位经理觉得很惊讶："我没有让你晚上来呀？"原来这位学生普通话韵中前鼻音韵母和后鼻音韵母不分，把"网"听成了"晚"，结果闹了笑话。

由以上事例可见，要提高普通话的水平，不但要练好普通的声母，而且还要练好普通话的韵母。

知识归纳

一、韵母的分类

普通话韵母共有39个，a、o、e、i、u、ü、ê、-i（前）-i（后）、er、ai、ei、ao、ou、

ia、ie、ua、uo、üe、iao、iu、uai、ui、ian、uan、an、en、in、un、un、üan、ang、eng、ing、ong、uang、ueng、iong、iang。根据不同的分类标准，普通话的可以分为不同的类别，（见表 3-2 所示）。

（一）按结构可以分为单韵母、复韵母、鼻韵母

1. 单韵母

由一个元音构成的韵母叫单韵母，又叫单元音韵母。单元音韵母发音的特点是自始至终口形不变，舌位不移动。普通话中单元音韵母共有 10 个：a、o、e、ê、i、u、ü、-i（前）、-i（后）、er。其中 7 个舌面元音（a、o、e、ê、i、u、ü），3 个舌尖元音（-i（前）、-i（后）、er）。

2. 复韵母

由两个或三个元音结合而成的韵母叫复韵母。普通话共有 13 个复韵母。根据主要元音所处的位置，复韵母可分为前响复韵母 ai、ei、ao、ou，中响复韵母 iao、iou、uai、uei 和后响复韵母 ia、ie、ua、uo、üe。

3. 鼻韵母

由一个或两个元音后面带上鼻辅音构成的韵母叫鼻韵母。鼻韵母共有 16 个，分为前鼻韵母 an、ian、uan、üan、en、in、uen、ün，和后鼻韵母 ang、iang、uang、eng、ing、ueng、ong、iong。

（二）按开头元音发音口型，可分为开口呼、齐齿呼、合口呼、撮口呼,简称"四呼"

1. 开口呼

韵母不是 i、u、ü 和不以 i、u、ü 起头的韵母属于开口呼，共有 15 个：
-i（前）、-i（后）、a、o、e、ê、er、ai、ei、ao、ou、an、en、ang、eng、ong。

2. 齐齿呼

韵母为 i 或 i 开头的韵母称齐齿呼，发音时，嘴向两边开，露出牙齿，所以叫做齐齿呼，共有 9 个：i、ia、ie、iao、iou、ian、in、iang、ing。

3. 合口呼

韵母为 u 或以 u 开头的韵母称合口呼，发音时，嘴唇向中间收缩，所以叫做合口呼，共有 10 个：u、ua、uo、uai、uei、uan、uen、uang、ueng、ong。

4. 撮口呼

ü 或以 ü 开头的韵母属于撮口呼，共有 5 个：ü、üe、üan、ün、iong。

表 3-2　普通话韵母总表

	开口呼	齐口呼	合口呼	撮口呼
单韵母	-i（前后）	i	u	ü
	a	ia	ua	
	o		uo	
	e			
	ê	ie		üe
	er			
复韵母	ai		uai	
	ei		uei	
	ao	iao		
	ou	iou		
鼻韵母	an	ian	uan	üan
	en	in	uen	ün
	ang	iang	uang	
	eng	ing	ueng	
			ong	iong

二、韵母的发音

（一）单韵母

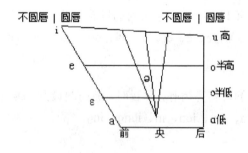

图 3-1　元音舌位图

1. a[A]央低不圆唇元音

口大开，舌尖微离下齿背，舌面中部微微隆起和硬腭后部相对。发音时，声带振动，软腭上升，关闭鼻腔通路。例如：爸爸、妈妈。

2. o[o]后半高圆唇元音

上下唇自然拢圆，舌体后缩，舌面后部隆起和软腭相对，舌位介于半高半低之间。发音时，声带振动，软腭上升，关闭鼻腔通路。例如：菠萝、伯伯。

3. e[ɤ]后半高不圆唇元音

展唇，舌体后缩，舌面后部隆起和软腭相对，比元音 o 略高而偏前。发音时，声带振动，软腭上升，关闭鼻腔通路。例如：哥哥、客车。

4. ê[E]前中不圆唇元音

口自然打开，展唇，舌尖抵住下齿背，使舌面前部隆起和硬腭相对。发音时，声带振动，软腭上升，关闭鼻腔通路。（韵母 ê 除语气词"欸"外单用的机会不多，只出现在复韵母 ie, üe 中。）

5. i[i]前高不圆唇元音

口微开，两唇呈扁平形，上下齿相对（齐齿），舌尖接触下齿背，使舌面前部隆起和硬腭前部相对。发音时，声带振动，软腭上升，关闭鼻腔通路。例如：奇迹、毅力。

6. U[u]后高圆唇元音

两唇收拢成圆形，略向前突出；舌体后缩，舌面后部隆起和软腭相对。发音时，声带振动，软腭上升，关闭鼻腔通路。例如：读书、怒目。

7. Ü[y]前高圆唇元音

两唇拢圆，略向前突；舌尖抵住下齿背，使舌面前部隆起和硬腭前部相对。发音时，声带振动，软腭上升，关闭鼻腔通路。例如：语句、聚居。

8. -i（前）[ɿ]舌尖前不圆唇元音

口略开，展唇，舌尖和上齿背相对，保持适当距离。发音时，声带振动，软腭上升，关闭鼻腔通路。这个韵母在普通话里只出现在 z,c,s 声母的后面。例如：刺丝、刺字。

9. -i（后）[ʅ]舌尖后不圆唇元音

口略开，展唇，舌前端抬起和前硬腭相对。发音时，声带振动，软腭上升，关闭鼻腔通路。这个韵母在普通话里只出现在 zh,ch,sh,r 声母的后面。例如：知识、指示。

10. Er[ər]卷舌元音

口自然开启，舌位不前不后不高不低，舌前、中部上抬，舌尖向后卷，和硬腭前端相对。发音时，声带振动，软腭上升，关闭鼻腔通路。例如：儿、耳。

（二）复韵母

1. 前响复韵母

前一个元音应发得清晰响亮，而韵尾元音需发得轻短含糊，表示单位的滑动方向。具体情况如下：

（1）ai[aɪ]是前元音音素的复合，动程大。起点元音是比单元音[A]的舌位靠前的前低不圆唇元音[a]，可以简称它为"前a"。发音时，舌尖抵住下齿背，使舌面前部隆起与硬腭相对。从"前a"开始，舌位向i的方向滑动升高，大体停在次高元音[ɪ]。例如：采买、买卖。

（2）ei[eɪ]是前元音音素的复合，动程较短。起点元音是前半高不圆唇元音[e]发音过程中，舌尖抵住下齿背，使舌面前部（略后）隆起对着硬腭中部。从[e]开始，舌位升高，向i的方向往前往高滑动，大体停在次高元音[ɪ]。例如：霏霏、妹妹。

（3）ao[au]是后元音音素的复合。起点元音比单元音[A]的舌位靠后，是个后低不圆唇元音[a]，可简称为"后a"。发音时，舌体后缩，使舌面后部隆起。从"后a"开始，舌位向[u]（汉语拼音写作-o，实际发音接近u）的方向滑动升高。例如：宝刀、牢骚。

（4）ou[əu]起点元音比单元音 o 的舌位略前，接近央元音[ə]，唇形略圆。发音时，从略带圆唇的央元音[ə]开始，舌位向 u 的方向滑动。这个复韵母动程很小。例如：走狗、抖擞。

2. 后响复韵母

发音时，第一个元音是起单，应发得短而轻，第二个元音则需发得清晰响亮，具体情况如下：

（1）ia[iA]起点元音是前高元音[i]，由它开始，舌位滑向央低元音[A]止。i的发音较短，[A]的发音响而长。止点元音[A]位置确定。例如：下嫁、假牙。

（2）ie[iE]起点元音是前高元音[i]，由它开始，舌位滑向前中元音[E]止。[i]较短，音响而长。止点元音色[E]位置确定。例如：姐姐、爷爷。

（3）ua[uA]起点元音是后高圆唇元音[u]，由它开始，舌位滑向央低元音[A]止，唇形由最圆逐步展开到不圆。[u]较短，[A]响而长。例如：娃娃、花袜。

（4）uo[uo]由后圆唇元音音素复合而成。起点元音是后高元音[u]，由它开始，舌位向下滑到后中元音 o[o]止。[u]较短，[o]响而长。发音过程中，保持圆唇，开头最圆，结尾圆唇度略减。例如：过错、硕果。

（5）üe[yE]由前元音音素复合而成。起点元音是圆唇的前高元音[y]，由它开始，舌位下滑到前中元音色[E]，唇形由圆到不圆。[y]较短，[E]响而长。例如：雀跃、约略。

3. 中响复韵母

发音时，韵头发得轻短、韵腹则需清晰响亮，韵尾音值不太固定，只表示舌位的滑动方向，较为含糊。具体情况如下：

（1）iao[iɑu]由前高元音[i]开始，舌位降至后低元音[ɑ]。然后再向后次高圆唇元音[u]的方向滑升。发音过程中，舌位先降后升，由前到后，曲折幅度大。唇形从元音[ɑ]逐渐圆唇。例如：小桥、窈窕。

（2）iou[iəu]由前高元音[i]开始，舌位降至央元音[ə]，然后再向后次高圆唇元音[u]的方向滑升。发音过程中，舌位先降后升，由前到后，曲折幅度较大。唇形从央（略后）元音[ə]逐渐圆唇。例如：悠久、优秀。

（3）uai[uɑi]由圆唇的后高元音[u]开始，舌位向前滑降到前低不圆唇元音[ɑ]，然后再向前高不圆唇元音[i]的方向滑升。舌位动程先降后升，由后到前，曲折幅度大。唇形从前元音[ɑ]逐渐展唇。例如：摔坏、外快。

（4）uei[ueɪ]由后高圆唇元音[u]开始，舌位向前向下滑到前半高不圆唇元音[e]偏后靠下的位置，然后再向前高不圆唇元音[i]的方向滑升。发音过程中，舌位先降后升，由后到前，曲折幅度较大。唇形从[e]逐渐展唇。例如：坠毁、荟萃。

（三）鼻韵母

鼻韵母是由元音和鼻辅音韵尾共同组成，分为前鼻音韵母和后鼻音韵母两类。

1. 前鼻音韵母

（1）an[an]起点元音是前低不圆唇元音 a[a]，舌尖抵住下齿背，舌面前部隆起，舌位降到最低，软腭上升，关闭鼻腔通路。发"前 a"之后，软腭下降，打开鼻腔通路，同时舌面前部与硬腭前部闭合，使在口腔受到阻碍的气流从鼻腔里透出。口形开合度由大渐小，舌位动程较大。例如：灿烂、展览。

（2）en[ən]起点元音是央元音[ə]，舌位居中（不高不低不前不后），舌尖接触下齿背，舌面隆起部位受韵尾影响略靠前，软腭上升，关闭鼻腔通路。发央元音 e 之后，软腭下降，打开鼻腔通路，同时舌面前部与硬腭前部闭合，使在口腔受到阻碍的气流从鼻腔里透出。口形开合度由大渐小，舌位动程较小。例如：身份、深沉。

（3）in[in]起点元音是前高不圆唇元音 i，舌尖抵住下齿背，软腭上升，关闭鼻腔通路。发舌位最高的前元音 i 之后，软腭下降，打开鼻腔通路，同时舌面前部与硬腭前部闭合，使在口腔受到阻碍的气流，从鼻腔透出。开口度始终很小，几乎没有变化，舌位动程很小。例如：亲近、殷勤。

（4）ün[yn]起点元音是前高圆唇元音 ü。与 in 的发音状况只是唇形变化不同。唇形从 ü 开始逐步展开，而 in 始终展唇。例如：军训、均匀。

(5) ian[iæn]发音时，从前高元音 i 开始，舌位向前低元音 a（前 a）的方向滑降。舌位只降到前次低元音[æ]的位置就开始升高，直到舌面前部抵住硬腭前部形成鼻音[n]。例如：检验、前线。

(6) uan[uan]发音时，从圆唇的后高元音 u 开始，口形迅速由合口变为开口，舌位向前迅速滑降到不圆唇的前低元音[a]；然后舌位升高，直到舌面前部抵住硬腭前部形成鼻音[n]。例如：贯穿、婉转。

(7) üan[yæn]发音时，从圆唇的前高元音 ü[y]开始，向前低元音[a]的方向滑降。舌位只降到前次低元音[æ]略后就开始升高，直到舌面前部抵住硬腭前部形成鼻音[n]。唇形由圆唇在向折点元音的滑动过程中逐渐展唇。例如：圆圈、渊源。

(8) uen[uən]发音时，从圆唇的后高元音[u]开始，向央元音[ə]滑降，然后舌位升高，直到舌面前部抵住硬腭前部形成鼻音[n]。唇形由圆唇在向折点元音的滑动过程中逐渐展唇。例如：昆仑、温顺。

2. 后鼻音韵母

(1) ang[aŋ]起点元音是后低不圆唇元音[a]，口最开，舌尖离开下齿背，舌体后缩，软腭上升，关闭鼻腔通路。发[a]之后，软腭下降，打开鼻腔通路，同时舌面后部与软腭闭合，使在口腔受到阻碍的气流从鼻腔里透出。开口度由大渐小，舌位动程较大。例如：沧桑、上岗。

(2) eng[ɤŋ]起点元音是后半高不圆唇元音 e[ɤ]，口半闭，展唇，舌尖离开下齿背，舌体后缩，舌面后部隆起，软腭上升，关闭鼻腔通路。发 e 之后，软腭下降，打开鼻腔通路，同时舌面后部与软腭闭合，使在口腔受到阻碍的气流从鼻腔里透出。例如：丰盛、风筝。

(3) ing[iŋ]起点元音是前高不圆唇元音 i，舌尖接触下齿背，舌面前部隆起，软腭上升，关闭鼻腔通路。发[i]之后，软腭下降，打开鼻腔通路，同时舌面后部与软腭闭合，使在口腔受到阻碍的气流从鼻腔透出。口形没有明显变化。例如：明星、轻盈。

(4) ong[uŋ]起点元音是比后高圆唇元音[u]舌位略低的后次高圆唇元音，舌尖离开下齿背，舌体后缩，舌面后部隆起，软腭上升，关闭鼻腔通路。发元音[u]之后，软腭下降，打开鼻腔通路，同时舌面后部与软腭闭合，使在口腔受到阻碍的气流从鼻腔里透出。唇形始终拢圆。例如：从容、隆重。

(5) iang[iaŋ]发音时，从前高元音[i]开始，舌位向后滑降到后低元音a[a]，然后舌位升高，接续鼻音 ng[ŋ]。例如：响亮、强将。

(6) uang[uaŋ]发音时，从圆唇的后高元音 u 开始，舌位滑降至后低元音a[a]，然后舌位升高，接续鼻音 ng[ŋ]。唇形从圆唇在向折点元音的滑动中逐渐展唇。例如：狂妄、装潢。

(7) ueng[uɤŋ]发音时，从圆唇的后高元音 u 开始，舌位滑降到后半高元音 e[ɤ]（稍稍靠前略低）的位置，然后舌位升高，接续鼻音 ng[ŋ],唇形从圆唇在向折点元音滑动过程中逐渐展唇。在普通话里，韵母 ueng 只有一种零声母的音节形式 weng。例如：水瓮、嗡嗡。

（8）iong[iuŋ]发音时，从前高元音 i 开始，舌位向后略向下滑动到后高圆唇元音[u]（稍偏低）的位置，然后舌位升高，接续鼻音 ng[ŋ]。由于受后面圆唇元音的影响，开始的前高元音 i 也带上了圆唇色彩而近似 ü[y]，可以描写为[yuŋ]甚或为[yŋ]。传统汉语语音学把 iong 归属撮口呼。

实训实习

（一）i 与 ü

（）i 与 ü 都是前高元音，它们的发音区别在于 i 是齐齿呼，ü 是撮口呼，口形完全不同，i 为不圆唇，ü 为圆唇。

1. 字词练习

i－ü　义－誉　前－全　季－拒　盐－缘

2. 绕口令练习

《女小吕与女老李》

体育局穿绿雨衣的女小吕，去找穿绿运动衣的女老李。
穿绿雨衣的女小吕，没找到穿绿运动衣的女老李。
穿绿运动衣的女老李，也没见着穿绿雨衣的女小吕

（二）e 与 o

（o 为后半高圆唇元音，e 为后半高不圆唇元音。二个元音的差别主要是圆展唇的不同。普通话的韵母 o 只跟 b、p、m、f 拼合，而韵母 e 却相反，不能和这四个声母拼合（"什么"的"么"字除外），所以记住 b、p、m、f 后面的韵母一定是 o 不是 e。）

1. 字词练习

e－o　哥－波　特－婆　乐－摸　车－佛

2. 绕口令练习

《坡和鹅》
坡上立着一只鹅，坡下就是一条河。
宽宽的河，肥肥的鹅。
鹅要过河，河要渡鹅。
不知是鹅过河，还是河渡鹅。

（三）前鼻音韵母与后鼻音韵母（前鼻韵母以-n 收尾，后鼻韵母以-ng 收尾）

1. 字词练习

n—ng　安—昂　晚—网　分—风　真—蒸　信—幸

ng—n　葬送—赞颂　成就—陈旧　伤口—山口　清静—亲近

2. 绕口令练习

《小光和小刚》

小光和小刚，抬着水桶上岗。

上山冈，歇歇凉，拿起竹竿玩打仗。

乒乒乒，乓乓乓，打来打去砸了缸。

小光怪小刚，小刚怪小光，

小光小刚都怪竹竿和水缸。

《扁担和板凳》

扁担长，板凳宽，扁担没有板凳宽，板凳没有扁担长。

扁担绑在板凳上，板凳不让扁担绑在板凳上，扁担偏要绑在板凳上。

知识拓展

普通话韵母小知识

iou、uei、uen 这三个韵母在大多数情况下，中间的 o、e 弱化甚至消失，所以《汉语拼音方案》规定，这三个韵母前拼声母时，为了拼写简短要写它们的省写式 iu、ui、un。iou、uei、uen 自成音节时，按照 y、w 的用法，要拼写为 you、wei、wen。

o 只能与声母 b、p、m、f 相拼和自成音节，不能与其他声母相拼；uo 则相反，不能与声母 b、p、m、f 相拼，只能与其他声母相拼。

ueng 只能自成音节，不能与声母相拼；恰恰相反，ong 不能自成音节，必须与声母相拼。

任务四　声 调 训 练

汉语有是声调的语言，一个音节除声母、韵母之外，还一定有一个声调，贯穿着整个音节里。声调是指音节读音高低升降曲直长短的变化形式，是音节重要组成部分。汉语中一个汉字基本上代表着一个音节，所以声调又可以叫做字调。

声调主要是音高变化现象，同时也表现在音长变化上。音高决定于发音体在一定时间内颤动次数的多少，次数越多声音越高，反之声音越低。发音时，声带越紧，在一定时间内振动的次数越多,声音越高,声带越松,在一定时间内振动的次数越少,声音就越低。在发音过程中,声带是可以随时调整的,这样就造成种种不同的音高变化,形成了不同的声调。声调是音节结构中不可缺少的组成部分,担负着重要的辨义作用。例如"题材"和"体裁"、"练习"和"联系"等,这些词语意义的不同主要靠声调来区别。

事例介绍

有两个瑞典留学生想取中文名字,于是他们的中文老师结合按照他们的英文名发音和汉语音节、人名的特点,帮他们取了中文名。一个叫"卫凯乐",一个叫"付晓飞",还跟他们大致解释了汉语意思,两位瑞典学生感觉还挺自豪的。没想到,第二天,付晓飞来上课时问老师:"为什么我告诉中国朋友我的名字时,他们都笑了?"老师一听,原来这位留学生把"付晓飞"说成了"付小费",这中国的朋友能不大笑吗?

以上事例可见,学习普通话,声调的学习是不可忽视的,尤其是对于一些本国母语没有字调的留学生。当然,中国人学习普通话,自己的方言字调与普通话有差异时,要把握准确的普通话声调也不是一件容易的事情。

知识归纳

一、调值和调类

(一) 调值

调值就是声调的实际读法,也就是音节的高低、升降、曲直、长短的变化形式。普通话有四种基本调值:高平调、中升调、降升调、全降调。调值的确定通常采用"五度标调法"。具体方法是:用一条竖线作为比较线,将声调的音高分为五度,在竖线上分别用1、2、3、4、5表示低音、半低音、中音、半高音、高音。然后在竖线左侧用带箭头的横线、斜线、曲线来表示不同的调值的音高变化,(如图3-2所示)。

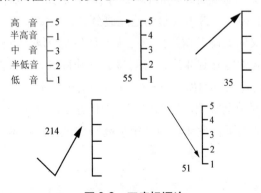

图3-2 五度标调法

（二）调类

调类是把全部的字音按不同的调值加以分类后，所得到的声调的类别。一种方言或语言中有几种基本调值，它就有几种调类。每一个调类确定一种名称就是调名。普通话有四种基本调值，因而有四种调类。传统的汉语音韵学把这四种调类称为阴平、阳平、上声、去声，也可以分别称为第一声、第二声、第三声、第四声。

（三）调号

调号即声调的符号，指标写声调所用的简单明了的符号。即把五度标调法的图形简化为一种不标刻度的声调符号。在标注调号时，要讲究一定的顺序：a、o、e、i、u、ü，标高依次按顺序，i、u 并列标在后，i 上标调把点抹，轻声不标就空着，（见表3-3 所示）。

表3-3 普通话的声调

调类	调值	调号
阴平调	55	--
阳平调	35	/
上声调	214	∨
去声调	51	\

（四）声调的训练

1. 阴平调：阴平调又叫做高平调，俗称一声，调值是 55，也称 55 调。发音时，调值从 5 度到 5 度，声音高而平直，基本上是没有升降的变化，声带均衡紧张。例如：江——山——多——娇。

2. 阳平调：阳平调又叫做高升调，俗称二声，调值是 35，也称 35 调。发音时，调值从 3 度升到 5 度，声音上扬，声带由较紧迅速过渡到紧。例如：闻——名——全——球。

3. 上声调：上升调又叫做降升调，俗称三声，调值是 214，也称 214 调。发音时，调值从 2 度降到 1 度，再从 1 度升到 4 度，有明显的降升特点。声音曲折变化，声带由半松状态再松下去，紧接再紧起来。例如：打——进——引——水。

4. 去声调：去声又叫做全降调，俗称四声，调值是 51，也称 51 调。发音时，调值从 5 度降到 1 度，有比较大的降幅变化。声音由最高降到最低，声带由最紧张状态迅速过渡到最松状态。例如：教——育——事——业。

实训实习

（一）请给以下材料标上声调，并大声准确朗读

我不由得停住了脚步

从未见过开得这样盛的藤萝，只见一片辉煌的淡紫色，像一条瀑布，从空中垂下，不见其发端，也不见其终极，只是深深浅浅的紫，仿佛在流动，在欢笑，在不停地生长。紫色的大条幅上，泛着点点银光，就像迸溅的水花。仔细看时，才知那是每一朵紫花中的最浅淡的部分，在和阳光互相挑逗。

这里春红已谢，没有赏花的人群，也没有蜂围蝶阵。有的就是这一树闪光的、盛开的藤萝。花朵儿一串挨着一串，一朵接着一朵，彼此推着挤着，好不活泼热闹！

"我在开花！"它们在笑。

"我在开花！"它们嚷嚷。

每一穗花都是上面的盛开、下面的待放。颜色便上浅下深，好像那紫色沉淀下来了，沉淀在最嫩最小的花苞里。每一朵盛开的花像是一个张满了的小小的帆，帆下带着尖底的舱，舱鼓鼓的，又像一个忍俊不禁的笑容，就要绽开似的。那里装的是什么仙露琼浆？我凑上去，想摘一条。

但是我没有摘。我没有摘花的习惯。我只是伫立凝望，觉得这一条紫藤萝瀑布不只在我眼前，也在我心上缓缓流过。流着流着，它带走了这些时一直压在我心上的关于生死的疑惑，关于疾病的痛楚。我浸在这繁密的花朵的光辉中，别的一切暂时都不存在，有的只是精神的宁静和生的喜悦。

（节选自宗璞《紫藤罗瀑布》）

（二）以小组为单位，一位同学读上面的这一段材料，其他同学边听边记录语调不够准确的地方，如果条件允许，可以用录音笔录下学生的发音。

知识拓展

隔音符号的运用

按照《汉语拼音方案》的规定，a、o、e 开头的音节，连接在其他音节后面时，如果音节的界限发生混淆，就用隔音符号"'"隔开。为方便拼读拼写，即使音节的界限不发生混淆，也可以使用隔音符号。

任务五 音变训练

普通话在连续的语流中,前后音节会互相影响,致使某些音节的音素或声调发生语音变化,这就是音变。语流音变是一种普遍现象,各种语言都存在,只是各有各的特点。普通话常见的音变现象有变调、轻声、儿化和语气词"啊"的变读等。

事例介绍

有一位南方人去北京朋友那儿去玩儿,他知道北京人的儿化音特别地多,所以他就想多用用这儿化音。到了北京第二天,跟北京的朋友玩了一天后,回到朋友的家里,他跟朋友说:"我去洗澡儿了。"北京的朋友听了便说:"好哇,到客厅来洗吧,咱边洗边吃边看会儿电视吧。"这南方人一听,真是吓了一跳。

原来,这位南方人想说的是"洗澡",可是他儿化之后,这就是"洗枣儿"的意思了。怪不得北京的朋友会这么理解他的意思。

以上事例可见,儿化的使用是有一定规律的,儿化音也是有区别意义的作用,不可以随意地乱用儿化音。

知识归纳

一、变调

音节和音节相连,声调相互影响制约,使一些音节原来的基本调值发生某些变化,这种声调变化的现象,就叫变调。拼写音节时一般不标变调,只标原调,但读音要按变调规律读出变化以后的声调。

(一)上声的变调

(1)上声在阴平、阳平、去声、轻声前,即在非上声前,丢掉后半段"14"上升的尾巴,调值由214变为半上声211,变调调值描写为214-211。例如:

上声+阴平:百般　摆脱　保温　省心　警钟　火车
上声+阳平:祖国　旅行　导游　改革　朗读　考察
上声+去声:广大　讨论　挑战　土地　感谢　稿件
上声+轻声:矮子　斧子　奶奶　姐姐　尾巴　伙计

(2)两个上声相连,前一个上声的调值变为35。例如:懒散、手指、母语、海岛、旅馆。

(3)三个上声相连的变调。

① 当词语的结构是双音节+单音节("双单格")时,开头、当中的上声音节调值变为35,跟阳平的调值一样即:35+35+214。例如:选举法、洗脸水、水彩笔、打靶场、勇敢者。

② 当词语的结构是单音节＋双音节（"单双格"），开头音节处在被强调的逻辑重音时，读作"半上"，调值变为 211；当中音节则按两字组变调规律变为 35。即:211+35+214。例如：例如：党小组、撒火种、冷处理、耍笔杆、小俩口。

（二）去声变调

两个去声相连，前一个如果不是重读音节则变为"半降"，调值为 53。例如：信念、变化、办事、大会、纪录。

（三）"一"的变调

"一"的单字调是阴平 55，在单念或处在词句末尾，以及"一"在序数中、表日期时，声调不变调，读原调。

（1）在去声音节前调值变为 35，跟阳平的调值一样。例如：一半、一旦、一定、一度、一概、一共。

（2）在阴平、阳平、上声前，即在非去声前，调值变为 51，跟去声的调值一样。例如：一天、一年、一箱、一桶。

（3）夹在动词的中间读轻声。例如：擦一擦、读一读、讲一讲、念一念。

（四）"不"的变调

"不"的单字调是阴平 5T，在单念或处在词句末尾的时候，不变调。

（4）当"不"在去声音节前调值变为 35，跟阳平的调值一样。例如：不必、不变、不便、不测、不错。

（5）夹在词语间念轻声。例如：说不全、摸不着、关不紧、听不清、拿不了。

二、轻声

在普通话中，有些词或句子的音节常常失去它原有的声调而读成一个较轻较短的调子，甚至声、韵母也发生变化，这种音变就是轻声。轻声是一种语音弱化现象。轻声在汉语里具有区别意义的作用，如下：

孙子（重）——古代的军事家　　孙子（轻）——儿子的儿子
地道（重）——地下通道，名词　　地道（轻）——纯正，形容词
买卖（重）——动词　　　　　　　买卖（轻）——名词

（一）轻声的调值

（1）当前面一个音节的声调是阴平、阳平、去声的时候，后面一个轻声音节的调形是短促的低降调，调值为 31。例如：

她的　妈妈　行李　咳嗽　谢谢　客人

（2）当前面一个音节的声调是上声的时候，后面一个轻声音节的调形是短促的半高平调，调值为44（实际发音受前面上声的影响，往往开头略低于4度，形成一个微升调形，由于轻声音节音长短，这种细微之处不易察觉）。例如：

我的　　斧子　　姐姐　　喇叭　　老实　　脊梁

（3）轻声的规律。

① 语气助词"吧、嘛、呢、呀、啊"等。例如：是吗、他呢、看啊、走吧。

② 助词"着、了、过、的、地、得"。例如：笑着、来了、看过、我的、勇敢地、唱得好。

③ 构成后缀形式的"子、头"和表示群体的"们"。例如：椅子、木头朋友们。不过充当实词语素的"子、头"仍读原调，如原子、男子。

④ 方位词。例如：墙上、底下、家里、那边。

⑤ 叠音词和动词的重叠形式后面的字。例如：弟弟、奶奶、谈谈、跳跳、商量商量、考虑考虑。

⑥ 表示趋向的动词。例如：出来、进去、担起来、拿下去。

⑦ 量词"个"常读轻声。例如：一个、五个、十来个。

⑧ 夹在动词中间的"一"字，夹在动词与形容词中间的"不"字读轻声。例如：学一学、读一读、打不开、分不清。

⑨ 某些常用的双音节词的第二个音节习惯上读轻声。例如：明白、暖和、衣服、眼睛、打算、看见、事情、知道、头发、动静、萝卜、葡萄、枇杷、糊涂、玻璃、什么、怎么、时候、早晨、朋友、告诉。

三、儿化与语气词"啊"的变化

（一）儿化

儿化是指一个音节中，韵母带上卷舌色彩的一种特殊音变现象。而这种卷舌化了的韵母就叫儿化韵。儿化在有些词语里具有区别词性和词义的作用，有些儿化具有细小、轻微的意思，还有的表示说话人喜爱、亲切、鄙视等感情。比如："盖"是动词，"盖儿"则是名词；"尖"是形容词，"尖儿"则是名词；"头"表示脑袋，"头儿"表示领导；"小孩儿"带有可爱的感情色彩，"小偷儿"则带有蔑视的感情色彩。

儿化韵的发音主要是看音节韵母是否便于卷舌，卷舌很方便的，原韵母就不变，只加上卷舌动作；能卷舌，但不太便利，就稍变，迁就卷舌动作；不能卷舌的，变化较大，甚至去掉韵尾，或改变整个韵母，以便于加卷舌动作。具体而言，儿化的规律如下：

（1）音节末尾是a、o、e、ê、u（含ao、iao），韵母不变，直接卷舌。例如：刀把儿、粉末儿、纸盒儿、小街儿、眼珠儿。

（2）韵尾是i、n的，丢尾，再卷舌。例如：一块儿、心眼儿、菜心儿、使劲儿。

（3）韵尾是 ng 的，失落韵尾（ing 还要加 e），韵腹变成鼻化元音（以上加"～"表示），同时加上卷舌动作。例如：帮忙儿、蜜蜂儿、电影儿。

（4）韵腹是 i、ü 的，加 e，再卷舌。例如：小米儿　金鱼儿

（5）舌尖音-i，换 i 为 e，再卷舌。例如：写字儿、办事儿、树枝儿。

（二）语气词"啊"的变化

句末出现的语气词"啊（a）"，受到前面音节最后一个音素的影响，语音会发生变化。具体

（1）前面的音素是 a、o、e、ê、i、ü 时，"啊"读作[ia]，汉字写作"呀"。例如："赶快回家呀。""是个老婆婆呀。""来的人真多呀。""有只大白鹅呀。""我们快点写呀。""全是新桌子呀。""大家走得快呀。""没有一点灰呀。""钓着一条鱼呀。""快来举一举呀。"

（2）前面音素是 u（包括 ao,iao），"啊"读作[ua]。汉字写作"哇"。例如："今天有大雾哇。"" 你要当心走哇。""楼房造得高哇。""不要开玩笑哇。"

（3）前面音素是 n，"啊"读作[na]，汉字写作"哪"。例如："心里真不安哪。""党的恩情深哪！""烟囱不冒烟哪。""全是前鼻音哪！"

（4）前面音素是 ng，"啊"读作[.··a,]汉字仍写作"啊"。例如："放开喉咙唱啊！""开始新长征啊！"。

（5）舌尖前音-i 时读作[za]。例如："快写字啊！""到底是第几次啊？""你真自私啊！"

（6）舌尖后音-i 和卷舌 er 读作 ra[⌣a]。例如："真无知啊！""你快吃啊！"

实训实习

（一）"啊"的音变训练

这些孩子们啊，真可爱啊！你看啊，他们多高兴啊！又作诗啊，又画画儿啊，又唱啊，又跳啊，又跑啊，又爬坡啊，又吃啊，又喝啊呀，又捉老鳖啊，又喂金鱼啊，又采鲜花啊，玩得多有意思啊，他们是多么幸福啊！老二啊，你看见了没有？

（二）儿化训练

A：要学好普通话，发音很重要。

B：说得对。

A：比如，普通话里的儿化，就需要特别注意。

B：什么儿化呀？

A：比如说，在外面见到你了："小孩儿，上哪儿玩儿去呀？"

B：我怎么成小孩儿了？

A：打比方，不是真的。

B：好，再来一次。
A："小孩儿，上哪儿玩去呀？"
B："我上胡同口儿买一根儿冰棍儿。"
A：你看，这里头的小孩儿、哪儿、玩儿、口儿、根儿、棍儿，都儿化了。
B：这就是儿化呀！我看不用儿化也行。
A：恐怕不行。
B：怎么不行？
A：好，我们再表演表演。
B：开始吧。
A："小孩！"
B：这是日本人的说法。
A："你上哪玩去呀？"
B：不是个大舌头号，"我上胡同买一根冰棍"。
A：好大的冰棍——少说也有这么长。
B：听着是不舒服。儿化音既然这么好听，说话的时候，干麻不都儿化呀？
A：都儿化也不行。
B：怎么不行？
A：好，我问你："你是哪国人儿？"
B：我是韩国人儿。
A：你去哪儿？
B：我去天安门儿。
A：你怎么去呀？
B：我坐"嘀嘀儿"。
A：好嘛，真成小孩儿了。

（——迁自李清华编，北京语言大学出版社《汉语俱乐部》）

拓展阅读

北京话里的轻声与儿化

"京腔儿""京片子"，指的都是北京人说的地道的北京话。"京腔儿"不必说，"京片子"，意即北京人两片嘴皮子说话利索、灵活。而久居京都，深谙北京人的人情世故、风俗习惯的油滑的北京人，则被称为"京油子"。北京话语音上最大的特点就是丰富的轻声和儿化。尤其儿化，常常让南方人瞠目结舌，不知所云。虽然普通话以北方话为基础方言，以北京语音为标准音，但是北京话并不等同于普通话。北京土语如果侃起来，即使是地道的北方人也未必都懂。

项目四 诵读训练

有人说话耐听、动听,不但声音悦耳,连语气语调都运用得恰到好处,让人觉得如沐春风。与此相对,有人说话不但听起来费劲,让人感觉很累,听久了,还昏昏欲睡。看来说话的语调、口气也是大有讲究呢!

普通话的诵读训练,主要训练的就是说话以及演讲过程中的停顿、重音、语速、语调等环节。诵读就是把书面形式的语言材料转化为艺术化的有声语言的过程。我们进行语言表达时,不仅应当做到普通话发音准确到位,还应提升语言的表现力,创造性地表达表述对象的思想感情。

本项目中只有一项任务,即诵读训练,主要是从停顿、重音、语调、语速等方面对言辞表达进行基本的培训。

事例介绍

事例1：有一则笑话，说的是一个人去朋友家，久居不去。主人写下两句话："落雨天留客　天留我不留。"因为竖写，没有标点，客人便用笔断句："落雨天，留客天，留我不？留。"弄得主人啼笑皆非。

事例2：原来你在这儿？这句话，如果说话时的重音不同，表达的意思是有差别的。"你"重读，表达的意思强调"没想到是你"；"在"重读，则隐含着"我以为你不在"的意思；"这儿"重读，则隐含着"我没想到你在这儿"的意思。

以上两个事例说明，在说话的过程中，只有准确地使用停顿、重音等语言使用技巧，才能够准确地表情达意。

知识归纳

演讲是一门语言艺术，它的主要形式是"讲"，即运用有声语言并追求言辞的表现力和声音的感染力；同时还要辅之以"演"，即运用面部表情、手势动作、身体姿态乃至一切可以理解的态势语言，使讲话"艺术化"起来，从而产生一种特殊的艺术魅力。

（一）口语表达技巧的基本要求

演讲的语言从口语表述角度看，必须做到发音正确、清晰、优美，词句流利、准确、易懂，语调贴切、自然、动情。

1. 发音正确、清晰、优美

以声音为主要物质手段的，语音的要求很高，既要能准确地表达出丰富多彩的思想感情，又要悦耳爽心，清新优美。为此，演讲者必须认真对语音进行研究，努力使自己的声音达到最佳状态。

一般来说，最佳语言是：

（1）准确清晰：即吐字正确清楚，语气得当，节奏自然。

（2）清亮圆润：即声音洪亮清越，铿锵有力，悦耳动听。

（3）富于变化：即区分轻重缓急，随感情变化而变化。

（4）有传达力和浸彻力：即声音有一定的响度和力度，使在场听众都能听真切，听明白。

演讲语言常见的毛病有：声音痉挛颤抖，飘忽不定；大声喊叫，音量过高；音节含糊，夹杂明显的气息声；声音忽高忽低，音响失度；朗诵腔调，生硬呆板等。所有这些，都会影响听众对演讲内容的理解。

2. 词句流利、准确、易懂

听众通过演讲活动接受信息主要诉诸听觉作用。演讲者借助口语发出的信息，听众要立即能理解。口语与书面语之间有较明显的差距。有人说，书面语是最后被理解，而口语则需立即被听懂。与书面语相比，口语具有以下特点：

（1）句式短小。演讲不宜使用过长的句子。

（2）通俗易懂。要使用常用词语和一些较流行的口头词语，使语言富有生气和活力。

（3）不过多地做某些精确的列举，特别是过大的数字，常用约数。

（4）较多地使用那些表明个人倾向的词语，诸如"显而易见""依我看来"等，并且常常运用"但是"、"除了"等连接词，使讲话显得活泼、生动、有气势。当然，讲究表意朴实的口语化，绝不能像平常随便讲话那样任意增减音节，拖泥带水，吭吭巴巴，这样便损害了口语的健康美，破坏了语言的完整性。

3. 语调贴切、自然、动情

语调是口语表达的重要手段，它能很好地辅助语言表情达意。同样一句话，由于语调轻重、高低长短、急缓等的不同变化，在不同的语境里可以表达出种种不同的思想感情。一般来讲：

（1）表达坚定、果敢、豪迈、愤怒的思想感情，语气急骤，声音较重；

（2）表达幸福、温暖、体贴、欣慰的思想感情，语气舒缓，声音较轻；

（3）表示优雅、庄重、满足，语调前后尽弱中间强。

语调的选择和运用，必须切合思想内容，符合语言环境，考虑现场效果。语调贴切、自然正是演讲者思想感情在语言上的自然流露。所以，演讲者恰当地运用语调，事先必须准确地掌握演讲内容和感情。

（二）口语表达技巧的训练

1. 语音训练

演讲者要想取得良好的发音效果，必须加强语音训练。"声乃气之源"，发音的基础之一是呼吸。响亮、动听的声音与科学的呼吸训练是分不开的。演讲者要善于掌握自己的发音器官，自觉地控制气息。一般来讲，采用胸膛式呼吸较好，这种呼吸是通过横膈膜的收缩和放松来进行的，气量大，能为发音提供充足的动力。平日可结合生活实际进行练习，为正确地吐字发声打好基础。

吐字发音要做到音节正确、准确，完全符合普通话的发音标准。戏曲艺术所谓的"吐字归音"训练，其目的就在于美化音色，使字音纯正、清晰、响亮、圆润，富有表现力。

它要求发音时咬准字头（即读准声母），吐清字腹（即读清韵头、韵腹）和收准字尾（即读准韵尾）。"吐字"时，发音力量集中于"字头"上，"归音"时要读准每个音节的韵尾，即要求"到位"。总之，发音时要正确把握每个音节的发音部位和发音方法。演讲者平日要经常进行这方面的训练。同时为了做到语句流畅，干净利落，出口成章，可根据自己的发音难点，选择一些绕口令和有一定难度的语言片断，进行快口训练，力求做到吐字准确、快速、流畅，快而不乱，语气连贯，不增减词句。

音量大小变化有利于准确地表达思想感情。演讲者要学会准确地控制和把握音量大小的变化。在情感激荡的地方，意思重复之处，音量要大些，反之则要小些。音量大小变化要自然、流畅，要是感情的自然流露。同时，音量大小变化也要恰当、适度，不能大到声嘶力竭，也不能小得无法听清。

此外，演讲者平时还要学会准确把握高音、中音、低音的运用规律，以便恰如其分地表达自己的思想感情。高音具有高亢、明亮的特点，多用来表示惊疑、欢乐、赞叹等情感；中音比较丰富多彩，多用于表示舒缓的感情；低音则比较低沉、宽厚，多用来表示沉郁、压抑悲哀之情。这些训练最好是通过朗诵进行。

2. 语调训练

语调包括停顿、重音、抑扬、节奏等要素。语调训练是口语表达训练的重点和难点。演讲者应在这方面加强训练。

（1）停顿。

在口语表达中，停顿既是一种语言标志，也是一种修辞手段。它一般分为语法停顿、逻辑停顿、感情停顿和回味停顿四种。

① 语法停顿：既能满足演讲者自然换气润嗓的需要，也能使演讲的语句、段落层次分明。语法停顿一般用标点符号表示出来，按标点停顿，但有时在较长的主语和谓语之间、动词和较长的宾语之间、较长的附加成分和中心词之间、较长的联合成分之间，虽然没有标点符号，也可作适当停顿。这种停顿往往是为了强调某一观点或突出某一事物。例如：（"∧"表示停顿）

冬天∧过去了，微风∧悄悄地送来了春天。（主谓间的停顿）

黑暗的旧中国，地∧是黑沉沉的地，天是∧黑沉沉的天。灾难深重的人哪，你身上∧戴着沉重的锁链，头上∧压着三座大山。（某些关键性词语处可适当停顿）

这是一盏普通的灯吗？不，它点燃的是∧老师毕生的心血呀，是∧敬爱的老师的红心在闪耀。（是、有后面字数多要停顿）

② 逻辑停顿：为显示语意，突出停顿前后的词语，而不受标点约束的停顿，叫逻辑停顿。例如：

过去∧我们没有被困难吓倒，现在∧我们也不会在困难面前畏缩不前。

俱往矣，数风流人物，还看∧今朝。

中国队打败了美国队∧获得了冠军。

要知道，∧给∧永远比拿愉快。

医生强忍着悲痛说：巴金同志∧恐怕最多∧只有二十几天时间了。

③ 感情停顿：是为表达复杂或微妙的心理感情。感情停顿常常以拖长音节发音，欲停不停或适当延长时间来表现，并且常常辅之以体态语言，使感情表达得更加自然清楚。例如：

过去的事情∧就∧让它永远的∧过去吧！

满以为可以看到辉煌的日出∧，却淅淅沥沥下起雨来。

我……我丢了∧弗莱恩节夫人的∧项链了。

平时我总是教育他们要了解社会，熟悉社会，面对眼前的事实，真正不了解社会，不熟悉社会的不是他们，而是∧我自己。

连牲畜中的羊∧都有跪乳之恩，乌鸦∧还有反哺之义，如此忘恩负义，如此虐待老人，岂不是连禽兽∧都不如吗？

④ 回味停顿：在句尾或段末所作的特意停顿，叫回味停顿。目的在于留给听众一个思考、体味、揣摩的余地。例如：

朋友，如果让您选择一个您最喜欢的词，您选择哪一个呢？您可能会选择幸福，也可能会选择生活或者是爱……但是如果让我来选择，那我一定选择∧责任。

心灵中的黑暗∧必须用知识来驱除。

然而，他呆在那儿，头靠着墙壁，话也不说，只向我们做了个手势：散学了——你们走吧！

（2）重音。

在演讲时，人们常常把某些词语讲得比一般词语重些或轻些，这样便能起到强调突出的作用。

若按声音强弱划分，重音可分为轻读型重音和重读型重音。

若按表现思想感情、内容重点或句子语法结构来划分，重音可分为语法重音、语义重音、修辞重音、感情重音四大类。

① 语法重音：是根据句子的语法结构而确定的重音，语法重音在句中位置是固定的。例如：

我们欢呼，我们歌唱。（短句中，谓语部分常常重读）

我们都是中国人，就像歌里唱的，我们都是龙的传人。（定语重读）

风还在猛烈地吹着。（状语重读）

他干得可带劲儿呢。（补语重读）

这个问题谁也解决不了。（指示代词和疑问代词重读）

② 语义重音：根据词语在语句链条上彼此之间的语义关系而确定的重音叫语义重音。语义重音有以下六种。

a. 并列性重音：语句中带有一些并列关系的词、词组或段落，这些词语在表意上起决定作用时，就构成并列性重音。例如：

桂林的山真奇啊，桂林的山真秀啊，桂林的山真险啊。

如果没有太阳，地球上将到处是黑暗，到处是寒冷，没有风、雪、雨、露，没有草、木、鸟、兽，自然也不会有人。

b. 对比性重音：语句中内涵相反，结构大致相同的词语，在表情达意上起决定作用时，就是对比性重音。例如：

旧社会把人变成鬼，新社会把鬼变成人。

骆驼很高，羊很矮。骆驼说：长得高好多好啊！羊说：不对，长得矮才好呢。

c. 承递性重音：在有些句子里，词语表达的内容步步承递，层层发展，这些词语就是承递性重音。例如：

风停了，雨住了，太阳出来了。

我是一颗小小的豆瓣。我跟同伴们离开了豆芽筐子，先来到一口锅里，又来到一个盘子里，接着我被一双筷子夹起来，送进一个小孩子的嘴里。

d. 转折性重音：在同一个句子里，有的词语间在语意上是转折关系，有的句间富有转折意味。对那些在语意转折上起决定作用的词语需要加强音势。例如：

孔雀很美丽，可是很骄傲。

这正如地上的路；其实地上根本没有路，走的人多了，也便成了路。

e. 判断性重音：在生活中，人们对客观事物常常有所判定，或肯定什么，或否定什么，反映在文字语言里，这些表现肯定或否定判断的词语就是判断性重音。例如：

原来他喜欢的不是真龙。

你们父子几人要挖掉这样两座大山是完全不可能的。

f. 反义性重音：词语的感情色彩一般是固定的，但为了表达上的需要，文学作品中有时褒义贬用或贬义褒用。用语言表达这类词语时，为了突出它的相反含义，往往作为重音处理。例如：

尼采就自诩过他是太阳，光热无穷，只是给予，不想取得。

侵略者挑起了战火，还要念念有词地叫喊"我们在努力追求和平的目标。"

③ 修辞重音：在演讲中，有些语句和段落使用了某种修辞手法，用以增强演讲的表达效果。一般地说，在言语中体现这些修辞手法的重点词语或语句都是重音，以使所表达的

有声语言充满表现力。这种重音统称为修辞重音，修辞重音有以下五种。

a. 比喻重音：比喻是一种常见的修辞手法，比喻的表现力主要体现在喻体上，所以比喻重音一般确定在喻体上，以突出、强调喻体，给人留下深刻的印象。例如：

会场上响起了雷鸣般的掌声。

对待同志要像春天般的温暖，对待工作要像夏天般的火热，对待个人主义要像秋风扫落叶一样，对待敌人要像严冬一样冷酷无情。

b. 夸张重音：夸张是有意强调某中事物的特征，对其加以扩大或缩小，在演讲中，为了使作者的"故意"言过其实能够突出地表现出来，一般要在体现夸张的重要词语上安排重音，以使其鲜明突出。例如：

穿的虽然是长衫，可是又脏又破，似乎十多年也没有补，也没有洗。

她守护的那群骆驼，一头也没有丢失。

c. 拟声重音：在演讲中，常用象声词来表现声音特征，这对描摹场景，烘托气氛有很大作用。在有声语言中，对拟声的象声词，一般要安排重音。例如：

风，呼呼地刮着；雨，哗哗地下着。

失去父母的孩子在哇哇地哭喊着。

d. 顶针重音：前一语、句、段的后面部分做后一语、句、段的开头部分，这种语、句、段头尾蝉联，前后递接的修辞方式叫顶针，其重音特点是上句末与下句首的词语相同或基本相同，其重音的位置常在句末。例如：

竹叶烧了，还有竹枝，竹枝断了，还有竹鞭，竹鞭砍了，还有深埋在地下的竹根。

e. 特指重音：在演讲中，演说者特意强调的词语，一般要安排重音。例如：

强者之所以成为强者，完全靠的是精神和毅力，认准目标，执著追求，顽强拼搏，不屈不挠，无私奉献，这就是强者们的格言。

④ 感情重音：为了表现强烈感情的需要，对那些为表达感情而起决定作用的词语，句子，甚至整个段落相应地加重音量，这就是感情重音。例如：

让国家发达起来，让人民富裕起来。

我爱你，中国！我爱你青年人的热情，中年人的深沉，孩子们的笑脸，老人们的快乐。

（3）抑扬。

又叫语气，它是由于思想感情，语言环境的不同或为加强某种表达效果而在读音上表达出来的高低升降曲直线变化的声音形式。大致分为升调，降调，平调，曲调以及渐进式语调五种。

① 升调（↗）：声音由低而高，一般用来表示惊讶，反问，号召，鼓动，或意犹未尽等，以此来引起人们的注。例如：

马克思主义是永存的，让马克思伟大真理的光芒，永远照耀我们前进。

不在沉默中爆发↗，就在沉默中灭亡。↘

起来↗，饥寒交迫的奴隶，起来↗，全世界受苦的人！

② 降调（↘）：声音有高至低渐次下降，一般用来表示自然、肯定、祈使和话语结束等。例如：

我们的希望一定能实现。↘

我们有这个信心：↗人们的力量是要胜利的，↘真理是永远存在的。

③ 平调（→）：声音从从头到尾比较平稳，变化不大。一般用来叙述、说明、解释、表达庄重、严肃、悲痛、冷漠等感情。例如：

我们一定要履行好自己的职责。→

事物的矛盾法则——即对立统一的法则——是唯物辩论证法的最根本的法则。→

我想那缥缈的空中，——定然有美丽的街市，——街市上陈列的一些物品，——定然是世上没有的珍奇。→（带神秘色彩）

④ 曲调（∽）：全句语调弯曲，或先升后降，或先降后升，往往把句中需要突出的词语加强，拖长拐弯着念。如表达讽刺、厌恶、幽默、含蓄、怀疑、思索、故作反语、佯装不解、语意双关、意在言外、有意夸张、意外惊奇等语句。这些反语不但可以使语调起伏变化，提高讲话的生动性，还可渲染话语的感情色彩，增强感染力。例如：

他说你又聪明，又能干，又文化。（讽刺）

你好，你什么都好。（讽刺）

是我的错，你没错！（讽刺）

你也是当代大学生？（讽刺）

什么？他∽来啦？（意外）

啊？∽会有这∽种事？（惊奇）

⑤ 渐进式语调：是指句子的声音一句一句地高上去，或是一句一句地低下来。这是一种较特别的语调形式，某些排比句就要用这种语调。

a. 声音渐渐提高，逐步加强的。例如：

我们为你骄傲↗，我们为你自豪↗，我们爱你，中国。↗

b. 声音渐渐降低，由强而弱，逐渐放慢的。例如：

你的人民世世代代想念你！想念你——想念你——想——念——你

（4）节奏。

节奏是在一定时间内交替出现的有规律的现象。语言节奏是指一个人思想感情的波澜起伏所造成的抑扬顿挫，轻重缓疾的声音形式的回环往复。

语言的节奏是由音色，音强，音高，音长四个要素构成的，其中任何一个要素在一定时间内有规律的交替出现，都会造成节奏。常见的演讲节奏大致可分为以下四种：轻快节奏；沉稳节奏；舒缓节奏；强疾节奏。

① 轻快节奏：这种节奏的特点是多扬少抑，多轻少重，语速较快，声清不着力，有时略有跳。例如：

亲爱的战友们，刚刚过去的三个月，是我们初入军营的三个月，是我们人生中弥足珍贵的三个月，也是值得我们永远怀念和留恋的三个月。忘不了尘土飞扬、黄沙满天的"沙场秋点兵"；忘不了跑得我们腰酸背痛腿抽筋的"魔鬼坡"；忘不了紧急集合手忙脚乱的狼狈；忘不了满脸黄土等待洗澡的那份煎熬……

——《在新兵训练结束仪式上的讲话》

② 沉稳节奏：这种节奏的特点是音势较平稳，语速较缓，音强而着力，多抑少扬。它往往运用在感情色彩偏暗，或是心情压抑，正在努力控制的情况下；有时也运用在一些描绘庄重，肃穆，悲痛，沉重的气氛场景。例如：

匆匆揭开的是历史的扉页，刻骨铭记的是历史的教训，在大家心中深深扎根的痛楚也许早已被流逝的岁月淡漠了，可是中国人不会忘记过去所受的欺辱与压迫。是的，敌人可以砍下我们的头颅，可是决不能动摇我们的信念，我们深爱着祖国母亲，因为她必将强大自立；我们深爱着所信仰的马克思主义，因为她是坚不可摧的真理。

——《前进的中国，永远骄傲》

③ 舒缓节奏：这种节奏的特点是音势多扬少抑，语速缓慢，声清不着力，用来表达较舒展的情感，描绘较抒情或异常幽静的场面。例如：

大家好！在这秋色满院的季节里，在这军歌嘹亮，威武庄严的绿色军营中，我们全校师生隆重举行新学年，新学期的开学典礼。

——《在开学典礼上的讲话》

④ 强疾节奏：这种节奏的特点是语音多重少轻，语调多扬少抑，扬而更扬，音势节节高起，有势不可遏之感，气息强而短促。语速较快，音强而有力，一般表现为激动难以控制的心情、或者紧张急迫的情景。例如：

听，西进的序曲已经奏响，建设新重庆的战鼓已经擂起来了！火热的开发现场正等着你我的加入！我们还等什么呢！朋友，来吧！就让我们接受时代的挑战，接受明天的邀请，在美丽的嘉陵江畔，庄严的许下诺言：愿生生世世扎根西部，愿岁岁年年共创辉煌！让我们用青春谱写一曲"西部牧歌"！

——《让我们用青春谱写一曲〈西部牧歌〉》

（5）语速。

语速指的是说话的快慢，一般来说，人们快速说话每分钟在200字以上，中速每分钟180字左右，慢速每分钟150字。语速的快和慢是相对而言的，是对立统一的，诵读各种文章时，要正确地表现各种不同的生活现象和人们各不相同的思想感情，并采取与之相适应的不同的语速。

说话快慢同个人的性格、心理状态、说话的内容、听众的年龄等多方面的因素是密切相关的。具体而言，影响语速的因素有以下几个方面：

① 不同的场面：急剧变化发展的场面宜用快读；平静、严肃的场面宜用慢读。如：

天安门广场上，花堆成了山，人汇成了海，爸爸脱下了帽子，妈妈摘下了头巾。他们低下头，向周爷爷默哀。

为适应这种严肃、悲哀的场面，朗读这一段文字，宜用慢速度，将人们对周总理的敬仰和依依惜别的深情表达出来。

② 不同的心情：紧张、焦急、慌乱、热烈、欢畅的心情宜用快读；沉重、悲痛、缅怀、悼念、失望的心情宜用慢读。如：

她猛然喊了一声。脖子上的钻石项链没有了。她丈夫已经脱了一半衣服，就问："什么事情？"

她吓昏了，转身向着他说："我……我……我丢了佛来思节夫人的项链了。"

他惊惶失措地直起身子，说："什么！……怎么啦？……哪儿会有这样的事！"

他们在长衣裙褶里，大衣褶里寻找，在所有口袋里寻找，竟没有找到。他问："你确实相信离开舞会的时候它还在吗？"

"是的，在教育部走廊上我还摸过它呢。"

"但是，如果是在街上丢的，我们总得听见声响。一定是丢在车里了。"

"是的，很可能。你记得车的号码吗？"

"不记得。你呢，你没注意吗？"

"没有。"

他们惊惶地面面相觑……（莫泊桑《项链》）

这一段文字的朗读，为了更好地表现因丢失项链面带的紧张、慌乱、焦急的心情，语速宜快。

③ 不同的谈话方式：辩论、争吵、抨击、斥责、控诉，宜使用快速；闲谈、记叙、说明、追忆，宜用慢读。如：

德国诗人海涅是犹太人，因而常受歧视。一次，一位旅行家对海涅讲述他在旅行过程中发现的一个小岛。他对海涅说："你猜猜看，这个小岛上有什么现象最使我感到惊奇？"海涅问："什么现象？"旅行家笑着说："这个小岛上竟然没有犹太人和驴。"海涅听后不动声色地说："如果真是这样的话，那么我和你到小岛上去，就可以弥补这个缺陷了。"

那么叙述这样一个故事的时候，说话的语速就不宜太快，而最好使用偏慢一点儿的速度，这样就更能够将海涅不慌不忙、将计就计地将他人对自己的嘲讽转化了对他人的嘲讽地过程很好地表达出来。

④ 说话人与听众的身份：这个因素牵涉的内容是相当地广泛的。从年龄来说，中青

年人的说话速度快，小孩子的说话速度快，老年人的说话速度就慢。从性格来说，机警、泼辣的人物的言语、动作宜用快读；憨厚、稳重、迟钝的人物的言语、动作宜用慢读。

"冬天没有什么东西了。这一点干青豆倒是自家晒在那里的，请老爷……"我问问他的景况。他只是摇头。"非常难。第六个孩子也会帮忙了，却总是吃不够……又不太平……什么地方都要钱，没有定规……收成又坏。种出东西来，挑去卖，总要捐几回钱，折了本；不去卖，又只能烂掉……"他只是摇头；脸上虽然刻着许多皱纹，却全然不动，仿佛石像一般。他大约只是觉得苦，却又形容不出，沉默了片时，便拿起烟管来默默地吸烟了。（鲁迅《故乡》）

老年闰土是处在社会底层的老实、憨厚的农民，在天灾、贫穷、多子等艰难现实的压迫下，他早已不再是当年的那个朴实、健康、活泼、机灵、勇敢的农村少年了。在朗读的过程中，为了更好地塑造老年闰土的形象，从语速的角度，宜采用慢速。

朗读任何一篇文章，都不能自始至终采用一成不变的速度。朗读者要根据作者的感情的起伏和事物的发展变化随时调整自己的朗读速度。这种在朗读过程中实现朗读速度的转换是取得朗读成功的重要一环。读得快时，要特别注意吐字的清晰，不能为了读得快而含混不清，甚至"吃字"；读得慢时，要特别注意声音的明朗实在，不能因为读得慢而显得疲疲沓沓，松松垮垮。总之，在掌握朗读的速度时要做到"快而不乱"、"慢而不拖"。

实训实习

（一）停顿训练

于是，我∧努力，我∧追求，我把自己藏在图书馆里，我把自己夹在书页里，只希望在自己的心中实现自己的梦想，就像在沙漠中寻找着绿洲。在苦难的跋涉中，虽然∧遍体创伤，但我终于来到我心灵的圣殿前。当我第一次戴着大学校徽来到儿时游戏的地方时，心里一阵∧欣慰，一阵∧迷茫，一时间，我好像由原来的丑小鸭变成了梦中那美丽的白天鹅。

（二）重音训练

对美，我有了更深更深的认识了！不再背着沉重的包袱了！我以崭新的姿态直面自己的人生！大学校园给了我一方自由的天地，我活跃在我生活的每一个角落！

每天我都在努力，不断的努力！

每天我都在奋斗，不懈的奋斗！

（三）抑扬训练

祖国要崛起，离不开我们的奉献↘；经济要腾飞，离不开我们的奉献↘；人民要富强，更离不开我们的奉献知识↗，奉献才华。因此，我要说，奉献∧是时代的呼唤；奉献∧是英雄的本色↘；奉献∧是时代的主旋律↗、主题歌↗、最强音↗！

（四）节奏训练

↘特务们，你们想想，→你们还有几天，↘你们完了→快完了！↘你们以为打伤几个→杀死几个→就可以了事，→就可以把人民吓倒了吗？↗其实∧广大的人民∧是打不尽的，→杀不完的，↘要是这样可以的话，↘世界上早没有人了。

拓展阅读

气息训练

人的声音是这样发出来的：气息进入肺脏后由胸、腹、横膈膜等部位肌肉对其进行控制，使其形成一个冲击逆流而上，打击声带，此时声音比较单纯；经过口腔各个发音部位把字吐出来，然后经过共鸣器的共鸣，使声音美化。

科学的发音首先要学会正确的运气。"气乃音之师"，"气动则声发"，只有运用科学的发音方法才能使声音更加清亮、甜美、持久。要达到这个地步，平时要加强训练，掌握胸腹联合呼吸法。其要领是：双目平视，双肩放松，两肋张开，横膈膜下降。无论是站姿还是坐姿，胸部都要稍向前倾，小腹自然内收，双脚平放地上。倒到以意领气，意到气到。

吸气的要领是：全身放松，舌尖微翘抵上齿背，扩展两肋，向上向外提起，感到采带渐紧，后腰有一种胀开的感觉，横膈膜下压腹部，扩大胸腔体积，小腹内收，气贯"丹田"。吸气时要用嘴，做到匀、缓、稳，为了不至于将气一下泻出，呼气时可保持吸气的状态。

呼吸时要注意：吸气时，要尽量吸得足、吸得深，以此获得巨大的原动力；呼气是整个发音的过程，呼时气从胸腔向外运行，要走一条线，把气归拢在一起。采用这些方法呼吸能进气快，到位深，运气长，好控制。

练习呼吸：可以采用下面的方法进行训练。

1. 闻花香：好像眼前有一朵花，香气四溢，深深吸进，控制一会儿，缓缓送出。
2. 常常吸口气，模拟吹桌面上的灰尘。
3. 咬紧牙关，吸气后，从牙缝中发出"咝——"声，要求平稳均匀。
4. 数数：从一数到十，循环往复，一口气能数多少遍就数多少遍，要清晰响亮。
5. 一口气反复念"吃葡萄吐葡萄皮儿，不吃葡萄不吃葡萄皮儿"。
6. 采用惊喜、痛苦、远距离等方式喊人的姓名。

（崔春. 语言与交际[M]. 杭州：浙江大学出版社，2006）

项目五　态势训练

在交际过程中，也许我们只专心与朋友闲聊、与下属交谈或说服别人，从来没有注意过自己的脸、自己的手。实际上，你的一举手，一投足，一挑眉，一弄眼，一更换坐姿，虽在你的无意中，但却伴随着你的交际过程。所有这些自认为的下意识和无目的行为已构成了科学家和心理学家口中的态势语——沟通中的利器。

这些辅助手段我们称之为非言语手段。非言语手段可以单独使用，也可以配合言语手段运用。无论哪种表现，其接受者都可以从中获取信息，领会发送者的思想意图，从而决定自己的态度。因而，这种非言语手段同样属于口才艺术与人际沟通技能培训的内容。其地位，尽管有人认为它所传递的信息效果远远超过了言语手段，但从"口才"的角度说，仍然只是言语手段的辅助手段。

本项目包含表情训练、手势语训练以及身姿、服饰和空间训练等三个任务。

任务一　表情训练

事例介绍

戴尔·卡耐基说:"向来,关于讲解演讲表情姿态的书籍里的材料,不但十有八九是废物,而且往往会使得读者越来越不像样。不论哪种从书中得来的表情姿势,完全是要不得的。良好的表情姿势,只能向你自己内心去寻找。因为好的表情姿势,完全是从你对问题的兴趣和令人对你深表同情的欲望中发出来的。一个发自内心的表情姿势,实在比以前僵硬的法则还要有价值得多。"

卡耐基这段话,令读者感到诚惶诚恐,说又不是,不说又不是。但不管怎么说,这是困扰演讲者的一个重要的问题,从教学的实际需要出发,我们仍然按照一般原则来对表情训练进行讲解。

知识归纳

(一)态势语言

态势语言,属非言语交际范畴。态势语言是人类三大语言形态之一,它和有声语言、书面语言共同构成了我们的语言生活。

尽管言语是人类交际的主要手段,但是我们的身体却从来没有退出过交际舞台,它是重要的辅助手段。人们的举手投足、颦眉笑靥、松立钟坐、俯察仰观,甚至衣装佩饰,无不传达或透露出意念和情思。

社会心理学似乎更加看重和夸大了体态语的作用。交际实验测定感觉印象的获得,77%来自眼睛,14%来自耳朵,9%来自其他感觉器官。美国心理学家艾帕尔认为:"人的感情表达由三个方面组成:55%的体态,38%的声调及 7%的语气词。"这表明,人们获得的信息大部分来自视觉印象。美国心理学家艾德华·霍尔说:"无声语言所显示的意义要比有声语言多得多。"

体态语的有形性、可视性、直接性,对应有声语言的无形性、隐蔽性、间接性,二者既有各自的独立性,更具有互补性。

体态语有下意识和有意识两种表情动作。前者是自然流露,形之于外,形之于色;后者是自觉控制、选择,对人格、气质和风度具有提升价值。

（二）态势语作用

态势语的作用主要表现在两个方面：

1. 辅助有声语言来传递信息，起到提示或强调的作用，进一步明确所表达的意思

例如：

大家安静！安静！（手掌向下，富有力度）

有些情况下，我们必须借助说话人的态势语言来理解其话语的真正意思。《红楼梦》44回讲到，家人来向王熙凤报告："鲍二家媳妇吊死了。""贾琏凤姐都吃了一惊，凤姐忙收了怯色，反喝道：'死了罢了，有什么大惊小怪的。'"如果不结合凤姐的表情，就不能准确理解她要怎么处置这件事情。

2. 代替有声语言来表情达意

当我们不会、不必、不想或不方便使用有声语言和书面语言时，态势语言就发挥它的表情达意的作用。

（三）态势语言的内容

态势语言包括面部表情、身势动作、空间距离和服饰装束。面部表情和身势动作是态势语言训练的重点。

（四）表情训练

1. 面部表情

（1）眼睛——装饰心灵之窗。

眼睛是心灵的窗户，它是我们人类面部表情中最重要的部分，总会透露最真实的信息。我们也有必要充分发掘、修饰和利用眼睛的功能。愤怒时杏眼圆睁，吃惊时瞠目结舌，高兴时眉开眼笑，等等，我们发现这其中都有眼睛的参与。

（2）目光运用的一般方法。

① 善用目光接触。

很多初学者上台后就一直低着头讲，要不就一直背对着观众讲，盯住投影不放。这些都没有正确运用目光去与听众进行交流和接触。在准备工作都做完开始开口前，应该先与听众做目光交流，环视全场，让自己情绪稳定下来。在演讲过程中要与全场听众有目光接触，特别是坐在后面和坐在前排两侧的听众，运用目光接触可以获得并掌握听众的注意力，建立相互的信任。另一方面又可以透过目光接触来回应听众，阅读听众的表情。

目光接触也有个速度的问题。比如，有的人在演讲时为了达到和全体听众的目光接触，

目光便一直左右逡巡，飘忽不定。这样做会让听众觉得很不舒服。目光接触的速度要适中，要慢慢地环视，而非是扫视。目光接触时强调要进行全场接触，但不要忽略重要听众，对他们要多花点时间去和他们交流。因此事先花点时间研究听众是很必要的。但对重要听众也不要紧抓不放，让人感觉如坐针毡。对一个人的目光关注不要超过两分钟。

② 目光接触的方法。

前视法。演讲者视线平直向前而弧形流转，以此听众席的中心线弧形照顾两边，直到视线落到最后的听众头顶。此外环视法、侧视法、点视法、虚视法等都可以结合起来运用，但不管怎么做都要记得"眼中无听众，心中有听众"。初上场的演讲者可以用这样的心理暗示来克服紧张。

（3）用表情打动人。

我们都知道演讲时间一长，听众的眼睛就会汇聚到演讲者的脸部。这不是因为演讲者的脸部漂亮，而是脸部是感情的晴雨表，听众可以从上面读懂演讲者的情感世界。

头部除眼睛外，从上至下还有头发、额头、颧骨、鼻子、耳朵、面颊、嘴巴、下巴、脖子等部位，包括整个头部的姿势都参与表情。它们多数可以单独运动，改变表情；但各部位协调动作，会收到更好的、更自然的效果。表情是思想的荧光屏。

仰天、俯地、转头、歪脑；怒发冲冠和一夜白头；皱纹的收缩和松弛；鼻孔、鼻翼、鼻头的变化；耳朵扇动和变色；面颊的内陷和外张；嘴巴（含唇、齿、舌等）的丰富变化；下巴的收、垂、僵、活；脖子的灵动和僵硬。

有学者把表情分为七种：哭与悲伤；笑与快乐；忧郁神伤；怨与怒；傲慢与谦卑；惊与恐；羞与愧。它们还可能随时发生变化，更多时候会出现混合表情。如破涕为笑，乐极生悲，如又是欣喜、又是担忧等。最让人感到温馨和愉悦的表情是微笑。

美国总统罗斯福演讲时，全身好像一架表现感情的机器，满脸都是动人的感情。光眉毛就可以表达几十种表情。有眉飞色舞、眉开眼笑、双眉紧锁、横眉怒目、低眉顺眼、挤眉弄眼、扬眉吐气等。脸部表情一定要做到适时、适事、适情、适度。

实训实习

校园生活中，最讨厌或最喜欢的现象是什么？每位同学上台演讲，注意设计几个关键的态势语，学生及教师共同给予评价。

知识拓展

交谈，如何丰富你的面部表情

每个人都有面部表情，说得夸张一点，脸上的每个细胞、每个皱纹、每个神经都表达某种意愿、某种感情、某种倾向。面部表情是最准确的、最微妙的人的"晴雨表"。要想丰富你的面部表情，不妨从以下几个方面试试看：

（一）微笑

人的面部表情贵在四个字：自然，真挚。面部是思想的"荧光屏"，应试者的面部表情一般要带微笑。

微笑是一个人能力和品行的最好体现，它能使别人感到信任和依靠。

俗话说："面带三分笑，礼数已先到"。微笑是一种无言的答语，起着很微妙的作用。可以说：微笑是自我推荐的润滑剂，礼貌之花，友谊之桥。面对陌生的考官，微笑可以缩短双方距离，创造良好的面谈气氛。应试者不仅要面带微笑，而且要谦和热情。谦和是对他人的敬重。

微笑贯穿面试的全过程。在跟对方见面时要带着微笑；在跟对方交谈时要面带微笑，在跟对方打招呼时要点头微笑；在跟对方握手告别时要微笑。总之，决不能吝啬你的微笑。

求职者要善于微笑。首先，微笑必须真诚、自然。只有真诚、自然的微笑，才能使对方感到友善、亲切和融洽。其次，微笑要适度、得体。适度就是要笑得有分寸、不出声，含而不露，不能哈哈大笑，捧腹大笑；得体就是要恰到好处，当笑则笑，不当笑则不笑。否则，会适得其反，给对方留下不好的印象。

（二）目光

同微笑一样，目光眼神也是最富感染力的表情语言。眼睛是心灵的窗户，在人们的相互交往中，眼睛与有声语言相协调，可以表达万千变化的思想感情。眼睛凝视时间的长短、眼睑睁开的大小、瞳孔放大的程度以及眼睛的其他一些变化，都能传递最微妙的信息。

如正视表示庄重，斜视表示轻蔑，仰视表示思索，俯视表示羞涩等。在面试中，聚精会神地注视对方，表示对对方谈话内容有浓厚兴趣。为了避免过多地注视而令考官不安，可适度运用"散点柔视"，把目光放在脸部两眼至额头中部的上三角区。

一般来说，每一种眼神都有其特定的含义。

例如，视线频频乱转，给人的印象是心不在焉或心虚；视线向下，则表示害羞、胆怯、伤感或悔恨；视线向上，是沉思、高傲的反映。在交谈时，目光自下而上注视对方，一般有"询问"的意味，表示"我愿意听你讲下一句"；目光自上而下注视对方，一般表示"我在注意听你讲话"；头部微微倾斜，目光注视对方，一般表示"哦，原来是这样"；眼睛光彩熠熠，一般表示充满兴趣；每隔几秒偷看一下手表，表示催促、不耐烦的意思，是希望对方结束谈话的暗示。

应试者若能懂得目光语的含义，那么在面试中就能巧妙地利用目光语辅助言谈。

应试者在面试时，目光运用的要求是：

1. 注视对方，目光要自然、柔和、亲切、真诚

注意不要死盯着对方的眼睛，否则，会使对方极不自在，同时，也不要在某一局部区

域内上下翻飞，否则会使对方感到莫名其妙。不要东张西望、左顾右盼，显得心不在焉；不要含胸埋头，显得胆小萎缩或者对谈话不感兴趣；不要高高昂起头，两眼望天，显得傲慢，否则都是失礼和缺乏教养的表现。

眼睛注视用得多的有三种：

（1）凝视。集中目光看对方，如果是公事，目光限制于前额到双眼，使人感觉你很诚恳认真；如果是社交，就看双眼到嘴三角区；如果是关系非常亲密的朋友，就看双眼到胸。

（2）环视。眼睛向前然后有目的的扫一下，好处是使所有听你讲话的人都注意了你，不觉得你在和他（个人）交流，能较全面地了解听众的心理反应。而且可根据你的环视随时调整说话的节奏、内容、语调，把说话的主动权控制住。即不能只注视其中某一位考官，而要兼顾到在座的所有考官，让每个人都感到你在注视他。具体方法是，以正视主考官为主，并适时地把视线从左至右，又从右至左（甚至从前到后，又从后至前）地移动，达到与所有考官同时交流的效果，避免冷落某一位考官，这样就能获得他们的一致好感。

（3）虚视。就是似视非视，演讲就需要这种虚与实的目光交替，"实"看某一部分人，"非"看大家，演讲要做到"目中无人，心中有人"。

2. 注视对方时要注意眨眼的次数

一般情况下，每分钟眨眼 6~8 次为正常，若眨眼次数过多，表示在怀疑对方所说内容的真实性，而眨眼时间超过一秒钟就成了闭眼，表示厌恶、不感兴趣。

3. 在交谈过程中的目光对视

若双方目光相遇，相对视，不应慌忙移开，应当顺其自然地对视 1~3 秒钟，然后才缓缓移开，这样显得心地坦荡，容易取得对方的信任，一遇到对方的目光就躲闪的人，容易引起对方的猜疑，或被认为是胆怯的表现。

任务二　手势语训练

事例介绍

〈事例1〉

任何一位演讲者，都有一些他自己有而别人没的习惯性手势。手势的含义不明确不固定，随着演讲内容的不同而体现不同的意义。毛泽东在演讲时常有一个叉腰的手势，孙中山先生演讲时常常拄着手杖，这些手势成为他们独特的风格。作为伟大的演讲家，毛泽东在不同时期的演讲，都展示出了非凡的领袖才能。

〈事例2〉

1939 年 3 月 23 日那天，周恩来一路步行登上天目山仙人顶。站在这浙西最高峰，东望钱塘，西指黄山，慷慨激昂地对随同人员说："祖国的大好河山，岂容践踏，炎黄子孙理当共御外侮。"24日上午，周恩来在天目山浙西临时中学开学典礼上，又用那高亢洪亮的声音、坚强有力的手势作了"敌我力量对比和抗战必胜"的演讲，点燃了浙西抗日的烽火，天目山一度成为浙江抗日救亡的中心。

周恩来总理是以机智著称的外交家，至今还流传着他很多舌战外国记者的故事。作为著名的演讲家，周恩来的手势语更为他的演讲增色不少。

知识归纳

（一）手势语的作用

手势是口语表达的第二语言。

在体态语中，手势使用频率最高，表现力最强，使用最灵活、方便。手势语是通过手、手指和手臂的活动变化来表达思想感情和传递信息的。

（二）手势语的种类

常用的手势语有：

（1）象形手势，表达口语中不好理解的事物或没有看见的东西，使听者感到具体形象；

（2）指示手势，可以对人、物、方位等，引起听众注意并有实感作用；

（3）象征手势，用来表示抽象意念，引发听众联想，如丘吉尔的胜利之"V"；

（4）情意手势，主要用来表达演讲者的感情，使之形象化、具体化，如手心捧胸表示爱、忠心等；

（5）号召手势，表示领导者、组织者满怀信心，鼓动听众。

（三）手势语的运用方法

演讲活动是演讲者与听众进行思想、意念和情感交流的过程，是人际交流的高级形式。演讲中不但要讲，而且还要演。"讲"不是一般的说话唠嗑，在声音、音调等方面有一定的要求。"演"不是一般的表演，而是一种"演示"。演讲中的道具没有别的，除了面部表情之外，主要是依靠手势，可见手势在演讲中是十分重要的。

手势是演讲者诉诸听众视觉、给听众以演讲者直观形象的构成部分。也是交流、传播思想、意念和情感的最重要的辅助手段。诚如早期马列主义宣传家叶·米·雅罗斯拉夫斯基所说的："演讲者的手势自然是用来补充说明演讲者的观点、情感与感受的。"因此，手势既可以引起听众注意，又可以把思想、意念和情感表达得更充分、更生动、更形象，从而给听众留下更深刻、更鲜明的印象和记忆。

手势的运用没有什么固定模式，完全是由演讲者的性格和演讲的内容以及演讲者当时的情绪支配的，也就是因人而异、随讲而变。

但是手势挥动的高度却有个一般的约定俗成的范围。按演讲者的身材可分上、中、下三个部位。

（1）上位：是从肩部以上。常在演讲者感情激越，或大声疾呼、发出号召、进行声讨，或强调内容、展示前景、指未来的时候运用。

（2）中位：即从腹部至肩部。常是心绪平稳、叙述事实、说明情况、阐述理由的时候运用。

（3）下位：即在腹部以下。这个部位的手势除指示方位、列举数目而外，多用于表达厌恶、鄙视、不快和不屑一顾的情感，或介绍、评说反面的事物。

当然，以上三种高度以及所代表的意义也不是绝对的。手势的运用各有各的习惯和技巧，中心问题是要与演讲言词的意义相协调，突出演讲的内容和情感。

（四）使用手势的禁忌

手势可单手，可双手，这些都没有机械的规定。在使用手势时要注意三点：胳膊不要伸得过直，以免僵板；手指不宜弯曲，以免拙笨；手势运用要和它所配合的那句话同始同终，以免分裂语言和动作的连贯性。

1. 同一种手势反复出现

反复出现某一种手势，要么听众认为你紧张、怯场；要么对反复出现的手势生厌。

2. 幅度过大，张牙舞爪

动作过于夸张，是舞台表演的需要，而不适宜演讲。试想：一个在演讲台上手舞足蹈、吐沫四溅的演讲者即使他滔滔不绝、口若悬河，作为听众你还愿意听吗？即便是迫于大会纪律听下去，你将也是头昏目眩，内心里巴望着他的演讲早点结束。

3. 刻意表演

演讲中心的"演"是自己话语内涵的真实外露，演讲者的本意虽然是希望通过种种表演，以达到通俗形象和活跃全场气氛的目的，如果刻意去做，往往弄巧成拙，吃力不讨好，易引起听众反感。

4. 不用手势

演讲，是既演又讲。因此，演讲者不能在整个演讲的过程中不用一次手势。直直地站在台上，呆若木鸡，听众只看到他的嘴皮一张一合，像背书一样完成演讲，不见任何手势和表情。这样会使整个演讲没有效果，听众也受不到感染，昏昏欲睡。

总之，手势是完成演讲中的"演"的重要组成部分，除了从理论上了解以外，在演讲的实践中还要通过自己设计手势和训练才能很好地掌握。

实训实习

下面是闻一多先生的《最后的讲演》，请按照手势语运用的有关知识做一次演讲练习，要注意感情色彩的把握和手势语的运用。

这几天，大家晓得，在昆明出现了历史上最卑劣最无耻的事情！李先生〔李先生指李公朴（1902—1946），江苏武进人，爱国民主人士。1946年7月11日在昆明被国民党特务杀害。〕究竟犯了什么罪，竟遭此毒手？他只不过用笔写写文章，用嘴说说话，而他所写的，所说的，都无非是一个没有失掉良心的中国人的话！大家都有一支笔，有一张嘴，有什么理由拿出来讲啊！有事实拿出来说啊！（声音激动）为什么要打要杀，而且又不敢光明正大地来打来杀，而偷偷摸摸地来暗杀！（鼓掌）这成什么话？（鼓掌）

今天，这里有没有特务？你站出来！是好汉的站出来！你出来讲！凭什么要杀死李先生？（厉声。热烈地鼓掌）杀死了人，又不敢承认，还要诬蔑人，说什么"桃色事件〔桃色事件，因不正当的男女关系所引起的事件。国民党反动派暗杀李公朴后，企图在人民面前掩饰他们的罪行，造谣说李公朴被暗杀是由于"桃色事件"。〕"，说什么共产党杀共产党，无耻啊！无耻啊！（热烈地鼓掌）这是某集团〔某集团指国民党反动派〕的无耻，恰是李先生的光荣！李先生在昆明被暗杀是李先生留给昆明的光荣！也是昆明人的光荣！（鼓掌）

去年"一二·一"〔1945年11月25日晚，昆明市大中学生六千余人在西南联合大学举行反内战时事晚会，国民党反动派出动军队包围会场，开枪放炮，进行威胁，并在学校附近戒严，禁阻师生通行。于是各校学生联合罢课。12月1日，国民党反动派派大批军警和特务在西南联合大学、师范学院两处投掷手榴弹，死四人，伤十余人〕，昆明青年学生为了反对内战，遭受屠杀，那算是青年的一代献出了他们最宝贵的生命！现在李先生为了争取民主和平而遭受了反动派的暗杀，我们骄傲一点说，这算是像我这样大年纪的一代，我们的老战友，献出了最宝贵的生命！这两桩事发生在昆明，这算是昆明无限的光荣！（热烈地鼓掌）

反动派暗杀李先生的消息传出以后，大家听了都悲愤痛恨。我心里想，这些无耻的东西，不知他们是怎么想法，他们的心理是什么状态，他们的心是怎样长的！（捶击桌子）其实很简单，他们这样疯狂地来制造恐怖，正是他们自己在慌啊！在害怕啊！所以他们制造恐怖，其实是他们自己在恐怖啊！特务们，你们想想，你们还有几天？你们完了，快完了！你们以为打伤几个，杀死几个，就可以了事，就可以把人民吓倒了吗？其实广大的人民是打不尽的，杀不完的！要是这样可以的话，世界上早没有人了。

你们杀死一个李公朴，会有千百万个李公朴站起来！你们将失去千百万的人民！你们看着我们人少，没有力量？告诉你们，我们的力量大得很，强得很！看今天来的这些人，都是我们的人，都是我们的力量！此外还有广大的市民！我们有这个信心：人民的力量是要胜利的,真理是永远存在的。历史上没有一个反人民的势力不被人民毁灭的!希特勒、墨索里尼,不都在人民面前倒下去了吗?翻开历史看看,你们还站得住几天!你们完了,快完了!我们的光明就要出现了。我们看,光明就在我们眼前,而现在正是黎明之前那个最黑暗的时候。我们有力量打破这个黑暗,争到光明!我们的光明,就是反动派的末日!(热烈地鼓掌)

李先生的血不会白流的!李先生赔上了这条性命,我们要换来一个代价。"一二·一"四烈士倒下了,年轻的战士们的血换来了政治协商会议的召开;现在李先生倒下了,他的血要换取政协会议的重开!(热烈地鼓掌)我们有这个信心!(鼓掌)

"一二·一"是昆明的光荣,是云南人民的光荣。云南有光荣的历史,远的如护国〔护国战争。1915年10月,北洋军阀袁世凯称帝,激起全国人民的反对。同年12月25日,云南首先宣布独立,以蔡锷等人为领导,组织护国军讨袁。〕,这不用说了,近的如"一二·一",都是属于云南人民的。我们要发扬云南光荣的历史!(听众表示接受)

反动派挑拨离间,卑鄙无耻,你们看见联大〔联大,西南联合大学的简称。抗日战争期间,清华大学、北京大学和南开大学三校联合组成西南联合大学。1946年4月,西南联大宣布解散。〕走了,学生放暑假了,便以为我们没有力量了吗?特务们!你们错了!你们看见今天到会的一千多青年,又握起手来了,我们昆明的青年决不会让你们这样蛮横下去的!

反动派,你看见一个倒下去,可也看得见千百个继起的!

正义是杀不完的,因为真理永远存在!(鼓掌)

历史赋予昆明的任务是争取民主和平,我们昆明的青年必须完成这任务!

我们不怕死,我们有牺牲的精神!我们随时像李先生一样,前脚跨出大门,后脚就不准备再跨进大门!(长时间热烈地鼓掌)

知识拓展

手势三十式

演讲的手势可以说是"词汇"丰富,千变万化,没有一个固定的模式。作为一个出色的演讲者平时要认真观察生活,刻苦训练,积极付诸实践。下面介绍演讲中常用的手势30势。

(1)拇指势。竖起大拇指,其余四指弯曲,表示强大、肯定、赞美、第一等意。

(2)小指势。竖起小指,其余四指弯曲合拢,表示精细、微不足道或蔑视对方。这一手势演讲中用得不多。

(3)食指势。食指伸出,其余四指弯曲并拢,这一手势在演讲中被大量采用,用来指称人物、事物、方向,或者表示观点甚至表示肯定。胳膊向上伸直,食指向空中则表示强调,也可以表示数字"一"、"十"、"百"、"千"、"万"……演讲中右手比左手使用频率大。

（4）食指弯曲或钩形表示九、九十、九百……齐肩画线表示直线，在空中划弧线表示弧形。

（5）食指、中指并用式。食指、中指伸直分开，其余三指弯曲，这一手势在一些欧美国家与非洲国家表示胜利的含义，由英国首相丘吉尔在演讲中大量推广。我们在演讲中运用时一般表示二、二十、二百……

（6）中指、无名指、小指三指并用式。表示三、三十、三百……

（7）食指、中指、无名指、小指四指并用式。表示四、四十、四百……

（8）五指并用式。如果是五指并伸且分开，表示五、五十、五百……如果指尖向上并拢，掌心向外推出，表示"向前"、"希望"等含义，显示出坚定与力量，又叫手推式。

（9）拇指、小指并用式。拇指与小指同时伸出，其余三指并拢弯曲，表示六、六十、六百……

（10）拇指、食指并用式。拇指、食指分开伸出，其余三指弯曲表示八、八十、八百……如果并拢表示肯定、赞赏之意；如果二者弯曲靠拢但未接触，则表示"微小"、"精细"之意。

（11）拇指、食指、中指并用式。三指相捏向前表示"这"、"这些"，用力一点表示强调，也表示数字七、七十、七百……

（12）O形手势。又叫圆形手势，曾风行欧美。表示"好"、"行"的意思，也表示"零"。

（13）仰手势。掌心向上，拇指自然张开，其余弯曲，这一手势包容量很大。区域不同意义有别：手部抬高表示"赞美"、"欢欣"、"希望"之意；平放是"乞求"，"请施舍"之意；手部放低表示无可奈何，很坦诚。

（14）俯手势。掌心向下，其余状态同仰手式。这是审慎的提醒手势，演讲者有必要抑制听众的情绪，进而达到控场的目的，同时表示反对、否定之意；有时表示安慰、许可之意；有时又用以指示方向。

（15）手切势。手剪势的一种变式。五指并拢，手掌挺直，像一把斧子用力劈下，表示果断、坚决、排除之意。

（16）手啄势。五指并拢呈簸箕形，指尖向前。这种手势表示"提醒注意"之意，有很强的针对性、指向性，并带有一定的挑衅性。

（17）手包势。五指相夹相触，指尖向上，就像一个收紧了开口的钱包，用于强调主题和重点，也表示探讨之意。

（18）手剪势。五指并拢，手掌挺直，掌心向下，左右两手同时运用，随着有声语言左右分开，表示强烈拒绝。

（19）手抓势。五指稍弯、分开，开口向上。这种手势主要用来吸引听众，控制大厅气氛。

（20）手压势。手臂自然伸直，掌心向下，手掌一下一下向下压去。当听众情绪激动时，可用这手势平息。

（21）抚身势。五指自然并拢，抚摸自己身体的某一部分。这种手势往往成为一些演讲者的习惯手势放在胸前。双手抚胸表示沉思、谦逊、反躬自问。如果以手抚头表示懊恼、回忆等。

（22）挥手势。手举过头挥动。表示兴奋、致意；双手同时挥动表示热情致意。

（23）掌分势。双手自然撑掌，用力分开。掌心向上表示"开展"、"行动起来"等意，掌心向下表示"排除"、"取缔"等；平行伸开还表示"面积"、"平面"之意。

（24）拳举势。单手或双手握拳，平举胸前，表示示威、报复；高举过肩或挥动或直锤或斜击，表示愤怒、呐喊等。这种手势有较大的排他性，演讲中不多用。

（25）拳击势。双手握拳在胸前作撞击动作，表示事物间的矛盾冲突。

（26）拍肩势。用手指拍肩击膀，表示担负工作，责任和使命的意思。

（27）拍头势。用手掌拍头，表示猛醒、省悟、恍然大悟等意。

（28）捶胸势。用拳捶胸，辅之以跺脚、顿足，表示愤恨、哀戚、伤悲。演讲中不多用。

（29）搓手势。双手摩擦，意味做好准备，期待取胜；如果速度慢表示猜疑；在冬天则表示取暖；拇指与食指或其他指尖摩擦，通常暗示对金钱的希望。

（30）颤手势。单手或双手颤动，必须与其他手势配合才表示一个明确的含义。

任务三　身姿、服饰及空间把握

事例介绍

〈事例1〉

古希腊雅典卓越政治家、演讲家德摩斯梯尼，少年时有中度口吃病，发音器官也有病变，声音嘶哑难听，说话气短，而且爱耸肩，这对于学习演讲的人来说是十分不利的。他初学演讲时很不成功，曾被听众哄下台。然而，失败、嘲笑与打击，并没有使他气馁。他一方面刻苦读书，虚心请教朗读方法，学习用最简洁的语言表达丰富的思想；另一方面，他又向著名的演讲员请教。为了提高嗓子的音量，他特意到海边去与哗哗的浪涛声比高低，到山林里去与呼啸的松涛声比强弱；为了矫正口吃的毛病，他口含石子练长音和朗诵。为了克服气短的毛病，他故意一面攀登陡峭的山坡，一面不停地吟诗，为了克服肩膀一高一低的毛病，每次练习演讲时他在上方挂两柄剑，剑尖正对自己的双肩，迫使自己随时注意改掉不良的动作。为了集中精力、节约时间使自己能安心地在家里练习演讲，不外出游走，他特意剃了一个阴阳头。他还在家里的地下室安装了一面大镜子，经常对着镜子练习演讲，以克服表演上的毛病。经过数年之久的刻苦练习后，再次登台时，就展示出了一个演讲家的才华。他终于成为一位闻名于世的大演讲家。

〈事例2〉

我国资产阶级革命家孙中山非常重视练习演讲。他曾说过他的练习方法是：一、练姿势。"予少时研究演说,对镜练习,直到无缺点为止。"二、练语气。演说如作文,以气为主,气贯则言之长短,声之高下皆宜。说到重要处,掷地作金石声。这种方法就是单项练习,重点突破,实际上就是一种循序渐进的练习方法。

知识归纳

(一)身姿的一般要求

姿态既体现了一个人的性情气质,又反映了一个人的文化修养。它的作用有时非常微妙。

坐如钟、站如松、行如风,是一种关乎做人的训诫,今天当然不会有如此划一的要求。

头部动作有点头、摇头、侧头、歪头、昂头、低头等,它应同有声语言自然配合,以避免误会;且频率切忌过高,以免分散注意和让人觉得肤浅。

站姿头要端正,肩要平而松,挺胸收腹,腰要直,气沉丹田,重心在脚底中央稍偏歪侧的位置,上身略微前倾,腿绷直,双手自然下垂。特殊需要时,可以倾斜或弯曲等。

坐姿要求端正、自然、大方。一般不宜猛然坐下,不宜深坐,不宜抖动腿部,不宜将腿翘上桌、椅、几,不宜如坐针毡,也不宜僵死。还可视说话对象调整坐姿。

行姿就是步态,可分为自然型、礼仪型、高昂型、思索型和沉郁型。视具体情境的不同,还可以变换不同的行姿。如上台高昂型,下台自然型,如图5-1所示。

(二)把握身姿的要领

演讲中肢体语言能表达出各种含义,手势就有三十多种。因此在演讲中要注意到肢体语言,有恰当的站姿、站相和手势。

(1)站的位置很有讲究。要站在每位听众都可看到你的位置上,又能便于自己参考自己的笔记,还要便于自己控制教学媒体。如果有麦克风,还要便于麦克风的使用。也不要一直躲在讲台后不出来,偶尔也要走出来让听众看到你的全身,这样还可拉近彼此的距离。

(2)要站直,挺胸收腹。很多人一上台人就站得歪歪斜斜的,感觉不精神。站直后,就不要左右或前后摇晃。也有些人一紧张就左右不停地换脚,或频繁地来回踱步。有些人还喜欢抖脚。这些不良的站姿都应注意要有意识地克服。

站姿一般有前进式、稍息式、丁字式、立正式、自然式等。不论何种站姿都要做到稳健潇洒。

(3)在演讲中,手放哪里很让人头疼。如果在讲台后面,可以双手自然放在讲台两侧。如果没有的话,双手自然垂在身体两侧,也可以用手来操作教学媒体,握住提示卡、笔、教鞭或是做手势等。无论在什么情况下,都不该把双手置于裤子口袋内,或是不自然地手臂交叉。

图 5-1 各种身体姿势及含义

（4）手势的运用。请某人起来发言时，要手指并拢手心朝上做抬起状请起，相反请坐时要手指并拢手心朝下做下压状。千万不可用手指或其他工具指点。

（5）注意不要对着投影仪等多媒体工具说话。很多人因为有多媒体工具配合演讲，喜欢对着屏幕讲，这是不良动作。这样把后背留给观众，是非常不礼貌的。同时也给观众一种信息：不自信、准备不充分。

（三）服饰打扮

人要衣装，演讲更要注意衣着。

演讲有正式的和非正式的，正式的演讲时，作为演讲者一定要穿得正规：男士西装领带，女士则穿职业套装。非正式演讲对服装的要求不是很高，但也要做到整洁、干净、得体。另外，衣着也要适当，不宜过冷过热，否则容易给自己制造紧张情绪。女士的化妆要自然，不要浓妆艳抹，一方面体现对听众的尊敬，另一方面又让听众感到愉悦。

上台演讲时最好不要穿全新的衣物，因为会给我们自己制造紧张感。最好穿八成新的衣物，会让自己感到更舒适。鞋则穿让自己舒服的，鞋底不要过硬或过软。

最后就是要轻装上阵。女士戴手表或首饰要精简，建议摘下叮叮当当的手镯之类的东西，影响听众视线。男士的手表一般戴得比较宽松，演讲中由于手势的运用，可能会上下移动。假如手表在激动发挥时，突然松了，那么会很尴尬，下面的听众更紧张，无心听你讲些什么，而一直在担心你的手表会不会脱手而出。手表也可能会碰到我们演讲中的教学设备，发出一些刺耳的声音，影响演讲效果。

（四）空间的把握

在演讲中我们和听众的距离也不是一成不变的。空间的把握要根据演讲内容、地点、人员等适时调整。比如我们在一个很小的教室，里面坐了很多的听众，讲台离听众很近，就会给演讲者造成一种压力感。但如果我们在一个有高高讲台的类似舞台的场所，我们就与听众的距离很远，不利于交流。

实训实习

在班级举行一次演讲比赛，根据同学的身姿、服饰和对空间的把握，给该位同学打分，并予以点评。

知识拓展

魔鬼的演讲

希特勒，是一个魔鬼，一个谜团，永远都不会被人忘记。这也是作为魔鬼的好处，尽管已死去多少年，仍然有人崇拜他，更多的人，是憎恨他，咒骂他。

每当看到希特勒本人铿锵有力的演说，和那极具个人特色的、充满感召力的强劲手势，你会感觉到，这个人虽然是个魔鬼，但不可否认，他是一个非常出色的魔鬼，他的诡辩天才和军事战略思想，几乎毁灭了整个世界。

希特勒在演讲前一定要沉默很长的时间，一直等到群众由闹到静，又从静到叽叽喳喳时，才开始发言；其次，他演讲开始时语调极其平缓，但很快就激昂澎湃起来，伴随着手舞足蹈，还经常踮起脚尖，几分钟内就可以达到歇斯底里的境界；再次，他的演讲从来不超过半小时，往往只有十分钟左右，在此期间，他不会让听众有任何打瞌睡的机会，随着思路的进一步拓展，他说话的节奏变得越来越快，句子一句接着一句，走动的步伐也越来越快。突然之间，语气变得生硬了，声音也越来越大，他不断的大幅度地摆手势，而且非常频密。希特勒口授演讲稿的激情，与他翌日面对听众的激情毫无二致。

希特勒的口才与精力极其惊人，他曾创下了在一年内竞选5个不同的职位，7天内拜访20座城市，一天内公开演讲10次的记录。几乎每次演讲都是脱稿进行，而且针对各地选民关心的不同问题，他演讲的内容也各不相同。在当今这个时代，像他那样的演说家已经很少见了。作为一个长期生活在巴伐利亚（甚至连德国人都听不懂那里的德语）的奥地利人，他的德语普通话能讲得如此标准，说明了他为了实现"我的奋斗"中"千年帝国"的梦想，在演说方面花了多大的功夫。

希特勒演讲的内容相当简洁，提到最多的就是"德意志"、"国家"、"民族"、"振兴"、"正义"、"敌人"、"形势"、"斗争"、"成就"之类的词，从来不引经据典，只谈论现代的事情。在他牙缝里冒出的每一个字都带有浓烈的民族主义和大德意志的气息。加上德语语法本来就无法表达一语双关的意思，使得希特勒的演说更具有极其强烈的坚定意志。

"德意志，人民，同志们，德意志的未来要靠我们的人民！只能靠我们的人民！德意志人民，神圣的德意志人民，必须用自己的勤劳、智慧、冷静、勇敢来克服一切困难！只有这样，我们的国家才能前进，我们的民族才能振兴。"

"那些我们永远的敌人，德意志永远的敌人，从他们的舌头上流出来的只能是谎言！任何与他们合作的企图都是对德意志民族的背叛和犯罪！背叛和犯罪！我们将和这些无耻的、邪恶的敌人们斗争到底！斗争到底！直到永远！直到彻底消灭他们为止！……"

"世界上没有什么力量能够阻止我们！最后的胜利必将属于德意志人民！……"

山呼海啸般的掌声与狂热的欢呼声贯穿了他的整个讲演过程。这种极度排外、唯我独尊的右倾民族主义思想，与"一战"后德国人极度的失落感截然相反，但又紧密相连，它们形成了一把利剑的两道锋刃，都是可以杀人的，而且是杀人不见血的。

当时有报刊曾经这样评论希特勒："此人正在用演讲杀人。"

事实上，不仅仅是在德国、意大利、奥地利和日本，就是在捷克、丹麦、波兰，甚至法国和苏联，都有希特勒的支持者和崇拜者，在当时，那是一股席卷全欧洲，甚至半个世界的浪潮。

下编

提高篇

　　我们经常说"万丈高楼平地起",这个"地"就是基础。一般来说,高楼越高,地基应该越牢、越深。但是仅仅有了地基,有了坚实的基础,还不至于成就"万丈高楼"的雄伟和壮丽。因为高楼的建筑需要经验丰富的设计师进行设计,需要巧手天工的建筑师进行建造,需要化腐朽为神奇的装修师进行装饰……

　　我们懂得了好口才需要好的基本素质,但更需要在实战中得到锻炼和提升,才能充分发挥出内在的潜能。有了敏锐、迅捷的思维,有了沉毅、坚忍的心理,有了优雅、美妙的身姿,就好像一个武功卓越的人练就了一身内力,如果想要让他称雄天下,还需要对内力进行恰当的引导,需要在实战中积累经验。下面我们就引导大家充分发挥"内力",在提高的诸环节中,一路过关斩将,达到理想的目标。

　　我们在本编中安排了六个项目,分别是社交、演讲、论辩、求职、营销、谈判。这六个项目中,社交是人际沟通的基础,演讲和论辩可以提高口才的临场发挥,求职是小试牛刀,营销和谈判可以为你插上腾飞的翅膀。

项目六　社　交

　　社会交往，简称"社交"，是指在一定的历史条件下，人与人之间相互往来，进行物质、精神交流的社会活动。从不同的角度，把社会交往划分为：个人交往与群体交往；直接交往与间接交往；竞争、合作、冲突、调适等。

　　社会交往离不开社交口才，如果一个人在社会交往过程中善于用准确、贴切、生动的语言表达自己的思想、意愿，那么这个人往往能够得心应手地处理同陌生人的关系。熟悉社交语言的规范性，懂得社交语言的技巧，就是现代社会人才的重要考量标准。

　　本项目中，我们安排了两个任务，一个任务是社交礼仪训练，另一个是语言表达技巧训练。

任务一　社交口才技巧训练

事例介绍

〈事例1〉

有位旅客在到达某地之前预订了一家旅店的单人房间，但当他从机场直达旅店时，登记处的职员却告诉他房间已经满了。"对不起，先生。你应该知道这种意外是常有的。"旅客却控制了自己的一腔怒火，很有耐心地回答："不，我不知道什么意外。你们一定有别的房间。"说完，他坐下来，毫无离开之意并说："那么，有套房吗？要不，会客室、会议室都可以，你们的广告册子上都有这些房间。"在旅客毫不争辩的坚持下，职员终于说出还有一间套房，但正在装修，价钱又是单人房间的两倍。旅客并不急于马上去解决价钱的问题，他不慌不忙地说：就要这间，至于价钱，明天再讨论。第二天结账时，旅客见到总经理，首先对旅店不能保证预定的住房表示惊讶和遗憾，然后，又提起这过分的房价。结果，总经理只收了他单人房的费用。

总之，要把话说好，使说话顺利进行，必须有自我控制的能力。善说话者与不善说话者的重要区别便在于会说话的人能控制自我，掌握说话的主动权。

〈事例2〉

一位男士在和他见第一面的女朋友面前这样介绍自己："我是狮子座，狮子座的优点是心胸宽阔、有爱心以及忠诚。我是个有原则的人，绝对不会妥协。因为我不抽烟，所以我也不会穿印有万宝路字样的T恤。"

这种自我介绍诙谐而调皮，很容易赢得女士的芳心。

知识归纳

（一）社交口才的概念

社交口才指的是人与人之间在社会交往活动中所表现出来的语言艺术或才能，即善于用准确、贴切、生动的语言表达自己的思想、意愿的一种能力。

社交口才的特点是主动、礼貌和谦和。

社交口才要求是适时、适量和适度。

（二）社交口才的技巧

1. 见面的称呼语

（1）尊称语：尊师、令堂、令兄、令弟、令郎、贵姓、贵公司，大驾、大姐、大名，老先生、老人家、老伯、老总、老板、钱老、赵老、吴老,这是对对方表示尊重,使对方心里产生一种自豪感和满足感,反过来也会乐于与你接触,主动和你沟通,这就使交往有了良好的开端。

(2)谦称:目的也是对他人的尊重,是赢得交际的第一步,如:家父、家母、舍弟、舍妹、小辈、小人、愚下、愚兄、不才等。

(3)泛称:对人的一般称呼,正式场合:姓+职称/职务/职业(张教授、陈书记、李医生等),职务+泛尊称(营业员同志、大使夫人等);非正式场合常用称呼,老/小+姓(老张、小陈等)、姓+辈分称呼(张阿姨、李叔叔、王伯伯、张姐、赵哥等)。

(4)时下流行称谓:对总经理、工程师、局长、科长,时下流行称呼某总、某工、某局、某科,这样称呼既时尚庄重,又亲切。

2. 见面后的寒暄语

(1)关怀式寒暄:这是常见的寒暄方式,真挚深切的问候,对加深人际间的感情很有必要。例如:"你好!好久没见,最近可好"、"工作还顺利吧!可要注意身体啊"。

(2)激励式寒暄:这会给对方鼓劲,激励对方。例如:"你的工作不错,上次开会时,你们领导还表扬了你"、"我在报纸上看到了你的报道,向你学习",这种寒暄既取悦于对方,又融洽了关系。

(3)幽默式寒暄:寒暄中加点幽默成分,协调气氛,讨人喜爱。如:"我说今天怎么眼前一亮,原来是美女、帅哥如云。"

3. 见面后的介绍技巧

自我介绍,是在一般情况下把自己介绍给陌生的交际对象,以达到让对方认识、增进了解、建立关系的一种手段。

(1)自我介绍的内容和语言技巧。

① 自我介绍的内容:姓名、职务、工作单位、住所、籍贯或出生地、毕业学校、特长与兴趣爱好,有时还须介绍经历、年龄。例如:"我叫×××,毕业于×××学院,现在××单位工作,请多多关照。"如果是非正式场合,自我介绍可以调皮一些,为的是给别人留下深刻的印象。

② 自我介绍的语言技巧:自谦,即在肯定自己的长处时,留有余地,以免给人留下"狂妄自大"的感觉。

(2)介绍他人的内容及语言技巧。

① 介绍礼仪。先把男士介绍给女士,先把职位低的人介绍给职位高的人,先把未婚者介绍给已婚者,先把年轻人介绍给年长者,遇到交叉现象,需要灵活掌握。

② 介绍内容。选择双方都感兴趣的话题,从而使双方结识,如姓名、职业、爱好。例

如:"这位是某公司的经理,和你一样,从事房地产开发,在咱们市小有名气。他也喜欢打牌,有机会你俩切磋切磋。"

③ 介绍技巧。介绍他人时,应三言两语简洁明了。如:"这位是我的同学××,他也喜欢绘画,你们肯定谈得来。"征询引见,礼貌得体,即采用询问句式,征得同意后再引见的介绍方法。如:"先生,我可以给你介绍我们的老总吗?"再如:"经理,你想了解这种产品的市场情况吗?这是推销员小王,他可以回答你的问题。"

总之,无论是自我介绍,还是居中介绍,都应注意音量适中、口齿清晰、彬彬有礼,以适应社交场合的需要。

4. 拜访与接待的语言技巧

(1) 拜访。

拜访是为了礼仪或某种特定目的而进行访问、会晤。就日常拜访而言,包括进门语、寒暄语、会谈语和辞别语四个部分。

① 进门语。

到门口,应轻轻敲门。礼貌地问:"请问,××在家吗"、"屋里有人吗",要注意,敲门时,一般是两三下,不可太轻或太重,更不能不敲门就贸然闯入,得到"请进"的答复后方可进入。

进门之初,说明来历。一般这样表达:"一直想来拜访您,就是抽不出空来"、"路上等车,让你久等了"、"我们又见面了,真是很高兴"。关系好的,可以用玩笑的口吻说:"我又来了,不招你讨厌吧!"

礼仪性的拜访与祝贺、酬谢、吊唁等有关,进门要说与有关的内容。如:"听说你生病了,今天特地看看您"、"听说你升迁,特地为你贺喜来了"。

回访往往说:"上次劳驾您跑了一趟,我今天登门拜谢"、"上次的事真是给你添了不少麻烦,今天特来向你表示感谢"等。

② 寒暄语。

社交活动中,它带给人们的是关心、亲切之情。一般可询问身体状况、工作情况、小孩子学习或者是找些话题给以赞美。例如:"这几天天气很热,身体还吃得消吗"、"最近工作忙吧,要注意身体"、"××学习成绩还好吧,小孩要补充营养"、"你这个发型真好,显得更年轻了"等。

③ 会谈语。

一番寒暄后,要尽快进入主题,以免耽误主人过多时间,话题要集中,言简意赅。交谈时间掌握在半小时左右,音量尽量小些,不要影响左邻右舍。

④ 辞别语。

同进门语相呼应。例如,礼仪性拜访"今天初次拜访,十分感谢您为我花了这么多时间。""十分感谢你的盛情款待,再见"。邀对方到自己家做客,如:"老刘,告辞了,您什么时候也到我家坐坐。"

(2)接待。

① 热情迎客。

古人云:"有朋自远方来,不亦乐乎",迎接客人要热情。

② 诚心待客。

中国人待客讲究"茶、上茶、上好茶,坐、请坐、请上座"。现如今有一定生活条件的也可用饮料、糖果、瓜子、点心之类待客。茶倒七分满,双手捧着以示敬意,可以说"请"、"不用客气,请品尝"。交谈时,态度真诚,语气平和,以聆听为主。

③ 礼貌送客。

客人如要离去,先要诚恳挽留,如客人执意要走,则不必强留。送客人要送至门外并说些告别语,如:"你走好"、"慢走"、"欢迎再来"、"经常来玩"等,不能急于回转,客人请主人留步后,主人要目送客人走远,招手"再见"再回转,送完客人回屋时,关门声音要轻,以免引起客人误会。

(三)批评和赞美

1. 批评和指责

直言批评一个学生,让其说出自己的感受。结论:任何人都害怕受到别人的批评和指责,然而这又是人们常用的一种方式。这不但达不到期望的效果,还有可能使问题更加严重。因为这样做伤害了对方的自尊心。例子:

瓦尔德蒙和戴夫休两人共同经营一家公司,在二人的带领下,公司1917年只有十来个员工,到1925年拥有了2000多名员工。瓦尔德蒙先生负责全面管理公司的业务,戴夫休执行公司决策。

1929年经济危机爆发之前,瓦尔德蒙凭着自己灵敏的嗅觉,预感到很快会有一次横扫西方世界的经济衰退。于是他决定花4000万英镑买纽约郊区的一块地。他当时在澳洲出差,于是给在纽约的戴夫休写了一封信,让戴夫休执行他的决策。

两周后,戴夫休回信,对买地有异议。

瓦尔德蒙回信给戴夫休,详细说明了理由。可是戴夫休认为这是杞人忧天,没有执行决策,反而花7000万英镑买了一家面粉加工厂。

瓦尔德蒙非常恼怒,命令秘书小姐写了封信给戴夫休。信中这样写道:

"亲爱的休:

我真的不敢相信,在这紧急的关头,你是如此的固执己见。如果一家有着如此规模的面粉加工厂可以给你带来大笔利润的话,你为什么不动一下你那聪明的脑子想想,现在正是面粉加工效益最好的时期,人家为什么愿意出卖呢?你以为你自己肯定是捡了个大便宜,可是，实际上，你只不过是花大笔钱买回了一个垃圾堆。我相信，只有那些对未来没有动过一点儿脑子的人才会干出这样的蠢事。对于此事，我也无法挽救。如今，我不得不以总经理的身份要求你，赶快用剩余的资金购买那块土地。"

瓦尔德蒙吩咐秘书小姐务必在第二天早饭前将信件寄出去。

但是，凌晨两点，瓦尔德蒙突然给秘书小姐打电话，要求那封信不要发了。

为什么瓦尔德蒙突然改变主意了呢？原来他重新把这件事思考了一遍。他想："如果是我接到这样一封言辞激烈的信，我肯定会暴跳如雷。即使我明白是我错了，我也不会向骂我的人认错。如果我是戴夫，没有来澳大利亚，我也不会相信经济会衰退的。再说，谁不会犯错误呢？"

于是瓦尔德蒙重新写了一封信：

"亲爱的休：

虽然我对面粉加工业的前景还是有些不同的想法，但是我想我们可以做一个尝试，正如你所期望的那样，说不定你为我们购买的这家工厂会为我们公司赚上一大笔利润。到那时，他们一定会为自己以如此低廉的价格把这么好的厂子卖给我们而后悔不已。我想，拥有土地总比拥有一大堆随时可能贬值的钞票保险，为什么我们不把那些用纸做的东西换成土地呢？"

几天后，戴夫休来信告诉瓦尔德蒙，他已经把纸做的东西换成土地了。虽然比早些时候的价格要高一些。

第二年，那块土地的价格已经上升到买入时的一点五倍，为他们大赚了一笔。而面粉加工厂却停产了，使公司损失了 500 万。

所以批评指责时需要技巧，例如：

（1）欲抑先扬。

扬即赞扬，抑即批评。批评一个人的缺点时，先肯定他的优点，使他愉快地接受，然后再指出他的不足。这种方法符合人们的心理，叫做"涂肥皂水法"。戴尔·卡耐基说："听到别人对我们的某些长处表示赞赏后，再听到批评，心里往往舒服得多。"

柯立芝，曾于 1923 年当选为美国总统。他发现女秘书长得很漂亮，但是工作经常出错。于是有一天，当秘书小姐推门进来时，柯立芝说："今天你穿的衣服真漂亮，正适合你这样年轻漂亮的小姐。"女秘书受宠若惊，柯立芝不失时机地说："但也不要骄傲，我相信，你的公文处理也能和你的人一样漂亮。"从此，女秘书犯错的次数越来越少。

后来柯立芝的一个朋友听说了这个故事，就问柯立芝："这么巧妙的方法，你是怎么想出来的？"

柯立芝说："你有没有注意理发师给人刮胡子时，总是先涂上肥皂水，为什么？因为这样刮起来不会感到疼。"

这就是涂肥皂水说法的来源。

（2）风趣幽默的语言。

风趣幽默的语言可以化解危机和紧张。

一位小伙子吃包子，一口咬下去，肉汁溅到了对面一位男同志的脸上，小伙子抬头看了看，没有道歉。男同志的妻子赶紧掏出面巾纸来擦，男同志笑着说："等会儿吧，说不定肉汁还会溅过来的。"小伙子听了，赶紧向对方道歉。

这体现的还是一种大度和宽容。

（3）直陈要害。

生活中不是所有的情况都要我们去忍让。特殊情况下我们也应该直陈要害。

2. 学会赞美

渴望被赞美是任何一个正常人都希望的。这不是虚荣心作怪，而是寻求理解和支持的表现。

赞美的话语就像阳光，可以给别人带来自信，也会为自己带来友谊。

（1）赞美要真诚。

真诚是赞美的前提。态度真诚，发自肺腑，真心实意。不真诚的赞美会让对方心生厌恶，同样有损自己的形象。

（2）内容具体深入。

不要泛泛而谈，而是寻找对方身上的闪光点。最好能发现对方身上别人没有发现的东西，比如性格，努力，内涵等。

（3）因人而异。

实训实习

1. 某企业校园招聘负责人下榻某宾馆，你被通知面试，请以小组形式演绎入门寒暄以及告别礼仪。

2. 你带自己的同学到公司见人力资源部经理，想要给你同学介绍一份工作，请以小组形式演绎介绍和自我介绍过程。

知识拓展

赞美的力量

某足球队教练将该队队员分成三个集训小组，并在训练时做一个心理实验。

教练对第一小组的队员的表现大加赞赏，说："你们表现卓越，配合度非常高，太棒了！你们是一流的球员。"他对第二组队员则说："你们也不错，如果你们运球速度再快一点，步伐再稳一点，就更好了。"而对第三组的队员他却说："你们怎么搞的，总是抓不住要领，靠你们，我什么时候才有出头之日啊！"

其实，这三个小组成员的素质、能力都一样。但是经过这样一个实验之后，结果第一小组获得了最好的成绩，第二小组次之，第三小组最差。

很多时候赞美比批评更能激发一个人的潜能和积极配合的愿望。

任务二　表达技巧训练

事例介绍

〈事例1〉

1972年，美国总统尼克松访问苏联，勃列日涅夫陪同他准备登机，可是引擎发动不起来了，勃列日涅夫又急又气，指着民航局局长问尼克松：

"我该怎么处分他？"

"提升他。因为在地面发生故障总要比在空中好。"尼克松一本正经地回答。

尼克松的回答轻松幽默而又机智风趣，很有风度地保护了民航局长，缓和了剑拔弩张的外交场面。

〈事例2〉

一对恋人出去旅游。在飞机上，正好和一位老者邻座。女青年和老者很谈得来。旁边的男青年不高兴了，于是偷偷地对女青年说："你小心，他是醉翁之意不在酒。"女青年说："你放心啦，我是醉酒之意不在翁。"这话被老者听到了，于是老者笑呵呵地说："我是醉酒之翁不在意。"

这是社交语言中的幽默和宽容，宽容能产生意想不到的效果。

知识归纳

口语表达中，我们总会因人因事、因时因地地采用不同的表达技巧，来为我们的表达增分。有的人风趣幽默，有的委婉含蓄，有的机智灵活，等等，各具特色。

常用技巧有幽默、委婉等。

（一）幽默

生活中不乏幽默。什么是幽默？我们综合各家之言，这样理解幽默：

首先，幽默的本质是生活中的乖讹和不通情理之处。即不协调的、矛盾的、反常的、可笑的、可恶的、鄙视的事情，它们构成了幽默。

其次，运用暗示或含蓄的手法来表现幽默。

最后，幽默的结果是引人发笑的，但绝不是一笑了之，而是笑过之后有所领悟。

使用幽默，要学会时间的控制。第一个时间是进入幽默之前，要不动声色，不做解释，悄然进入，制造突兀感，使听众摸不着头脑，没有任何心理准备。第二个时间是造成悬念之后，立刻进行充分的渲染。要足以使听众形成一个极为鲜明的心理定势。第三个时间是讲出结果之前，进行一个停顿，停顿的时间足以使听众参与想象并产生强烈的期待感。

钱钟书先生说："真正的幽默是我们跟着他笑，滑稽是我们看着他笑。"真正的幽默是一种智慧与高尚的人生态度的自然流露。我们必须有好的心态，只有乐观自信的人才会去表现幽默的。

幽默是美德

讽刺不是一种美德，而是一种武器——几乎总是转过去对付别人的。这是恶意的、挖苦的、毁灭性的笑，是嘲笑，是伤人的、能够杀人的笑，是仇恨的笑，是战斗的笑。这是一种自视甚高的笑，是一种嘲弄的、但决不针对自己的笑。这毁灭或束缚了不止一个天才。

幽默嘲笑自己，或者把别人当成自己一样嘲笑，而且在任何情况下，都把自己包括在他设立或揭露的荒谬言行之内。它把悲伤变成喜悦，幻灭变成滑稽，失望变成快乐。它平息傲气，因此也平息仇恨、愤怒、不满、狂热、刻板、侮辱、直至讽刺。

讽刺伤害人，幽默治愈人；讽刺可以杀人，幽默帮助人活下去；讽刺意在控制，幽默则要解放；讽刺是冷酷无情，幽默是宽大为怀；讽刺使人屈辱，幽默则是谦虚的。

幽默似乎在说："瞧！这就是你感到多么危险的世界！一种儿戏！所以最好还是开开玩笑！"例如这个在星期一被人送上绞架的死囚喊道："这一个星期的头开得不错！"幽默之中有勇气、崇高、慷慨。自我在其中似乎摆脱了自己。弗洛伊德指出："幽默不仅有点像解放者，而且还有某种高尚和高雅的东西。"

（二）委婉

委婉是一种语义上的曲折含蓄的技巧。请看下面几种情景。

〈情景一〉

5月18日，我由湖南乘了36小时的火车来到云南，5月18日到今天，我们一直沐浴着云南春城的绵绵细雨，今天，终于阳光灿烂了。阳光来了，我也来了！

〈情景二〉

正在急速行驶的公共汽车突然急刹车，一位中年男子一下扑在前面一位女青年的身上，女青年恼怒了，说：

"看你这德行！"

中年男子笑了笑回答道：

"小姐，不是德行，是惯性。"

话一出口，女青年笑了，整个车厢的人都笑了。

〈情景三〉

一天早晨，华盛顿的秘书迟到了，借故说：

"对不起先生,我的手表出了点问题,以致我认为时间还很早。"

华盛顿说:

"恐怕你得换一块手表了,否则我就得换一个秘书。"

这三个情景中,或者因为要说而不便直说,或者为了避免冲突,或者为了缓解说话的气氛,面对种种复杂而微妙的人际关系,用委婉的说法,可以彼此心领神会,融洽人际关系。

使用委婉,有多种手段和方法,例如:

1. 暗示

说东指西,听话人从说出来的事联想到另一件事。

例如:席间,当主人给客人敬酒时,客人马上说:"对不起我不喝白酒。"于是主人马上拿来了红酒。

2. 暗反

说出的话和真实意思完全相反,但不同于反话。反话可以从语气中觉察出来。暗反,只能借助语言环境,依据情理去推测。例如,楼上的小孩儿每每午休时间,坐着学步车满屋乱跑,发出很吵的声音,严重影响了楼下主人的午休。于是一天,楼下主人对楼上主人说:"每天中午我都能伴着你家小宝宝的节奏入睡,那种感觉真好。"

3. 趣解

用一种有趣的方式揭示某种说法或现象,把自己的真实看法暗含在里面,让对方去领悟。例如,某高校一位党委副书记接受青年朋友的提问时,有人问:

"你是怎么一下子就成了党委副书记的?"

"我是先成为共产党员,然后才成为党委副书记的。不是一下子而是两下子。"

4. 借续

有些话,自己不明说,而是借用对方的语言形式,思维逻辑,续说出来,让对方去领悟、理解。当年梁晓声再接受国外记者采访时,记者问:

"没有'文化大革命',可能也不会产生你们这一代作家,那么'文化大革命'在你看来是好还是坏呢?"

梁晓声立即以问代答:"没有'二战',就没有以反映'二战'而著称的作家,那么您认为'二战'是好还是坏呢?"

这是以子之矛攻子之盾,是一种极其机智的委婉的说法。

当然,在口语表达中,还有双关、歇后语、谐音等,都是构成委婉的一些常用手法。

(三)幽默和委婉

幽默和委婉是两种不同的言语手段,然而都与机智相通,因此二者是你中有我,我中有你，不可能截然分开。

同一种说法，从不同的角度可作不同的认定。例如：

爱因斯坦称赞卓别林："全世界的人都能理解你的幽默，你的确是一位伟大的艺术家。"

卓别林回答说："世界上只有很少的人能理解你的相对论，可你仍然是一位真正的伟大的科学家。"

双方都称赞对方，各自的依据却是相反的，一个依据是"都能理解"，一个依据是"很少的人理解"，两种说法是不协调的、矛盾的。虽在意料之外，却又在情理之中。这是一种高雅的幽默。

这是一段相互称赞的对话，但是卓别林是首先被称赞的，因而在反过来称赞对方时，除了称赞之外，还多了一层表示谦逊的意思：跟你比较，我还够不上伟大，真正伟大的是你。但这层意思并没有明说，只是暗含在语气和语意之中。这是一种委婉的表达。

但二者又有所不同。

幽默突出的是事物的不协调的、反常的、矛盾的一面，由此而构成反差，反差形成顿悟。幽默常会给人一种突然的新奇感。

委婉，侧重的是不明说，却能使人心领神会。2000年9月23日，金庸先生在岳麓书院讲学，说道：

"我们湘女很多情，很出名的。（掌声）我从小就听桃花江的歌，我想象到湖南来可以见到很多漂亮的小姐。（哄堂，掌声）实际上当然是见到了，不过见到了，也只是看看罢了，没有下文。（哄堂，掌声）"

"没有下文"是一种很委婉的说法。这么有名气的学者，这么高龄的长者，竟然谈起湘女多情，如何漂亮，还想来看看，而且真的看到了。这自然引发了听众的注意，看到了又会怎么样呢？突然冒出一句："没有下文。"既回答了听众的疑惑，又委婉地说出了自己的动机和心态，即我只是客观地评价，毫无邪念，更不会有不轨的行为。委婉中显出了一种特别的机智，因而引发了全场的掌声和笑声。

实训实习

下面是一位中学教师对学生进行的入学教育时的一段讲话。

我认为，就今天而言，你们上高中，特别是考上全市首批重点学校之一的我校，实乃你们人生中之最大不幸也！（看见学生皱起眉头，一副疑惑不解的神情，他解释道）马克思说过，在科学的入口处就像地狱的入口处一样。你们考上我校，将来就会进入科学文化的殿堂，那么今天就等于到了地狱的入口处，何等不幸啊！未考入高中者，或许可以轻轻松松地生活，而你们每天、每周、每月、每学期都要紧紧抓住鏖战，何等不幸啊！未考入高中者，或许不会时常面对考试，而你们面前的考试何止十次百次啊！哪次考试不是惊心动魄，刻骨铭心？也许你们尽了最大的努力，却难以走出低谷，何等不幸啊！未考入高中者可以打游戏、玩电脑、看VCD、看电视,而你们却不敢尽情娱乐,何等不幸啊!更不幸的是你们还要上大学,或许还要读研、读博,攻读博士后,你们一生要没完没了地学习,不敢丝毫的懈怠,何等不幸啊!还有你们学富五车,满腹经纶后,生活也许比别人清贫,这是多么不幸啊!

1. 如果你赞成这种说话方式

（1）这是一种什么说话方式?

（2）整段讲话立意何在?

（3）这段讲话将有何效果?

2. 如果你不赞成这种说话方式

（1）这种说话方式有何不妥?

（2）讲话中连用了七个"不幸",学生将会怎么理解?

（3）如果不用这种说话方式,该怎么样更好地表达呢?

知识拓展

幽默的语言最有魅力

说话风趣诙谐,幽默睿智,这是很高的艺术。在社会谈话中运用这种艺术会收到好的效果。

与别人初次见面,幽默的谈话会赢得对方的好感。当双方发生矛盾冲突时,幽默的谈话会冰释前嫌。具有幽默感的批评性谈话,使人乐意接受。在工作劳累的时候,来点幽默的笑话,使人得到积极的休息。总之,幽默是社交中不可缺少的润滑剂。

抗日战争胜利后,著名国画大师张大千要从上海返回四川老家。行前,他的学生糜耕云设宴为大师饯行。这次宴会邀请了梅兰芳等社会名流出席。宴会伊始,张大千先生向梅兰芳敬酒时说:"梅先生,你是君子,我是小人,我先敬你一杯。"梅兰芳不解其意,忙含笑问:"此作何解?"大千先生笑着答道:"你是君子——动口,我是小人——动手。"张大千先生的幽默引得宾客为之大笑。

里根说:"在生活中,幽默能促进人体健康;在政治上,幽默有利于自己的形象和得分。"他就任美国总统后第一次访问加拿大期间,他发表演说不时被举行反美示威的人群所打断,加拿大总理皮埃尔·特鲁多感到难堪,紧皱双眉,而他却满脸笑容地对特鲁多说:"这种事情在美国时有发生。我想这些人一定是特地从美国来到贵国的。他们想使我有一种宾至如归的感觉。"这幽默的话把特鲁多说得眉开眼笑了。里根决定恢复生产新式的B-1轰炸机时,引起了许多美国人的反对。在一次记者招待会上,面对一帮反对他的这一决定的人说:"我怎么不知道B-1是一种飞机呢?我只知道B-1是人体不可缺少的维生素。我想,我们的武装部队也一定需要这种不可缺少的东西。"他这话既幽默又坚定,反对人就不好再说什么了。

遇到挑衅性的问话的时候,用幽默的语言回答,比直接驳斥有时会取得更好的效果。爱迪生致力于制造白炽灯泡的时候,有人取笑他说:"先生,你已经失败了1200次了。"爱迪生回答说:"我的成功就是发现了一二百种材料不适合做灯丝!"说完,他自己哈哈大笑起来。他的幽默答话化解了自己的困境,对方再也说不出什么挑衅性的话来了。

法国著名演讲家海因·雷曼麦说过:用幽默的方式说出严肃的真理,比直截了当地提出更能为人接受。马来西亚柔佛市的交通安全标语用亲切幽默的语言向人们宣传安全行车的道理。比如,交通安全周贴出这样的标语:"阁下,驾驶汽车,时速不超过30公里,可以饱览本市的美丽景色;超过60公里,请到法庭做客;超过80公里,欢迎光顾本市设备最好的急救医院;上了100公里,祝君安息吧!"

幽默的语言会给批评增加针砭和说服的力量。请看鲁迅先生对沉湎于谈情说爱、荒废学业的川岛的批评:鲁迅在送给川岛的《中国小说史略》扉页上写道:

请你

从"情人的拥抱里"

暂时伸出一只手来。

接收这干燥无味的

《中国小说史略》

对于敌人,幽默辛辣的讽刺则是有力的打击。当年在美国主办《中西日报》的伍磐昭在一次演讲中谈到袁世凯,他说:"袁世凯生平只做了一件大利大益于中国的事。"听者愕然,急想知道是何事。他这才回答说这件大利大益于中国的事"即是他死了——绝对的死了,很合时宜的死了,很合适的死了。"这一妙语,使在座的人都会意地笑了。第二次世界大战期间,希特勒到一个精神病院视察。这里的病人大多数是持不同的意见者。希特勒问他们是否知道他是谁,病人摇摇头。于是希特勒大声吼叫起来:"我是阿·希特勒,你们的领袖。我的力量之大,可以与上帝相比!"病人们不理睬他,露出了鄙视的微笑。有位病人拍拍希特勒的肩说道:"是啊,是啊,我们开始得病时,也像你这个样子。"这句话有力地抨击了希特勒神经质般的不可一世的气焰。

幽默,一般分为表情幽默、动作幽默、语言幽默。日常生活中最常见的语言幽默,语言幽默不仅表现在交谈之中,而且表现在书里面。表情和动作的幽默,有的人在讲话的时候也运用,但用得更多的是舞台中的滑稽表演(如相声表演、滑稽戏、哑剧、杂技小丑等)。怎样使谈话具有幽默感呢?从语言运用上有以下几个方面:

(1)妙语双关,一箭双雕。在特定的语言环境里,利用词的多义、同音和同形的条件,用一个词语去关联两种不同的事物,使语句具有双重的意义。比如《刘三姐》里写刘三姐与三个秀才对歌,刘三姐唱道:"姓陶不见桃结果,姓李不见李花开,姓罗不见锣鼓响,三个蠢材地里来。"这是谐音双关。刘三姐指姓陶说"桃结果"的桃，指姓李说"李开花的李，指姓罗说"锣鼓响"的罗；说不见"桃结果"、"李花开"、"锣鼓响"，就是指陶、李、罗三位秀才没本事，不是赛歌的对手。这是利用双关语来进行讽刺。

（2）用对比去揭示事物的不一致性，造成幽默的效果。甲对乙说："丙这个人什么都不缺，除了美德和才干。"实际上是说丙无德无才。

（3）正话反说，用与本意相反的话来表达本意。毛泽东同志在《"友谊"，还是侵略？》一文里驳斥美国的艾奇逊：美帝国主义帮助蒋介石"杀死几百万中国人，不为别的，第一为了门户开放，第二为了尊重中国行政和领土完整，第三为了反对任何外国控制中国。"这是反话，其本意是说美帝国主义是为了侵略中国，瓜分中国，控制中国。

（4）简语繁说，画蛇添足，也能使人发笑。有的人说话很俏皮，别人问他每月工资多少元，他回答说："八百五十大毛。"本来他的基本工资是85元，他故意把元换成以角为计算单位，将绝对数增大。

（5）歇后语运用得好，也是很幽默的。比如人们常说的："这个人真是和尚打伞——无法无天。""下雨天出太阳——假情假意。"这两句话中的"无法"是"无发"的谐音，"假晴"是"假情"的谐音。歇后语一般只需把前半截的比方说出来，将后半截的解释隐去，让对方自己去体会。

（6）利用形象的比喻来说明事物的性质，使语言既幽默又生动。有人问一位采购员说：采购工作好不好？他这样回答："出门是兔子，办事是孙子，回来是骆驼。""兔子"是指出门为了抢时间赶车赶船跑得快；"孙子"是指为了买到所需货物不惜请客送礼，低头哈腰地向人家求情；"骆驼"是指回来的时候不仅要办好货物托运还要给老婆孩子买东西，负载很重。他用形象的比喻说明采购工作是个吃苦受累的活。

（7）将语言倒置也是一种幽默的方法。比如这样说："你命好，有儿子孝顺；我呢？我得孝顺儿子。"这种语义的倒置产生了强烈的幽默效果。

（8）抓住对方说话的自相矛盾，突出其可笑之处。韩非子的故事：有一个卖矛和盾的人，他举起盾向人叫卖说，我的盾最牢固，无论怎样锋利的矛都戳不穿。他又举起矛向人叫卖说，我的矛最锋利，无论怎样牢固的盾都可以戳穿。旁边的人马上反问他："那么，用你的矛来戳你的盾，结果怎样呢？"他窘得答不上话来了，因为他的话自相矛盾，不能自圆其说。

（9）采用逻辑的推断法，假定对方的观点正确，推论出荒唐可笑的结论来。有一则《巧媳妇》的湖南民间故事：巧姑很聪明能干。她公公张老汉为有这样的媳妇而高兴，就在大门上划了几个大字："万事不求人。"知府老爷看见了，觉得张老汉不把他放在眼里，就派人去把老汉抓来，要张老汉在三天内办三件事，其中一件是：找出一头大公牛生的牛犊。过了三天，知府来了，要张老汉出来拜见。巧姑走上前说："禀大人，我公公没在家。"知府喝道："他敢逃跑。"巧姑道："他没有逃，是生孩子去了。"知府奇怪，说："世上只有女人生孩子，哪有男人也生孩子的？"巧姑马上反驳："既然男人不能生孩子，为什么又要公牛生牛犊呢？"知府一时无言以对，只好说："这件事不要他办了。"知府要张公公办的另外两件东西，也都被巧姑驳回去了。巧姑是这样推理的：如果大公牛能生牛犊，那么男人就能生孩子（所以她说公公生孩子去了）。而知府否定男人能生孩子，巧姑就根据知府的这个否定推出结论：既然男人不能生孩子，公牛又怎能生牛犊呢？巧姑的反驳幽默、辛辣、有力。

有时可以倒引对方荒谬的话来回敬对方：有一位老师对吵闹不休的女学生说："两个女人等于一千只鸭子。"把女人比做鸭子这是荒谬的。这女生见师母来了，就报告老师说："老师，有五百只鸭子找您。"弄得她老师很尴尬。

（10）含而不露，话中有话意在言外。一位青年到某杂志编辑部送稿，编辑看了之后问他："这篇小说是你自己写的吗？"青年回答："是我自己写的，我构思了一个月的时间，整整坐了两天才写出来，写作真苦！"编辑故作惊讶地说："啊，伟大的契诃夫先生，您什么时候复活了啊！"青年的小说是抄袭的赝品，他听了编辑的话顿时满面羞愧，羞愧地离开了编辑部。

（11）语言夸张，也是常用的幽默技巧。相声演员马季来到广西的柳州市曾问壮族诗人黄勇刹：山歌里有没有相声材料？黄勇刹给他讲一个故事：从前，有一个财主，编了一首冒牌山歌来调戏一个纯正的村姑：
未曾老，
今年中有九十三，
阎王批我一百岁，
还有七年同妹玩。

这个村姑马上回敬他一首：
老发颤，
七老八颠喊妹连，
胡须生在马屁股，
留给后生扯二弦。

村姑的山歌运用夸张的修辞手法。马季称赞说："风趣、幽默，讽刺得淋漓尽致。"

（12）同样的语言用到不同时代的语言环境或不同时代的人身上，会取得幽默的效果。比如，有些戏剧小品写古代人讲现代人的话，观众听起来不禁哄堂大笑。你写现在的青年恋人到"卡拉OK"去玩，大家不觉得可笑；如果你搞"新编《西厢记》"，写张生对崔莺莺说："小姐，今晚我们到'卡拉OK'去跳舞好吗？"观众就会忍不住笑起来。因为，现在的语言与古代的语言环境反差很大，把两者扯在一起，使人感到滑稽可笑。

（13）适当运用行业语，使谈话或文章活泼、幽默。我国著名的散文家秦牧，面对自己的成就和荣誉曾感叹地说："世界上的人和事，四舍五入者多矣，我便是有幸得五入的人。""四舍五入"是数学术语，用在这句话里，含蓄地表达了秦牧的谦逊，显得幽默大度。又如，中苏关系恢复之前，戈尔巴乔夫表示要与中国恢复正常睦邻友好关系，邓小平同志提出在三个前提条件下才能实现。外电对此评论是"戈尔巴乔夫放出试探性气球"，"北京把球又踢给了莫斯科"。这里运用"气球"、"踢球"等术语，把严肃的政治问题、外交问题说得既轻松又幽默。

（14）偷换概念，利用违反同一律的错误，也使谈吐幽默、风趣。鲁迅先生有一篇杂文写道：

A：B，我们当你是一个可靠的人，所以几种关于革命的事情，都没有瞒了你。你怎么竟向敌人告密去了？

B：岂有此理！怎么是告密！我说出来，是因为他们问了我呀。

A：你不能推说不知道吗？

B：什么话！我一生没有说过谎，我不是这种靠不住的人！

在这段对话里，B偷换了"可靠的人"这一概念，把它变成了是指"从来不说谎"，其中包括向敌人说实话（告密）。鲁迅写 B 偷换概念，为己辩护，正是为了有力地讽刺和揭露叛徒的丑恶嘴脸。

幽默的技巧还有很多，这里就不一一列举了。

说话幽默要掌握分寸。要注意：不要挖苦和嘲笑别人，不要去模仿别人的动作和讲话来加以取笑。不要唠唠叨叨，啰啰唆唆，说个没完，幽默的语言应该是很精练的。不要一味的滑稽、俏皮，无止境的幽默。一味俏皮会使你得一个"小丑"的名声，有损你的形象。无止的幽默，反而会失去幽默的魅力。日常生活中，有许多场合可以说幽默的笑话，如盛夏纳凉，乘船候车，月下漫步，工课余小憩，酒前宴后闲聊等等。但在一些场合则不宜说幽默的笑话，如在严肃的场合、庄重的会议上、或在葬礼上等等。在婚礼的宴席上，可以就新郎新娘的恋爱轶闻说些幽默而带有启示意味的话，但不要以新郎新娘的长相、年龄或隐私等敏感的问题作为笑料来大肆宣扬，那是令人不快的。因此，幽默要看场合。幽默还要把握好时机。一旦你发现你这种幽默能令大家高兴，或者把别人带到愉快的气氛里，你就毫不犹豫地表现出来。一旦发现周围的气氛不适合幽默，就要收住。幽默还应注意对象，要区分不同的性别、身份、地位、阅历，文化素养和性格，不是什么人都可以说幽默的笑话的。一般来说，在熟人、同乡、同学、亲爱者、老同事、老部下之间，可以开开玩笑，说些幽默风趣的话，即使玩笑开得有些过火也无伤大雅。但如果是上级、名人、长者、陌生人、女性尤其是妙龄少女、性格忧郁或孤僻的人、对工作或职业不满的人，一般不宜随便开玩笑。说幽默的话还要有正确的态度，装腔作势、揭人隐私、笑里藏刀、指桑骂槐、牵强附会、含糊其辞、低级庸俗、油腔滑调、先笑不已等，都是说幽默笑话的大忌。

项目七 演　　讲

"当内心燃烧的时候，口中便会迸出点点火花。"
——英国作家傅乐（Thomas Fuller）

　　演讲又叫讲演或演说，是指在公众场所，以有声语言为主要手段，以体态语言为辅助，针对某个具体问题，鲜明、完整地发表自己的见解和主张，阐明事理或抒发情感，进行宣传鼓动的一种语言交际活动。

　　怎样才能抓住听众，使演讲摆脱枯燥乏味，变得与众不同，令人难以忘怀？你所要做的，只是学习怎样去开发利用你的才能，怎样运用最有效的技巧。

　　本项目为你提供了两个任务，提供了最实用、最独特的技巧，帮助你更好地与接受者沟通，让你成为一名更加自信、有活力、成功的演讲者！

任务一　准备技巧训练

事例介绍

美国历史上最伟大的总统之一林肯非常重视演讲前的准备。林肯总统于1863年11月19日在葛底斯堡国家烈士公墓落成典礼上作了一篇著名的演讲。在这次演讲前两周林肯接到邀请后,他在穿衣、刮脸、吃点心时都想着怎样演说,演说稿改了两次,他仍不满意。到了葬礼前一天晚上,还在做最后的修改,然后半夜找到他的同僚高声朗诵。走进会场时,他骑在马上仍把头低到胸前默想着演说词。那位埃弗雷特讲了近两个小时,在将近结束时,林肯不安地掏出旧式眼镜,又一次看他的讲稿。他的演说开始了,一位记者支上三脚架准备拍摄照片,等一切就绪的时候,林肯已走下讲台。这段时间只有两分多钟,而掌声却持续了10分钟。后人给以极高评价的那份演说词,在今天译成中文,也不过500字。

"兵马未动,粮草先行。"准备工作在战争中具有十分重要的作用。演讲如战争,同样也需要做好准备工作。

知识归纳

著名演讲家布克·T.华盛顿认为:"除非一个演讲者在内心深处深深感到有一个信息要表达,否则我就不相信他将演讲。"这说明,演讲首先要有演讲的动机和需要。有了动机、需要,才会促使演讲者认真酝酿、仔细琢磨。这个酝酿、琢磨的过程,就是演讲最初的准备阶段。那么,演讲要做哪些准备呢?

(一)选题立意

一次成功的演讲,离不开一个好的话题。如何选择话题呢?

1. 必须选择自己熟悉的内容

只有熟悉,才能拥有大量的素材,才能具有自己切身的体会,因而也才能谈得真切、讲得深入。相反,如果选择自己不熟悉的内容,则演讲有可能是浮光掠影或者信口开河,以讹传讹或弄虚作假。这不仅有损演讲者的形象,也是对听众的不负责任。

2. 必须考虑听众的兴趣

在演讲前,应了解自己的听众,掌握他们的思想水平、文化程度、职业状况、兴趣爱好等基本情况,抓住他们普遍关心的问题,真正做到有的放矢。对农民朋友谈减轻农民负担,对机关干部论国内外时事政治,对大学生介绍就业形势,就有可能切合他们的口味。如果对中老年人谈追星族,对工人讲解科学种田,谈得再好恐怕也不受欢迎。

立意是指确定自己的立场和观点。

演讲应秉持鲜明的立场，阐述明确的观点，其立场、观点必须符合时代精神，符合历史进步的方向。盘庚演说，力劝迁都，使衰败的国势一度中兴；李大钊高声欢呼"庶民的胜利"，点亮了茫茫黑夜中的共产主义之灯；亨利"不自由，毋宁死"的口号鼓舞着广大民众投入争取自由与解放的斗争。这些演讲的成功，究其原因首先在于其符合社会规律，追求客观真理。相反，"雄辩"有如希特勒者，即便能够得逞一时，也终将为历史所唾弃。

选题立意后，演讲者应给演讲稿定一个恰当的题目。无论是文艺性的题目（如《扬起理想的风帆》《和平鸽在蓝天飞翔》），还是政论性的题目（如《扫荡阿Q主义》《抓住机遇，提高素质》），或是科学性的题目（如《一点与八亿》），都必须文字简洁、观点明确，切忌冗长拖沓、含混不清，或苍白无力、毫无新颖别致可言。

（二）谋篇布局

演讲稿属于论说文范畴。根据演讲稿的内容设计要求，演讲应该将重心放在开头、正文和结尾三个部分。

1. 开场白要引人入胜

开场白指的是演讲开头所说的话。英国有句谚语："良好的开端是成功的一半。"开场成功，能吸引听众的注意力，为全篇演讲定下基调。

下面介绍几种常见的开场白：

（1）直入式开场白。

开门见山，直接从演讲的题目谈起，引出演讲的中心论题。例如，郭沫若的演讲《科学的春天》是这样开头的："亲爱的同志们！我们民族历史上最灿烂的科学的春天到来了。"

（2）名言式开场白。

名言、警句、诗歌、谚语等具有内涵丰富、节奏明快的特点，把它们作为演讲的开头，富有力量，引人深思。例如《团结就是力量》的开场白："俗话说得好：一个篱笆三个桩，一个好汉三个帮。今天我演讲的题目是《团结就是力量》。"

（3）事例式开场白。

以身旁真实的事例作为演讲的开场白，亲切可信，说服力强，易被听众接受。例如王惠平的演讲词《走自己的路》是这样开头的："在日常生活中，我们经常可以听到有人在唉声叹气：'唉，现在是说话难，办事难，做人更难！'难吗？就现实生活来讲，确实有些难。"这样的开头不仅拉近了与听众的距离，更为下文的展开作了铺垫。

（4）原因式开场白。

三言两语介绍演讲的缘由，然后顺水推舟引出正文。这种开头目的明确，使听众对演讲内容有个初步的了解。德西雷·约瑟夫·梅西埃加冕日的布道词就用这种开头："亲爱的兄弟姐妹们：我们早就该在这里集合，庆祝我国独立86周年了。"由此展开，号召人民团结起来，投入抗德斗争。

（5）抒情式开场白。

这种开头能营造一个情感氛围，使听众迅速受到感染，被演讲的内容所吸引。如湖北冬花的《走进历史这条古巷》，其开头极具抒情意味："同学们：走进历史系，你就走进了博大与恢弘，也走进了沉重与孤独。你定是拥着浪漫的梦幻踏着青春的舞步而来的，而千万年的风霜烟尘，千万里的沧海桑田，都积淀在你年轻的肩头。"

（6）设问式开场白。

设问式开头可以制造悬念，促使听众集中注意力，积极思考。如李大钊的《庶民的胜利》，一开始就提出几个问题："我们这几天庆祝战胜，实在是热闹得很。可是战胜的，究竟是哪一个？我们庆祝，究竟是为哪个庆祝？我老老实实讲一句话，这回战胜的，不是联合国的武力，是世界人类的新精神。"

此外还有故事式、说理式、赞美式、新闻式、道具式等多种开场白。不管哪种开场白，都必须能够吸引听众，引出正文，切忌平淡乏味，废话连篇。

2. 正文要跌宕起伏

演讲的正文部分，必须要有明确的中心，并使整个演讲围绕它合乎逻辑地展开。为此，一方面，正文部分要主次分明，层次井然，逻辑性强；另一方面，又要围绕重点，设法形成一个或几个高潮，造成一种波澜起伏的气势。这样既能使听众得到愉悦或享受，又能抓住听众的注意，使他们处于一种"欲罢不能"的良好的听知状态，从而让演讲顺利地进行。

演讲的正文，要做到条理清楚、波澜起伏，关键是要安排好正文的结构。常见的正文结构方式，有以下几种。

（1）并列式。

即把所要演讲的几个主要问题排列起来，一个一个地阐述。可以以时间为序，也可以以空间为序，还可以以问题的逻辑结构顺序为序。这种方式眉目清楚、形式整齐，便于听众理解与记忆。

（2）总分式。

即先总的提出观点或主张，然后分别加以阐述。或者反过来，先分别阐述问题，然后再归纳小结。在总分式结构中，分的部分，往往就是一个并列式结构。这种方式，在集中论述一个问题时，往往具有较强的说服力。

（3）递进式。

即一层深入一层地阐明问题，逐步把道理讲清楚。它可以由表入里、由浅入深，也可以由小及大、由少及多，要求既符合客观事物的发展规律，又符合听众的认识规律。这种方式，往往思维严谨、结构缜密，具有较强的逻辑力量。

（4）对比式。

即运用比较法阐明问题。它可以是正反对比或新旧对比，也可以是时间对比或空间对比，还可以是问题的性质与类型对比等等。这一方式便于突出正面观点或主要问题。

以上方式，最好是综合使用，或以一种方式为主、其他为辅，或总体上使用某一种、局部使用另外几种。

正文的构成，最忌讳平铺直叙。其内容构成无论采用哪种方式，总的原则是，要疏密有致、一张一弛、扣人心弦。

3. 结尾要余音绕梁

明代学者谢榛认为："结局当如撞钟，清音有余。"好的结尾能重新掀起演讲的高潮，极大地鼓舞听众，激起听众行动的愿望，使听众与演讲者产生强烈的共鸣，从而达到演讲的最终目的。常见的结尾方式有：

（1）呼吁式结尾。

如古希腊德摩西尼的《斥腓力演说》是这样结尾的："即使所有民族同意忍受奴役，就在那个时候我们也要为自己而战斗。辞令的灵魂就是行动！行动！再行动！"这种结尾有利于号召听众奋然而起，具有强烈的鼓动色彩。

（2）名言式结尾。

如蒋昌健《性本善》的辩论总结陈词中这样结尾："谈到这里，我不由得想起100多年前生活在柯尼斯堡的一位叫康德的老人说过的一句话：'这个世界唯有两样东西能让我们的心灵感到深深的震撼，一是我们头顶上灿烂的星空，一是我们内心崇高的道德法则。'"以名言警句作为演讲的结尾，内涵丰富，发人深省。

（3）总结式结尾。

如邓小平在《军队要整顿》的讲话中是这样结尾的："希望我们总参谋部所有的干部，本着这样的精神团结起来，把工作做好。"这种结尾犹如画龙点睛，易于突出中心。

（4）展望式结尾。

如韩健在的《在失败面前挺起胸膛》演讲结尾为："我深知，我将来可能败得更惨，但我不怕，因为怕失败的人永远不会成功！"以展望未来结束演讲，使人憧憬，余韵深长。

结尾的方式还有很多，我们应该根据演讲内容的不同来选择。但无论何种方式，结尾切忌拖泥带水、言不由衷、敷衍了事。

有人说，讲究演讲的开头、正文和结尾，就是给"甜头"。演讲家说，你应该这样安排你的"甜头"，即"好的在前，更好的其次，最好的放在最后"。

（三）遣词炼句

演讲的语言具有艺术性，决定了演讲必须讲究遣词炼句。

被誉为英语演讲最高典范的林肯葛底斯堡演说，整篇只有10个句子，演讲时间不到3分钟，通过遣词炼句，其语言达到了完美无瑕的境界。林肯是这样演讲的："这块土地我们不能够奉献，不能够圣化，不能够神化。那些曾在这里战斗过的勇士们，活着的和去世的，已经把这块土地神圣化了，这远不是我们微薄的力量所能增减的。我们今天在这里所说的话，全世界不大会注意，也不会长久地记住，但勇士们在这里所做过的事，全世界都永远不会忘记。"这篇演讲词的语言朴实优美、情理交融、要言不烦，具有演讲口语的鲜明特征。

要使演讲语言富有文采，必须讲究修辞。如张勤在《我从玫瑰色的梦境中醒悟》的演讲中，以一连串的反问开头："朋友，你听到过激越深沉的苗鼓吗？你听到过悠扬悦耳的木叶吗？你听到过土家人欢乐的'咚咚喹'吗？你听到过浩浩莽莽的松涛和叮叮咚咚的山泉吗？那是一曲曲多么美妙的乐章！"连续的发问，吸引着听众陷入沉思，加强了情感交融。如果改为"生活中到处是美妙的乐章"，虽有同样的意思，但效果就大不一样了。

此外，在词语、句子、句群、段落之间也要注意思维与情感的逻辑性，避免颠三倒四、冗长拖沓。

（四）默记诵读

默记是使演讲内容烂熟于心的关键环节。演讲前要理清各部分间的逻辑关系，把握内容重点，提纲挈领，选择记忆。

诵读是在对演讲内容深刻理解的基础上，反复推敲句子的语调、节奏、重音、停顿，使演讲最能体现演讲者的意图，达到抑扬顿挫、掷地有声的效果。

默记诵读时还必须做好演讲的精神准备，充满信心，迎接挑战，培养良好的心理素质。

实训实习

（一）请分别以"珍惜时间"、"奉献青春"、"珍爱生命"、"和平万岁"为主题，收集名人名言、故事、古今中外的人物、典型事例。

（二）请收集有关亲情、爱情、友情的古今诗词各5首并背诵。

知识拓展

《葛底斯堡演说》中英对照

林 肯

Four score and seven years ago our fathers brought forth on this continent, a new nation，conceived in Liberty and dedicated to the proposition that all men are created equal.

Now we are engaged in a great civil war，testing whether that nation or any nation so conceived and so dedicated can long endure. We are met on a great battle-field of that war. We have come to dedicate a portion of that field as a final resting place for those who here gave their lives that that nation might live. It is altogether fitting and proper that we should do this.

But in a larger sense, we can not dedicate, we can not consecrate，we can not hallow this ground. The brave men, living and dead, who struggled here, have consecrated it, far above our poor power to add or detract. The world will little note, nor long remember what we say here, but it can never forget what they did here. It is for us the living rather to be dedicated here to the unfinished work which they who fought here have thus far so nobly advanced.

It is rather for us to be here dedicated to the great task remaining before us——that from these honored dead we take increased devotion to that cause for which they gave the last full measure of devotion——that we here highly resolve that these dead shall not have died in vain, that this nation under God shall have a new birth of freedom, and that government of the people, by the people, for the people, shall not perish from the earth.

〈译文〉

87年前，我们的先辈在这个大陆上创建了一个新的国家。她孕育于自由之中，奉行人人生来平等的信条。

现在我们正进行一场伟大的内战，以考验这个国家，或者任何一个孕育于自由和奉行人人生来平等信条的国家是否能够长久坚持下去。我们相聚在这场战争的一个伟大战场上，我们来到这里把这战场的一部分奉献给那些为国家生存而捐躯的人们，作为他们最后的安息之所。我们这样做是完全适合的、恰当的。

但是，从更高的意义上说，我们是不能奉献，不能圣化，也不能神化这片土地的，因为那些曾经在这里战斗过的人们，活着的和死去的人们，已经圣化了这片土地，他们所做的远非我们的微薄之力所能扬抑。这个世界不大会注意也不会长久记得我们今天在这里所说的话，但是，它永远不会忘记勇士们在这里所做的事。

毋宁说，我们活着的人，应该献身于留在我们面前的伟大任务：从这些光荣的死者身上汲取更多的献身精神，以完成他们精诚所至的事业；我们在此下定最大的决心，以不让死者白白牺牲；让这个国家在上帝的保佑下获得自由的新生；让这个民有、民治、民享的政府与世长存。

任务二　临场应变技巧训练

事例介绍

1991年9月，杨澜主持第九届大众电视金鹰奖颁奖晚会，在报幕退场时，被台阶绊倒在地，面对突如其来的"情况"，杨澜一跃而起，笑容可掬地说："真是人有失足，马有失蹄呀，我刚才的狮子滚绣球的节目滚得还不够熟练吗？看来这次演出的台阶不那么好下哩，但台上的节目很精彩，不信，你瞧他们。"话音刚落，全场观众为她机敏的反应爆出热烈掌声，有的观众还大声喊："广州欢迎你！"显然，这一意外不仅仅没有损坏杨澜的形象，反而让观众领略到她的出色才智。试想，如果此时她一声不响地退场，整个节目和她本人的形象无疑会逊色不少。

同样，演讲中也会出现的一些意外情况，要求演讲者进行及时的机智补救。

知识归纳

临场应变技巧，指演讲者面对意外的阻碍和干扰进行调节、控制所采取的措施。

演讲中可能发生的意外情况很多，这是演讲者很难左右的。演讲者为了使自己的演讲顺利进行，并获得最后的成功，面对变化复杂的客观情势，总要想出许多办法来应付一些客观之变，以使演讲由"山穷水尽"转化为"柳暗花明"，同时也表现出演讲家聪明的才智和丰富的经验。

（一）演讲者临场应变的素质要求

演讲者要想应付错综复杂的客观之变，应具备三方面的本领：

1. 要观察敏锐，反应迅速，判断准确

要有眼观六路，耳听八方，察微见著的本领。训练有素的演讲家，他们一登台演讲，自始至终在观察着听众，注意着听众，哪怕一点微小的变化，一点微小的异样，都逃脱不了他们的眼光，他们总是根据这些变化，随时调整自己的演讲，以调动听众的情绪和积极性，达到预期的效果。

2. 要有处变不惊的本领

作为一个成熟的演讲者，在演讲中不管遇到什么突如其来的变化，首先是不惊不慌，要相信一切变化都是可以应付的，一切的难题都是可以解决的。因此，每遇事变，都能沉着、冷静地对待，决不能惊慌失措，乱了方寸，以至酿成大错。当然，一个人要想处变不惊，除了具备丰富的社会经验、丰富的学识而外，还需要有虚怀若谷、从容镇定的良好的气质。只有具备了这样的气质，才能变中求稳，才能变中求策。

3. 要有正确、果断的措施

也就是要有解决问题的本领。从容镇定、处变不惊，决不是坐视事态恶化，任其发展，而是在头脑冷静、从容镇定的前提下，及时采取果断、有效的措施，迅速地扭转不利局面，争取主动权，以使自己的演讲能够正常进行。

总之，在复杂多变的客观情势面前，只有充分调动大脑和视觉、听觉器官的积极性，敏锐地捕捉场上的一切变化，在突发事件和意外情况下，遇乱不慌，沉着冷静地及时采取断然措施加以排除和补救，这样才能变被动为主动，有效地控制住场上形势，使演讲能够进行下去。

(二) 临场应变的技巧

下面列举十种常见异常情况的应变方法：

1. 当听众对象临时发生变化时

当临讲时，发现听众对象变了，就根据变化了的听众适当改变自己的演讲内容。演讲者应当机立断，在主题不变的情况下（有时也需要变），变动自己的材料、语言、甚至结构。最重要的是，一定要适合听众的水平和口味。

2. 自己演讲内容与别人的重复时

在这种情况下，演讲者最好不要硬着头皮按原来的讲稿再讲一遍。可以有两个办法选择：
（1）根据自己的思想、学识和经验。根据演讲会的宗旨和听众的实际情况及需要，立即重新选择主题，并围绕主题迅速组织材料，做一次有别于前面讲的内容的新的演讲。这样才能使听众感兴趣并得到满足。
（2）从准备的讲稿中，选取一部分，引出新意，深化开去，重新组织演讲稿。

3. 当突然发现有领导或专家在场时

演讲者突然发现领导或专家在场，便立即紧张起来。怕讲不好领导不满意，怕讲错了在专家面前丢丑。这种心理变化必定要影响演讲的效果。演讲者首先要有一个震慑全场的气概，坚定地认定自己的看法和主张是正确的，不管谁在场，都要认真地讲下去。要有"我是讲台的主人"的思想。其次，要有勇于坚持真理、修正错误的精神和对听众负责的态度，如果自己讲错了，无论是领导、专家，就是普通听众提出来，也要欣然接受。演讲者应该做到演讲时决不受任何人干扰，演讲后欢迎所有听众的批评指正。这样，就不至于影响自己的演讲。

4. 当听众甚少时

演讲者走进会场，听众的多少，是他的第一感觉，必定会对他产生心理影响。一个对听众负责的演讲者，总是能用理智控制感情。作为演讲者要始终记住是为了宣传真理、影响人、教育人来演讲的，而不是为了人数来演讲的。

5. 当听众兴趣转换时

当你正在演讲一个自己认为非常重要，而又需详细讲述的问题时，突然一个你认为不需要详细讲的小问题，引起了听众的极大兴趣和关注。这时千万不要按原计划讲，否则听众就会不满意，就会不愿意听，影响演讲的效果。应当不回避这样的问题。

6. 众反应冷漠时

在演讲中，或由于时间、环境的原因，或由于演讲内容的原因，或由于演讲方法的原因，演讲引不起听众的兴趣。会场上出现困倦、溜号、交头接耳，甚至开小会的不利局面。演讲者切不可一意孤行地讲下去，而是要根据具体情况，采取应急措施。由于时境的原因，听众困倦了，那就讲一个既富有寓意又紧扣主题的和生动有趣的故事，便可以振奋听众精神，引起听众的兴趣和注意。听众对你讲的某部分根本不感兴趣时，那你必须当机立断，迅速压缩这部分内容；听众的兴趣和精神不集中时，可设置一些悬念，激发听众兴趣，调动听众的情绪。比如提问或提高演讲声音，或突然地短暂停讲，或恰到好处地敲击桌子，或显出十分活跃的神情等，都有助于解决这个问题。

7. 听众哗噪和取闹时

在演讲中，由于某种原因，听众可能发出哗噪或唏嘘声。演讲者要审时度势地扭转这种局面。原因有两种：一是演讲者本人出现差误或态度出现了问题；二是听众出于偏见有意捣乱。第一种，演讲者要本着知错必改的态度，立即改正，平息风波，决不能我行我素酿大错。第二种，演讲者不必惊慌，要照样进行自己的演讲。切不可意气用事，造成与听众的对立情绪。

8. 遇到有观点的对立者时

一个有责任心，并试图通过演讲达到宣传、影响听众的目的的演讲者，讲前总是要认真调查、研究一下听众。看他们是否与自己讲的观点有抵触和反对情绪。如果有，就必须引起警惕。切不可张嘴就和听众矛盾起来。这样，纵然真理在握，由于听众情绪和演讲者对立了，他们也不会听你的。

在与听众的观点、情绪矛盾的情况下，最正确的方法是细雨无声，由浅入深。只有慢慢疏导，方能水到渠成，收到演讲的最佳效果。决不可采取筑坝截流、抽刀断水的做法。

9. 当收到听众的条子时

听众在听讲中，会根据自己的理解向演讲者提出自己不同的看法、要求和各种问题，其方式多是通过写条子的办法。这属于正常现象，是听众认真听讲、肯于思索的表现，演讲者应报以欢迎的态度。见有条子递上来后，最好的处理办法是暂时搁置下来，以便不仅打断演讲的思路和分散听众的注意力。待演讲完后再看纸条，根据听众提的问题实事求是地一一作答。能解答的就解答，不能的要说明，切忌怕丢面子装行家东拉西扯。

10. 当听众鼓掌时

当听众因精彩的演讲报以热烈的掌声时，演讲者要暂停自己的演讲，等到掌声停止或趋于尾声再接着讲下去。另外，在掌声中，演讲者要有正确的态度，要用鞠躬、点头以至眼睛、面部表情道出自己感谢大家鼓励的内心语言。要使自己的言语和举止都表现出谦虚的态度。切忌在掌声中忘乎所以，乃至趾高气扬，得意忘形。倘若如此，演讲者必定在飘飘然中摔"跟头"，失掉了拥护欢迎你的听众。同时，不要显出羞怯、局促的神情，这样容易影响后来的演讲，会使听众大失所望。

演讲中可能出现的情况很多，常难以预料。所以，演讲者应在实践中多总结经验教训，并努力提高自己的综合素质，才有可能"处乱不惊"，灵活处理好突发事件。应变术，从事物发展的主观态势，可分为主观应变和客观应变。

客观应变法从某种意义上讲，应付客观之变要难于应付主观之变。因为演讲者主观方面出现的意外情况，如怯场、忘却等，经过系统训练和丰富演讲实践，是可以逐步克服的，而且可以进行及时的补救。但是演讲会场上出现的一些意外情况，却往往是比较复杂的，是演讲者很难左右的。演讲者为了使自己的演讲顺利进行，并获得最后的成功，面对变化复杂的客观情势，总要想出许多办法来应付一些客观之变，以使演讲由"山穷水尽"转化为"柳暗花明"，同时也表现出演讲家聪明的才智和丰富的经验。

演讲者要想应付这错综复杂的客观之变，应具备三方面的本领。

实训实习

下列材料供作演讲（包括即兴演讲）比赛参考题目。

1. 常言道，人无远虑，必有近忧。人生在世，谁无忧愁？有为芝麻小事而忧，也有为天之忧而忧。大仲马说："人生由无数串小烦恼组成的念珠，达观的人是笑着捻完念珠的。"名人的话对我你有何启迪？

2. 苏格拉底的学生对他说："老师，您的知识这么多，您一定没有烦恼……"苏格拉底说："不，错了，知识是一个圆，烦恼是它的半径，知识愈多，圆愈大，半径就愈大……"你是怎么理解的？有何启迪？

3. 逆境，即人生危机。据说美国前总统尼克松对汉语"危机"一词的构成很赞赏："危机＝危险＋机会。"顺境之中的我们为什么要有危机感？要有怎样的危机感？

4. 高尔基说过："书籍是人类进步的阶梯，"请以《热爱书吧——这是知识的源泉！》为题作演讲。

5. "知足常乐"这是从古到今的训条，在当代是否仍可作为人生座右铭。

6. 爱美是人的天性，你认为你所在的学校最美的是什么？最丑的又是什么？

（1）要观察敏锐，反应迅速，判断准确。要有眼观六路，耳听八方，察微见著的本领。训练有素的演讲家，他们一登台演讲，自始至终在观察着听众，注意着听众，哪怕一点微小的变化，一点微小的异样，都逃脱不了他们的眼光，他们总是根据这些变化，随时调整自己的演讲，以调动听众的情绪和积极性，达到预期的效果。

（2）要有处变不惊的本领。作为一个成熟的演讲者，在演讲中不管遇到什么突如其来的变化，首先是不惊不慌，要相信一切变化都是可以应付的，一切的难题都是可以解决的。因此，每遇事变，都能沉着、冷静地对待，决不能惊慌失措，乱了方寸，以至酿成大错。当然，一个人要想处变不惊，除了具备丰富的社会经验、丰富的学识而外，还需要有虚怀若谷、从容镇定的良好的气质。只有具备了这样的气质，才能变中求稳，才能变中求策。

否则，一旦出现意外，便手足无措、六神无主，自己尚且难以自顾，又怎能想出良策去对付场上的变化呢？因此，可以说虚怀若谷、从容镇定是解决问题的第一步，才能为应变奠定基础，打好基石。所以，虚怀若谷、从容镇定是应变至关重要的前提。

（3）要有正确、果断的措施。也就是要有解决问题的本领。从容镇定、处变不惊，决不是坐视事态恶化，任其发展，而是在头脑冷静、从容镇定的前提下，及时采取果断、有效的措施，迅速地扭转不利局面，争取主动权，以使自己的演讲能够正常进行。

总之，在复杂多变的客观情势面前，只有充分调动大脑和视觉、听觉器官的积极性，敏锐地捕捉场上的一切变化，在突发事件和意外情况下，遇乱不慌，沉着冷静地及时采取断然措施加以排除和补救，这样才能变被动为主动，有效地控制住场上形势，使演讲能够进行下去。

下面列举十种常见异常情况的应变方法：

1. 当听众对象临时发生变化时。当临讲时，发现听众对象变了，就根据变化了的听众适当改变自己的演讲内容。演讲者应当机立断，在主题不变的情况下（有时也需要变），变动自己的材料、语言、甚至结构。最重要的是，一定要适合听众的水平和口味。

2. 自己演讲内容与别人的重复时。在这种情况下，演讲者最好不要硬着头皮按原来的讲稿再讲一遍。可以有两个办法选择：一是根据自己的思想、学识和经验，根据演讲会的宗旨和听众的实际情况及需要，立即重新选择主题，并围绕主题迅速组织材料，做一次有别于前面讲的内容的新的演讲。这样才能使听众感兴趣并得到满足。二是从准备的讲稿中，选取一部分，引出新意，深化开去，重新组织演讲稿。

3. 当突然发现有领导或专家在场时。演讲者突然发现领导或专家在场，便立即紧张起来。怕讲不好领导不满意，怕讲错了在专家面前丢丑。这种心理变化必定要影响演讲的效果。演讲者首先要有一个震慑全场的气概，坚定地认定自己的看法和主张是正确的，不管谁在场，都要认真地讲下去。要有"我是讲台的主人"的思想。其次，要有勇于坚持真理、修正错误的精神和对听众负责的态度，如果自己讲错了，无论是领导、专家，就是普通听众提出来，也要欣然接受。演讲者应该做到演讲时决不受任何人干扰，演讲后欢迎所有听众的批评指正。这样，就不至于影响自己的演讲。

4. 当听众甚少时。演讲者走进会场，听众的多少，是他的第一感觉，必定会对他产生心理影响。一个对听众负责的演讲者，总是能用理智控制感情。作为演讲者要始终记住是为了宣传真理、影响人、教育人来演讲的，而不是为了人数来演讲的。

5. 当听众兴趣转换时。当你正在演讲一个自己认为非常重要，而又需详细讲述的问题时，突然一个你认为不需要详细讲的小问题，引起了听众的极大兴趣和关注。这时千万不要按原计划讲，否则听众就会不满意，就会不愿意听，影响演讲的效果。应当不回避这样的问题。

6. 听众反应冷漠时。在演讲中，或由于时间、环境的原因，或由于演讲内容的原因，或由于演讲方法的原因，演讲引不起听众的兴趣。会场上出现困倦、溜号、交头接耳，甚至开小会的不利局面。演讲者切不可一意孤行地讲下去，而是要根据具体情况，采取应急措施。由于时境的原因，听众困倦了，那就讲一个既富有寓意又紧扣主题的和生动有趣的故事，便可以振奋听众精神，引起听众的兴趣和注意。听众对你讲的某部分根本不感兴趣时，那你必须当机立断，迅速压缩这部分内容；听众的兴趣和精神不集中时，可设置一些悬念，激发听众兴趣，调动听众的情绪。比如提问或提高演讲声音，或突然地短暂停讲，或恰到好处地敲击桌子，或显出十分活跃的神情等，都有助于解决这个问题。

7. 听众哗噪和取闹时。在演讲中，由于某种原因，听众可能发出哗噪或唏嘘声。演讲者要审时度势地扭转这种局面。原因有两种，一是演讲者本人出现差误或态度出现了问题。二是听众出于偏见有意捣乱。第一种，演讲者要本着知错必改的态度，立即改正，平息风波，决不能我行我素酿大错。第二种，演讲者不必惊慌，要照样进行自己的演讲。切不可意气用事，造成与听众的对立情绪。

8. 遇到有观点的对立者时。一个有责任心，并试图通过演讲达到宣传、影响听众的目的的演讲者，讲前总是要认真调查、研究一下听众。看他们是否与自己讲的观点有抵触和反对情绪。如果有，就必须引起警惕。切不可张嘴就和听众矛盾起来。这样，纵然真理在握，由于听众情绪和演讲者对立了，他们也不会听你的。

在与听众的观点、情绪矛盾的情况下，最正确的方法是细雨无声，由浅入深。只有慢慢疏导，方能水到渠成，收到演讲的最佳效果。决不可采取筑坝截流、抽刀断水的做法。

9. 当收到听众的条子时。听众在听讲中，会根据自己的理解向演讲者提出自己不同的看法、要求和各种问题，其方式多是通过写条子的办法。这属于正常现象，是听众认真听讲、肯于思索的表现，演讲者应报以欢迎的态度。见有条子递上来后，最好的处理办法是暂时搁置下来，以便不仅打断演讲的思路和分散听众的注意力。待演讲完后再看纸条，根据听众提的问题实事求是地一一作答。能解答的就解答，不能的要说明，切忌怕丢面子装行家东拉西扯。

10. 当听众鼓掌时。当听众因精彩的演讲报以热烈的掌声时，演讲者要暂停自己的演讲，等到掌声停止或趋于尾声再接着讲下去。另外，在掌声中，演讲者要有正确的态度，要用鞠躬、点头以至眼睛、面部表情道出自己感谢大家鼓励的内心语言。要使自己的言语和举止都表现出谦虚的态度。切忌在掌声中忘乎所以，乃至趾高气扬，得意忘形。倘若如此，演讲者必定在飘飘然中摔"跟头"，失掉了拥护欢迎你的听众。同时，不要显出羞怯、局促的神情，这样容易影响后来的演讲，会使听众大失所望。

知识拓展

演讲基本技巧：失言应变法

演讲者失言通常是在潜意识或情感的作用下，自觉或不自觉地说出来的语言，话一说出口，有时立即意识到此话不当说，有时立即意识不到，需经别人提醒才能反应过来。

演讲者失言通常使用下列应变：

（1）顺水推舟法。

这种方法就是不承认自己是失言而是特意这么说的，而这么说又有道理的。

传说民国时期一个军阀召集手下文僚训话，他把"文墨之士"说成了"文黑之士"，引起台下一片讪笑之声。他身后的秘书小声告诉他"黑字下面有个土念墨，是'文墨之士'"。他支唔了一下说："我不知道你们是'文墨之士'吗？我嫌你们太土了，特意去掉这个土字，你们大家都要当气派的文墨之士。"这个军阀不懂"墨"却通善辞令，一句话把自己的失言解释得正大光明，听起来也恰似言之有理。

（2）将计就计法。

这种方法就是把特殊情况进行特殊处理，而万变不离其宗。一个推销员滔滔不绝地讲述他的铁锅如何结实，质量如何好时，他又举起一只铁锅往地上摔给大家证实，没想到这只铁锅竟被摔破了，他马上接着说："像这样的锅我们一只也不卖。"推销员用不卖破锅的话把这件事遮掩过去了。其意是说他还是要卖给你好锅。

（3）难题转嫁法。

清朝乾隆年间，任侍读学士的纪晓岚是位机智过人的学者，乾隆皇帝想开个玩笑难倒他。一天，乾隆皇帝问纪晓岚："爱卿，忠孝怎么解释？"

纪晓岚答到："回陛下，君要臣死，臣不得不死，为忠；父要子亡，子不得不亡，为孝。"

乾隆皇帝微微一笑，立刻说："我现在以君王的身份命令你去死！"

纪晓岚一听，心中暗暗叫苦，知道落入了乾隆的圈套。他眉头微微一皱，俯首回答道："这……臣领旨！"说罢转身就走。

"你打算怎么去死？"乾隆皇帝叫住他。

"跳河！"纪晓岚头也没回。

"好，你去吧！"纪晓岚走后，乾隆望着他远去的背影，不无得意地在殿前踱着方步，他等着看纪晓岚闹笑话。

过了一会儿，只见纪晓岚耷拉着头从外面走了进来。

乾隆故作不解地问："纪爱卿，你怎么没跳河？是不是把'忠'字丢到了脑后？"

纪晓岚不慌不忙地回答说："我到了河边，正要往下跳，不料从河里走出一个人，我一看，那不是楚国大夫屈原吗？屈大夫从水里向我走来，他拍着我的肩膀说：'晓岚，这就是你的不对了，想当年楚王昏庸无道，将我逼得走投无路，我是以死报国啊！可是如今皇上如此圣明，你这跳河一死，自己捞了个忠臣的名号，岂不是让圣主蒙上了昏君的罪名？'我细细一想，觉得屈大夫的话很有道理，我宁可得个不忠的骂名，也不能让您落个逼死忠臣的罪名啊！现在我只好回来听从您的发落了。"

乾隆听后，笑着说："好个巧舌利嘴的滑头！"

项目八　辩　论

　　夫辩者，将以明是非之分，审治乱之纪，明同异之处，察名实之理，处利害，决嫌疑。

——《战国策》

　　我们在日常生活和社会活动中经常用到辩论，大到国际谈判，小到琐事争辩，辩论是交流思想、交换意见、达成共识的重要手段。

　　辩论中最为推崇的是雄辩。雄，意味着强有力，在辩论中具体表现为卓越的智慧、钢铁的立论、出色的言辩所形成的恢宏整体之势，从而明辨是非，据理制胜。在古代欧亚大陆，那些雄辩家几乎都是名噪一时的思想家，他们的思想火花直接闪现在他们的唇枪舌剑中，几乎不必思考什么战术，一切似乎是信手拈来，自然而然。

　　然而，辩论需要有一定的知识储备、思想修养，还要在技能、技巧方面受到锻炼。本项目为你提供了三个最实用、最独特的任务，帮助你理解和掌握辩论的基本原则，掌握辩论的一般逻辑法则，学会灵活机动地运用各种辩论语言的技巧，学会团队式辩论技巧。

任务一　辩论的逻辑性训练

事例介绍

在一次外交场合，苏联霸权主义者曾说："中国反对缓和世界局势。"周恩来总理驳斥道："你那么想缓和世界局势为什么不做一两件事情，比如从捷克斯洛伐克或蒙古撤退军队，归还日本北方四岛，来证明你的诚意呢？……"

周恩来总理的驳斥，雄辩地作了这样的推理：如果苏联霸权主义者真想缓和世界局势，那么就应该从捷克斯洛伐克或蒙古撤军；如果苏联霸权主义者真想缓和世界局势，那么就应该归还日本北方四岛；既然苏联霸权主义者不肯从捷克斯洛伐克或蒙古撤军，也不肯归还日本北方四岛，可见苏联霸权主义者不是真的想缓和世界局势，而是在制造世界紧张局势。

知识归纳

一、辩论的概念

辩论，也称论辩，是观点对立的双方就同一问题进行争论，以说服或驳倒对方为目的的言语活动。

辩论，就是辩明是非，探求真理。《墨子·小取》对"辩"的作用做了十分精辟的阐述："夫辩者，将以明是非之分，审治乱之纪，明同异之处，察名实之理，处利害，决嫌疑。"

二、论辩的一般逻辑法则

1. 要努力阐述自己观点的正确性

为了生动有力地阐述观点，通常还采用归纳推理、演绎推理、类比推理等阐述方法，并将这些巧妙地结合起来，以发挥阐述的综合效应。

（1）归纳推理法。这是由个别到一般。即从许多个别材料概括出普遍性结论的一种推理方法。

例如，"仓廪实而知礼节"一题的反方辩词："要知礼节就一定要仓廪实吗？一箪食一瓢饮的颜回，周游列国诲人不倦的孔子，不为五斗米向乡里小儿折腰的陶渊明，郁郁不得志的竹林七贤，身居草堂而能惦记'大庇天下寒士'的杜甫，举家食粥的曹雪芹，北大教授马寅初，大西北创业的两弹元勋们……直到今天的那些戍守在祖国边陲的将士们，你能说他们不深明大义、不知礼节吗？但他们'仓廪实'么？"

（2）演绎推理法。这是从一般的公理出发，引申出个别的结论。当论辩者在一般知识指导下，去揭示个别事物的本质或特性时，就需要运用演绎推理法。

例如，在亚洲大专论辩赛中，就"在目前的国际局势下。联合国有无存在的必要？"的辩题，反方复旦大学的二辩说："……第二，我们可以注意到：联合国是缓解国际冲突的必不可少的'缓冲剂'。对方同学对现在的世界有许许多多的忧虑，这一点我们也很同意。但是，我们应该看到，在黎巴嫩、阿富汗，凡是有战火的地方，往往就有联合国的维持和平部队，或者是可见到联合国特使风尘仆仆。这一点，对方同学能够否定吗？就说伊朗吧，那位针插不进，水也泼不进的霍梅尼对于德奎利亚尔先生不也要礼让三分吗？德奎利亚尔先生这两天又要去了，对方同学能否认此行的价值吗？……"

（3）类比推理法。这是由两个或两类对象在一些属性上的相同，推出它们在另外一种属性上也可能相同的推理。使用类比推理，可以有力地支撑中心论点，尤其是当论辩者在对某一问题缺少可靠论证时，应需要用类比推理，来启发思路，触类旁通，以便为揭示事物的本质，找出一个相似的说明方式。

例如，加拿大前任外交官切斯特·朗宁，出生于中国，是喝中国奶妈的奶长大的。在竞选议员的辩论中，反对派抓住他出生于中国这一事实大做文章，指责他说："你是喝中国人的奶长大的，你身上一定有中国的血统。"面对挑衅，朗宁坦然回答："根据权威人士透露，你们是喝牛奶长大的。你们身上一定有牛的血统了？"反对派被驳得面红耳赤，哑口无言。

2. 要犀利反驳对方的阐述并击中要害

反驳的方法一般有批驳论点、批驳论据、批驳论证三种。从根本上讲，一切错误广义都表现为论点错误，而它又为虚伪的论据所支持，错误的论证方法所维系。因此，要驳倒一个错误议论，可直驳论点，也可揭露其论证不实，所依不准，或揭露其违反逻辑。

（1）反驳论点。对方的论点是反驳的最主要对象和根本目标，在反驳中应将重点放在对方的论点上，集中力量给予强有力的批驳。反驳对方的论点可从以下三方面着手。

① 看是否与事实相矛盾。
② 看是否与正确的理论相矛盾。
③ 看是否自相矛盾。

以上三方面是衡量一个观点正确与否的试金石。一个观点只要有一个方面的矛盾，就是错误观点，就可大加攻伐。

例如，复旦队作为反方在辩"人性本善"的题目时，其四辩在结辩中说："……只有认识人性本恶，才能正视历史和现实。回顾历史的时候，我的内心总感到痛苦而颤抖。从希波战争到十字军东征，从希特勒的奥斯维辛集中营到日寇在华北的细菌实验场，真可谓是'色情与贪婪齐飞，野心共暴力一色'。以往的人类历史，可以说是交织着满足人类无限贪欲而展开的狼烟与铁血啊！可见，本恶的人性如果不加以控制的话，将会给这个世界带来什么呢？……"这段话就直接反驳了对方的论点。

（2）反驳论据：错误的论点，总是建筑在虚伪的、片面的论点之上的，或狡辩某些事理，或伪造某些所谓"事实"，或篡改某些权威论断，或曲解法律、典籍的有关规定。因此，揭露对方的说理不真、事例不确、引证有误、所依不当，也是论辩反驳的重要方法。

例如，在陕北行军途中，毛泽东问阎长林："你是新四旅来的，为什么新四旅常打胜仗？"阎长林回答："新四旅中河北人多。"毛泽东驳道："河北名将颜良、文丑不是给山西人关云长杀了吗？"阎长林以"新四旅中河北人多"的论据，来证明"新四旅常打胜仗"的论点，毛泽东用"颜良、文丑是河北人，还是给山西人关云长杀掉了"的事实来反驳，这就驳倒了论据，从而证明了"河北人多"不是新四旅常打胜仗的原因。

驳斥论据是为驳斥论点服务的。但是，驳倒了对方的论据，并不等于驳倒了对方的论点。驳倒论据只是证明对方论据的虚假性，而对方论点正确与否，仍然是要证明的。因此，在否定了对方的论据后，一定要回扣到所驳论点上去。

（3）反驳论证：论证方式是用论据来证明论点时所采用的推理形式。而推理形式有正确与错误之分，因而，论证方式就有是否正确的问题。论辩者只要发现对方的论证方式有错误就可以作为批驳的对象，即提出对方的论证方式不符合逻辑规则，由对方的论据不能必然推导出对方的论点来。论证方式的对错一般没什么可狡辩的，因此，对方很难辩护。

例如，无产阶级革命家王若飞在狱中时，法官审问中诬蔑他"卖国"。其理由是：马克思、列宁都是外国人，一个中国人讲外国人的主义，难道还不是卖国吗？王若飞敏锐地察觉法官犯了"推不出"的错误。于是反驳道："法官先生，你简直可笑得令人齿冷。你竟然无知到这样可怜的程度，真是怪事。对你说话，我得讲一点普通常识。马克思是德国的犹太人，他在德国不能立足，曾在巴黎进行过革命活动。后来又寄居在英国伦敦。他在英国参加工人运动，英国工人很欢迎他。照你的说法，莫非英国工人把自己的国家出卖给马克思吗？列宁根据马克思的真理，在俄国建立布尔什维克党，领导人民推翻了反动的沙皇统治，赶走了德国侵略者。难道列宁赶走了德国人，又把俄国人出卖给德国人吗？先生们，马克思列宁主义是无产阶级的革命真理，哪国需要就在哪国发展，谁也阻止不了！你不懂不要装懂，假装有学问。这样自以为是，自欺欺人，除了给人增加笑料，别无好处。"这里，王若飞通过揭露论敌论据与论点之间没有必然的内在联系，进而驳倒对方的论点。

实训实习

1. 阅读下面的材料，根据要求回答后面的问题。

你看过 2006 年世界杯吗？在 2006 年世界杯上 1/8 决赛意大利对澳大利亚的比赛中，中央电视台解说员黄健翔在解说到最后阶段时出现了"疯吼"现象。在比赛进行到伤停补时阶段时，意大利队获得一个制胜点球而挺进八强。解说员黄健翔因多年解说意大利足球而对意大利足球有了很深厚的感情。由于兴奋过度，黄健翔在解说时用嘶哑的喉咙"疯吼"

着对意大利的赞扬的话而深刻地抨击了澳大利亚足球。对于这一现象，各界人士看法不一。

下面是某校同学展开的一场辩论赛的节选部分。假如你是反方成员，请写出你的辩论词。

正方：我方认为，黄健翔是一个优秀的解说员。解说员不是机器，难免倾注个人的情感，可以理解。在演说比赛的过程中有如此的激情，能够带动全场的气氛，将比赛带入高潮。这正是对足球这一充满激情的体育运动最好的诠释。

反方：_____

2. 信息时代，网络阅读对青少年影响很大。网络阅读究竟是利大于弊（正方），还是弊大于利（反方）？学校准备搞一次辩论会。现在由你担任辩手，请选择其中一方陈述你的观点和理由（字数50个左右）。

我的观点是_____，

其理由是_____。

3. 某班举行以"上网利与弊"为话题的辩论活动，甲方同学的一段辩词是："中学生上网利大于弊。一方面，网络缩小了世界，远在天涯海角的人也可以面对面地交流。另一方面，它还丰富了我们的知识，开阔了我们的视野，足不出户就能知天下事。"

如果你是乙方主辩，你将怎样针对对方的论点和论据进行反驳，表达你方的观点和理由？

观点：_____

反驳：_____

知识拓展

辩论技巧之移花接木

剔除对方论据中存在缺陷的部分，换上于我方有利的观点或材料，往往可以收到"四两拨千斤"的奇效。我们把这一技法喻名为"移花接木"。

例如，在《知难行易》的论辩中曾出现过如下一例：

反方：古人说"蜀道难，难于上青天"，是说蜀道难走，"走"就是"行"嘛！要是行不难，孙行者为什么不叫孙知者？

正方：孙大圣的小名是叫孙行者，可对方辩友知不知道，他的法名叫孙悟空，"悟"是不是"知"？

这是一个非常漂亮的"移花接木"的辩例。反方的例证看似有板有眼，实际上有些牵强附会：以"孙行者为什么不叫孙知者"为驳难，虽然是一种近乎强词夺理的主动，但毕竟在气势上占了上风。正方敏锐地发现了对方论据的片面性，果断地从"孙悟空"这一面着手，以"悟"就是"知"反诘对方，使对方提出关于"孙大圣"的引证成为抱薪救火、

项目八　辩　论

141

惹火烧身。

移花接木的技法在论辩理论中属于强攻，它要求辩手勇于接招，勇于反击，因而它也是一种难度较大、对抗性很高。说服力极强的论辩技巧。诚然，实际临场上雄辩滔滔，风云变幻，不是随时都有"孙行者""孙悟空"这样现成的材料可供使用的，也就是说，更多的"移花接木"。需要辩手对对方当时的观点和我方立场进行精当的归纳或演绎。

比如，在关于"治贫比治愚更重要"的论辩中，正方有这样一段陈词："……对方辩友以迫切性来衡量重要性，那我倒要告诉您，我现在肚子饿得很，十万火急地需要食物来充饥，但我还是要辩下去，因为我意识到论辩比充饥更重要。"话音一落，掌声四起。这时反方从容辩道："对方辩友，我认为'有饭不吃'和'无饭可吃'是两码事……"反方的答辩激起了更热烈的掌声。正方以"有饭不吃"来论证贫困不足以畏惧和治愚的相对重要性，反方立即从己方观点中归纳出"无饭可吃"的旨要，鲜明地比较出了两者本质上的天差地别，有效地扼制了对方偷换概念的倾向。

任务二　辩论语言技巧训练

事例介绍

革命先烈夏明翰同敌人的论辩：

1928年年初，夏明翰同志因叛徒出卖被捕，在刑堂上，敌人满脸杀气地问：

"你姓什么？"

"我姓冬。"

"胡说！你明明姓夏为什么说姓冬？"

"你们把黑说成白，把天说成地，把杀人说成慈悲，把卖国说成爱国。我姓夏，自然姓冬了。"

"多少岁？"

"共产党万岁！"

"籍贯？"

"革命者四海为家，我们的籍贯是全世界。"

夏明翰的论辩是有力而迅速的。

知识归纳

所谓"唇枪舌战"，即是对辩论语言最形象的比喻。辩论语言不仅承载着丰富的内容，同时也体现了高超的艺术。一个优秀的辩手不仅需要具有丰厚的文化知识积累和敏锐的逻辑思维能力，同时也需要具有高超的语言表达技巧，能够灵活运用各种语用策略进行辩论，使己方处于有利状态。

（一）避实就虚

论战时，有时需要单刀直入，有时又要巧于迂回，避实就虚，闪开对方所期待的进攻路线和目标，从看似无关的话题入手，使其打消戒备心理，再引入原先准备提出的问题。

降清的明朝叛臣洪承畴，在南京时，曾审问抗击清军的夏完淳，企图诱使夏完淳归降。

洪承畴向夏完淳允诺："你小小年纪误受叛徒蒙骗，只要归顺大清，我保你前程无量！"

夏完淳对洪承畴的降清致使大明迅速灭亡恨之入骨，有意要讥讽他一番，便假装不认得洪承畴，故意高声回答说："你才是个叛徒！我是大明忠臣，怎说我反叛？我常听人说起我大明朝'忠臣'洪承畴先生在关外与敌人血战而亡，名传天下。我虽年幼，说到杀身报国，还不甘心落在他的后面呢！"

洪承畴瞠目结舌，手足无措，督府幕僚们以为他真不认识洪承畴，赶忙悄声告诉夏完淳："上座正是洪大人。"

哪知夏完淳听后故意勃然大怒："胡说，洪大人早已为国捐躯，天下谁人不知？当时天子亲自哭祭他，满朝群臣无不痛哭流涕。不要欺我年幼无知，上座这个无耻的叛徒是什么东西！竟敢冒名来玷污洪大人的在天之灵！"

夏完淳指着洪承畴骂了个痛快淋漓，使得高高在上的"总督大人"——洪承畴羞愧难当而又无话可说。

（二）以柔克刚

以柔克刚就像中国功夫中的太极一样，可以"杀人于无形"，看似温柔缠绵，实则绵里藏针，能给对手致命一击。

据说，有一位商人见到诗人海涅（海涅是犹太人），对他说："我最近去了塔希提岛，你知道在岛上最能引起我注意的是什么？"

海涅说："你说吧，是什么？"

商人说："那个岛上呀，既没有犹太人，也没有驴子！"

海涅笑着答道："这个好办，我们俩一块去，就可以弥补这个缺陷！"

（三）小中见大

论辩中运用"小中见大"要注意选准突破口。从军事的角度来看，"突破口"是集中兵力于敌人最要害、最敏感而又是最易于击破的一点。论辩上的"突破口"也具有类似的属性。它应是关联着全局、最容易着力突破的"一点"，也是最敏感、最准确，牵一发而动"全身"的"一点"。

在一场辩题为"对外开放方是否带来了走私贩私"的辩论赛中，一方坚定地认为：

"走私贩私,是对外开放带来的必然结果!"

另一方对此进行了严厉批驳:

"如果你的说法能够成立的话,那么我的感冒就是开了窗的缘故。那么为什么开了窗之后,有些人感冒,更多人却身体健康地领略着大好春光呢?这答案只能从自身去找了。同样,改革开放了,其目的就是在于利用当前国际上的有利条件,借西方发达国家的财力、物力之水灌溉我国现代化之花。我们一是主权在握,二是开放有度。问题是国内有些不坚定分子,看见金灿灿的洋钱洋货眼花缭乱,犹如蝇之趋腥,营营追逐,这又能怪谁呢?……"

这就是利用"小中见大",抓住了感冒和开窗这一小事,阐发了走私与对外开放的关系,颇具说服力。

(四) 以虚掩实

我们讲的辩论技巧"以虚掩实",就是指辩论中的以心掩物、以神掩形、以抽象掩具体、以略述掩详述等,是语言含蕴更加丰富、更加深刻,更加有力也更加有效。

唐德宗时,刘玄佐屡建战功成为汴州节度使。玄佐性情豪爽,轻财厚赏,士卒乐为所用。就在他镇守汴州时,有人向他进谗言,说军将翟行恭如何如何。玄佐一听就火了,立即把翟行恭拿下,要杀他。这时,处士郑涉闻讯,马上要求见玄佐。郑涉这个人善于用开玩笑的形式隐藏要说明的问题和事理。他见刘玄左后就说:

"听说翟行恭已依法受刑,请将他的尸首让我看看,行吗?"

刘玄左听了非常奇怪,就问:郑涉是他的什么人,为什么要看尸首。郑涉回答说:

"过去,我曾听人家说,冤死的人面容异常。可是我从来也没有看过,所以想借来看看。"

刘玄佐这才醒悟过来,命人把军将翟行恭放了。

一桩冤案,就在郑涉的一席玩笑话中解决了,神!神在哪里?神在以虚掩实上:以"看其尸首"之虚,掩"为其申冤"之实。

(五) 引蛇出洞

在辩论中,辩手总是不自觉地保持一种戒备状态,只有麻痹对方,松懈其意志,放松其警惕,引"蛇"出"洞",然后"出其不意,攻其不备"。当"蛇"出洞后,我们就可以手到擒来了。

鬼谷子教授庞涓、孙膑兵法。一天,他坐在山洞里,问两位弟子道:"你们谁有本事骗我走出洞外?"庞涓抢先一步,连哄带吓,甚至扬言要放火烧洞,但不管庞涓怎么施法,鬼谷子就是不出来。这时孙膑走上前,承认自己愚笨,说自己无论如何也是无法将老师骗出洞外,不过,他接着说:"如果老师在洞外,我倒有办法骗老师走进洞来。"鬼谷子当然不信,起身就朝洞外走去,哪知他的脚刚一踏出洞外,孙膑便拍掌叫道:"老师,我这不是把您请出洞外了吗?"

（六）请君入瓮

在辩论中，请君入瓮特指诱使对方辩手自掘陷阱、自投罗网。对方中计后，常常有苦难言，无力回天。

来俊臣遵武则天之命去惩办酷吏周兴，便请周兴喝酒，假意向他请教审讯办法。周兴不知是计，醉醺醺地说："这有何难，只要把犯人装进坛子里，放在炭火上一烧，便什么都招供了。"来俊臣依计烧好炭火，放上一口大坛子，然后脸色一变，厉声说："周兴，请你老兄入瓮吧！"

（七）环环相扣

组队辩论，要做到多路进攻、环环相扣，队员之间配合默契，也就是思想高度集中，不仅要能够发现和抓住对方的有关全局的重大疏漏之处，而且要对本对同伴的一些带有暗示性的回答或反问能够立刻领悟，连续跟上，以便集中全力突破对方的防线。

（八）诡辩

诡辩是一种以非为是，以是为非，是非无度的辩术。然而，在辩论过程中，为了摆脱困境，避免难堪，同样不失为巧辩的一种，用得巧妙，还能生出奇趣。例如，张作霖本是草莽出身，胸无点墨。一次出席名人雅宴，日本浪人蓄意让他出丑，请他即席赏字画。他当即挥毫写下一个"虚"字，并得意洋洋地落款："张作霖手黑"（亦即亲手写的）旁边的随从悄声对他说："你写的'墨'字少了一个'土'，'手墨'成了'手黑'。"他一看，愣住了，改也不是，不改也不是，于是故意呵斥随从："我还不晓得这个'墨'字下面有个'土'？这是日本人求我的东西，这叫寸土不让！"话音刚落，满堂喝彩，从此留下一段佳话。

实训实习

请就下面的情景展开反驳。

1. 某同学洗手之后，没关水龙头，受到管理员的批评，他不仅不转身关水龙头，反而说："'流水不腐'嘛，难道连这个问题都不懂吗？"

反驳：_____。

2. 某小姐和热恋中的男朋友在商场购物，专挑高档商品，站在旁边的另一个朋友过意不去了，对她悄声说："这样做，你不觉得太过分吗？"不料她反而大声说："'生命诚可贵，爱情价更高'，当然要用高价才能换来爱情嘛。"

反驳：_____。

3. 课堂上，某同学突然离座朝教室外面走去，老师见状问："干什么去？"这个同学边走边说："上厕所！"老师无奈地摇头叹息："哎，是大——学——生呃！"不料台下冒出一句："怎么啦，大学生就不上厕所啊！"

反驳：_____。

知识拓展

辩论技巧之诡辩术

诡辩作为一门特殊的语言艺术，它属于辩论的学科，但又超脱于辩论学中对理性乃至真理的界定。诡辩艺术的内涵在于灵巧性和实用性。它包括了人的思辨、智谋、语言、心理、幽默等方面的综合能力，使其恰到好处地为某一观点服务。诡辩的最大功用在于锋芒毕露地揭示对方论点的矛盾和漏洞，以掩蔽自己观点立场的理由不足。

（1）"飞毛腿"追不上乌龟。

在古希腊神话中，有一个名叫阿基里斯的人，他是个"飞毛腿"，走起路来像飞一样快。但古希腊哲学家芝诺认为，尽管阿基里斯行走如飞，却永远追不上一只爬行得很慢的乌龟。芝诺是这样论证的：

先让乌龟爬行一段路，然后阿基里斯从后面追。当阿基里斯达到乌龟先行那段路的终点时，乌龟又向前爬行了一段路；当阿基里斯再次追到乌龟走的这段路的终点时，乌龟又前进了一段路。依此类推，以至无穷。所以，乌龟始终在阿基里斯的前面，就是说，阿基里斯永远追不上乌龟。

芝诺的论证似是而非。这里有一个要害问题被故意隐藏起来，即阿基里斯与乌龟行走的速度是不一样的。我们假设前者的速度是后者速度的10倍，例如前者每小时走10000米（10公里），后者每小时走1000米（1公里）；又假设让乌龟先行1小时，即先行1000米，然后阿基里斯再追赶。仍然前进100米。这时阿基里斯已经把乌龟抛在后面800米了。如果精确地在于避而不讲阿基里斯和乌龟在同一时间各自行走的距离是多少。在论证中有意地避开要害问题，对具体的问题抽象地谈，是一种诡辩伎俩。

（2）飞矢不动。

同一个芝诺，又提出一个著名的"飞矢不动"的命题。芝诺认为，飞着的箭从现象上看是飞的、动的，从本质上看是静止不动的。他论证道：

一支处于静止状态的箭只能占据与它本身的长度相等的空间，而在它开始移动后的任一瞬间也还是占据着同样大的一个空间。因此，飞箭不过是这种无数静止状态的总和，对箭本身来说，实际没有飞动，即飞箭是不动的。芝诺并由此作出进一步概括：运动是不存在的。

在唯物辩证法看来，运动本身就是矛盾，是间断性与连续性这两个矛盾方面的对立统一，没有二者的对立统一，也就没有运动。芝诺的失误之处就在于只看到了间断性，丢掉了连续性，从而得出否认运动的错误结论。按照芝诺把飞箭看做是无数静止状态的总和的观点，就不能回答飞箭为什么会从一种静止状态到另一种静止状态。实际上在飞箭运行过程中的任何一瞬间，飞箭自身都是连续性与间断性、动与静的对立统一。静是相对的，动是绝对的（可以把相对静止理解为一种特殊的动），没有相对的静也就无所谓动，但从总体上看,飞箭是在动。芝诺把连续性与间断性或者说把动与静的对立统一割裂开来,对立起来,用后者去否认前者,并把后者绝对化,否认间断性中包含连续性,否认静中有动,从而陷入了形而上学诡辩论,把一支明明在飞着的箭,强词夺理地说成是不动的。

任务三　团队式辩论技巧训练

事例介绍

首届国际大专辩论赛决赛辩词

辩题：人性本善（正方）VS 人性本恶（反方）

正方：台湾大学队（吴淑燕、蔡仲达、许金龙、王信国）

反方：复旦大学队（姜丰、季翔、严嘉、蒋昌建）

主席：黎学平

时间：1993 年 8 月 29 日下午

主席：观众朋友,欢迎光临 1993 年国际大专辩论会大决赛。……今晚的辩题是人性本善,反方的立场是人性本恶。双方的立场是由抽签决定的。现在我宣布 1993 年国际大专辩论会大决赛正式开始。首先将由正方一辩吴淑燕同学表明立场和发言,时间为三分钟（掌声）。

吴淑燕：大家好！哲学家康德主张,人不分聪明才智、贫富美丑都具有理性。孟子认为人性本善,所以进一步又加了一句,每个人都有恻隐之心。而佛家说,一心迷是真身,一心觉则是佛。正因为人性本善,所以人随时随地都可以放下屠刀、立地成佛。我方主张人性本善,就是主张人性的根源点是善的,有善端才会有善行。我方不否认在人类社会中存在有恶行,但是恶行的产生则是由外在环境所造成,所以恶是结果而不是原因。如果硬要说恶是因不是果,也就是说人性本恶,那么人世间根本不能产生真正的道德。虽然英国哲学家霍布斯极力主张在人性本恶的前提下人类可以形成道德。但是想想看,如果人性本恶,人类一切道德规范都是作为人类最大的利己手段。当道德成为手段时,道德还是道德吗？也就是说,人一旦违犯道德而不会受到处罚,人就不会遵守道德的约束了。深夜两点我走在道路上看到红灯,如果人性本恶我就会闯过去,因为不过是为了个人方便。但事实上并不是如此,仍然有许多人遵守交通规则。而根据人性本恶的前提假设,霍布斯认为必须有一个绝对的、无所不在的权威监督每个人履行道德规约。如果人性本恶,没有一个人会心甘情愿地遵守道德规约,但是事实证明：人还是有善行、人还是有道德、还是有利他的行为。如果人性本恶,（时间警示）那么我们只有两种选择：第一个是活在一个"老大哥"无时无刻不监督我们的世界当中；第二个是我们人类社会将是彼此不再相信。如果这样的话,我就会看到一个老太太跌倒了有人把她扶起来,人们则说他居心不良；而我们在辩论会中建立起来的友谊都是虚假的装腔作势。但是我们会发现,在人类历史社会当中,没有一个绝对权威的君主曾经产生过,但是舍己为人的事情在不断地发生。而在生活当中,为善不为人知的生徒小民更是比比皆是。泰丽莎修女的善行,大乘佛教中所说的"众生永远不得渡,则己终身不作佛"的慈悲宏愿,难道不正是人性本善的最佳引证吗?(时间到)谢谢!(掌声)

主席:谢谢吴淑燕同学,接下来请反方第一位代表姜丰同学表明立场和发言,时间也是三分钟。(掌声)

姜丰:谢谢主席,大家好!我先要指出一点的是,康德并不是一个性善论者。康德也说过这样一句话:"恶折磨我们的人,时而是因为人的本性,时而是因为人的残忍的自私性。"对方不要断章取义。另外对方所讲到的种种善行,那完全是后天的,又怎么能够说明我们命题当中的"本"呢?神话归神话,现实归现实。对方同学请你们摘下玫瑰色的眼镜看看这个现实的世界,就在你陈词的这三分钟当中,这个世界又发生了多少战争、暴力、抢劫、强奸。如果人性真是善的话,那么这些罪恶行为到底从何而来呢?对方为什么在他们的陈辞当中,自始至终对这个问题避而不答呢?我方立场是:人性本恶。

第一,人性是由社会属性和自然属性组成的,自然属性指的就是无节制的本能和欲望,这是人的天性,是与生俱来的;而社会属性则是通过社会生活、社会教化所获得的,它是后天属性。我们说人性本恶当然指的是人性本来的、先天的就是恶的。

第二,提到善恶,正如一千个观点会有一千个"哈姆雷特",一千个人心目当中也许会有一千个善恶标准。但是,归根到底恶指的就是本能和欲望的无节制地扩张,而善则是对本能的合理节制。我们说人性本恶正是基于人的自然倾向的无限扩张的趋势。那个曹操不是说过:"宁可我负天下人,不可天下人负我"吗?那个路易十五不是也说过:"在我死后哪怕洪水滔天。"还有一个英国男孩,他为了得到一辆自行车竟然卖掉自己三岁的妹妹。这些对方还能说人性本善吗?

第三,虽然人性本恶,但是我们这个世界并没有在人欲横流中毁灭掉,这是因为人有理性(时间警示)。人性可以通过后天教化加以改造。当人的自然倾向无限向外扩张的时候,如果社会属性按照同一方面推波助澜,那么人性就会更加堕落;相反,如果我们整个社会倡导扬善避恶,那么人性就有可能向善的方向发展,这一点也不正说明了儒家思想所倡导的修齐、治平、内圣、外王是何等重要吗!对方辩友,如果真的是人性本善的话,那么孔老夫子何必还诲人不倦呢?

今天,对方辩友所犯的错误就在于以理想代替现实,以价值评判代替了事实评判。从感情上讲我们同所有善良的人一样也是希望人性是善的。但是历史、现实和理性都告诉我们,人性是恶的!这是一个事实,我们只有正视这个事实,才有可能扬善避恶。(时间到)谢谢各位!(掌声)

主席:谢谢姜丰同学,接下来我们听听正方第二位代表蔡仲达同学的发言,时间三分钟。(掌声)

(略)

知识归纳

（一）团队式辩论赛程序

辩论赛的人员组成及其活动的情况，有下列十个部分：

（1）参赛人员一般是由8个参赛队（每队4人）参与。各参赛队中的4名成员，分为一辩、二辩、三辩、四辩手；亦有分为一辩、二辩、三辩手及自由发言人等，并按此顺序，由辩论场的中央往旁边排列座位。

（2）主持人辩论竞赛活动，要有一名主持人，亦称主席，主持辩论活动。他（她）维护辩论会场的良好秩序，保障辩论活动按照辩论规则有秩序地进行。主持人坐在两个参赛队中间、比参赛人员座位稍后一点的中央位置，便于观察整个辩论会场的情形。

（3）评判人员辩论赛既然是一种竞赛活动，那么，参赛者谁胜谁负，需要有人作出评论和裁判。评判人员必须是具有与辩论内容相关的有专门知识的人员，他们一般由数人组成评委或评判团，其中设一名评委主任或一名执行主席，主持评委或评判团会议进行评判。

（4）公证人正规的辩论赛，一般都有公证人到场，负责对辩论竞赛活动及竞赛结果进行公证，为辩论赛活动及有关人员提供法律认可的证据。有些辩论赛也可以不要公证人。

（5）制定辩论规则通常的辩论规则主要有：第一，有多支参赛队参加的辩论竞赛实行淘汰赛，经过初赛、半决赛、决赛，决定优胜者。第二，要规定正反双方8名辩手发言的次序。一般次序是：正方一辩发言，阐述正方的基本观点，反方一辩发言，阐述反方的基本观点，其中包括反驳正方的观点；正方二辩发言，反方二辩发言；正方三辩或自由发言人发言，反方三辩或自由发言人发言；然后双方自由辩论；最后正反方最后一名辩手作总结陈词。第三，要规定发言时限。一般辩论赛规定的时限是：第一阶段，双方一、二、三辩发言，每人3分钟或4分钟；第二阶段，自由发言，每一方所有成员参加发言的积累时限为6~8分钟；第三阶段双方总结陈词，各4分钟。

（6）确定辩题参加辩论竞赛的双方辩论什么？围绕什么问题来展开辩论？这就要确定辩论题，让参赛双方围绕辩论题，从正反两个方面进行辩论。确定什么样的辩论题，对辩论赛活动影响很大，它决定了辩论内容的范围，还影响着双方辩论能否很好地展开。

（7）确定双方论点辩论题确定之后，需要把参赛双方分为正方和反方，正方持辩题的正面观点，反方持反对的观点，由此产生参赛双方的两种观点及其理论之间的论辩。参赛双方，谁为正方，谁为反方，是由双方抽签决定的。正反方决定之后，再给参赛人员一段时间做准备，辩论竞赛就可以进行。

（8）评判优胜者双方辩论结束后，评判团或者评委暂时离开辩论赛场进行评判，评判出优胜队和优秀辩论员（亦叫最佳辩手）。这期间，主持人可组织赛场听众就辩论的问题发表意见。评判团或者评委评判完毕之后，随即返回赛场，由其中的执行主席或评委主任上台代表评判团或者评委，对双方的辩论情况作出评议，然后将评判出来的优秀辩论员和优胜队名单，交给主持人，由主持人当场宣布。

（9）公证人发表公证意见邀请公证人员参加的辩论赛，在宣布评判结果之后，就由公证人员就辩论竞赛活动及评判结果情况发表公证意见。

（10）颁发证书和奖品。整个辩论赛决赛结束时，要向优胜队和优秀辩论员颁发证书，同时颁奖。

（二）团队式辩论的技巧

团队式辩论不仅有规定时间的交叉发言，还有紧张激烈的自由辩论，双方你来我往，短兵相接，精彩纷呈，具有较强的观赏价值。其辩论的技巧也是千变万化，灵活多样。

1. 破题立论

破题就是对变体进行分析判断，找出题目的关键点和攻击点。立论就是为了证明己方的基本立场，它是反驳的基础和必要的阶梯。辩论中如果没有必要的立论，反驳就会显得强词夺理，苍白无力，而且，辩论中如果自己的立论不稳，自然会被对方攻击得只有招架之功，更谈不上对对方的攻击了。可见，立论的好坏，直接关系到辩论的成败。因此，辩论中要特别注意加强立论的力度。下面简单介绍几种立论战术：

（1）逻辑严密，框架严整。

立论中，运用严密的逻辑思维，构建严密无懈的理论框架，从而使自己的立论坚实。严谨，无任何漏洞可寻，这是使辩论获胜的关键。

如"万家乐杯"电视辩论大赛上，北京大学队与国际关系学院队的辩论题目是："我国现阶段应该鼓励私人购买轿车。"这一题目的关键是"轿车""鼓励"和"我国现阶段"这三个词。如何找准这三者之间的逻辑关系，从而形成一条强有力的立论思路，这是能否构建严密的攻防体系的关键。最后，作为正方的北大队根据其内在的逻辑联系推导出了这样的思路：现阶段发展轿车工业是我国工业发展的主导方向之一。由于轿车工业"三高一快"的特点，轿车工业被证明是经济起飞最有力的助推器，轿车的质量和产量也是衡量一个国家发展水平高低的标志。我国也不例外。要想促进工业发展，必须发展轿车工业。其次，轿车工业要发展，关键在市场。如何扩大轿车市场，最便捷的办法是使轿车"飞入寻常百姓家"。所以，轿车工业同鼓励私人购买就存在着必然的联系。在此基础上，他们再依据其必然的逻辑联系充分论证了"鼓励购买"的现实可能性和必要性，并充分考虑了对方立论中可能会提出的问题（即我国的公路交通的拥挤情况，轿车的私人消费是否会是一种奢华的超前消费倾向），并对此一一作了周密合理的论述准备。由于北大队在立论中充分运用严密的逻辑思维来确立自己的论证体系，确保了该体系的严整周密，所以他们的立论在实践中既立得起，又防得住，收到了较好的效果。

（2）出其不意，"破"中求"立"。

辩论，说到底是一种知识、智谋的较量，辩论的一方在立论时如能充分运用自己的知识和智谋，在透彻地分析辩题的基础上，突破对方立论的防线，巧妙地提出一个全新的概念，给对手一个"措手不及"，这样便能大大削弱对方的攻击力。

如94届长虹杯全国大学生辩论赛南京大学队迎战吉林大学队，吉大学队作为正方的立场是：大学毕业生择业的首要标准是发挥个人专长。南大队作为反方其立论思路有很多，比如可以说"首要的标准是社会需要"，也可说"是收入丰厚""是兴趣"等等，但所有这些都是因为太平常而可能落入吉大学队事先准备好的猛烈进攻中。你说"社会需要"，他讲择业是主观行为，"发挥个人专长"正是更好地满足"社会需要"，你说"收入丰厚"，他说：对方辩友在养育自己的祖国最需要的时候，以一己私利为先，向人民讨价还价，多么让人痛心和失望！如此，南大队将难以招架。最后，南大队经过缜密的思考，提出了一个极其大胆的观念：大学生择业复杂多样，没有也不应该有一个统一的首要标准！并指出，没有证明大学生择业应当有一个统一的首要标准，就去强调这个首要标准是"发挥个人专长"，这无异于在流沙上盖楼。此语一出，举座皆惊。由于南大队的观点从根本上动摇了对方精心设计的立论，吉大学队毫无准备，顿时乱了阵脚，以致在规范性发言中几乎未对此进行反驳。南大队在以前所未有的创新勇气击破对方的同时，又进一步明确了自己的立论：大学生应以个人的自我完善和推动社会进步为择业方向。如此一来，南大队便很快占据了场上的主动，收到了十分明显的场上的效果。

（3）另辟蹊径，李代桃僵。

当辩论中碰到一些在逻辑上或理论上都比较难辩的辩题时，在立论过程中就不得不采用"李代桃僵"的办法，引入新的概念来化解困难。

比如"艾滋病是医学问题，不是社会问题"这一辩题就是很难辩的，因为艾滋病既是医学问题，又是社会问题。从常识上看，是很难把这两个问题截然分开的。复旦大学在处理这个问题时，首先做了以下设想：如果让他们去辩正方的话，他们就会引入"社会影响"这一新概念，从而肯定艾滋病有一定的"社会影响"，但不是"社会问题"，并严格地确定"社会影响"的含义。这样，对方就很难攻进来。后来在辩论时他们却抽到了反方的签，要阐述"艾滋病是社会问题。不是医学问题"，在这种情况下，如果完全否认艾滋病是医学问题，也会于理太悖，因此，他们在辩论中引入了"医学途径"这一概念，强调要用"社会系统工程"的方法去解决艾滋病，而在这一工程中，"医学途径"则是必要的部分之一。这样一来，他们的周旋余地就大了，对方得花很大气力纠缠在他们提出的概念上，其攻击力就大大地弱化了。"李代桃僵"这一战术的意义就在于引入一个新概念与对方周旋，从而确保己方立论中的某些关键概念隐在后面，不直接受到对方的攻击。

（4）少下定义，多做描述。

在立论（辩护）中，我们时常会遇到一个无法回避的事实，即给概念下定义。可以说，下定义是明确我们的基本观点，澄清我们的基本立场的主要方法。但要特别注意的是，如果我们在辩论中热衷于给每一个概念都下明确的定义，很可能因此给对方提供许多意想不到的炮弹。而且，把辩题和概念交代得太清楚了，辩论中也就没有了回旋的余地。

比如"温饱"这个概念，如果把它定义为一种状态："在这种状态下，社会的大部分人都无衣食之困。"那么对方马上就可以追问："你的社会概念的内涵是什么？它指一个团体。一个民族，还是一个国家？"也可以问："你的'大部分人'的含义是什么？是人口60%、70%还是80%？"对这些问题，如果你继续回答，就又可能会暴露出许多新问题，从而完全陷入被动应对的局面。

辩论中的立论是一个灵活多变的过程，在这一过程中可以运用的战术也是灵活多样的，上面列举的只不过是实践中几种最重要的也最常用的故术，还有很多的好的战术还需要我们在实践中去不断地积累、总结，这样，才能保证我们在辩论赛中取得较好的成绩。

2. 攻防转换

辩论赛的精彩就在于双方各为其主，针对对方观点进行猛烈攻击，同时力求巩固本方观点。在这种攻防的不断转换中，往往碰撞出精彩的智慧火花，令人拍案叫绝，赏心悦目，这也正是辩论赛美学价值之所在。

（1）攻击技巧。

攻击，即在辩论中主动进攻，主动发问。这在每个辩论队都是不可无的。然而，攻击能不能有效，又是由多方面因素决定的。首先要明确攻击的目标。

我方攻击的目的可归为以下几类：

① 为了置对方于死地；用于我方处于强势的时候。

② 为了扰乱对方阵线；常态目的。

③ 为了消耗时间；用于我方处于弱势的时候。

④ 为了争取评委与观众；这种类型的目的应该说是极为功利性的，一般我们都不提倡，尤其是作为个人打辩论赛的目的的话则更要避免！只有在特定情况下可以以其为目标。

攻击的技巧，主要有以下几种：

① 直言诘问：针对某一明显错误可采用直言诘问，逼对方作答，不能回避。

② 连环提问：也就是常说的"连环套"，用这种提问方式的辩手要求要有很高的素质和应变能力，因为即使场下讨论的再周密，假如对方在场上不按预先设定的范围作答就不能达到问题应有的攻击性，由此也可见，要使用这种问法，场下充分讨论也是很重要的。

③ 重复提问：就是当我方抓住了对方一个较大的漏洞或抓住其要害，而对方以回避应对时，可以用同样的语句一而再，再而三的提问，目的是将评委观众的注意力牵引到这个荒谬之处上来，但当我们达到这个目的以后就应该转移阵地，开辟新的战场，而不要继续在此问题上纠缠了，然而究竟到哪里才算是充分暴露完全应该抽身呢？这就需要队内场上的相互配合并由队内的一位核心人物来控制。

④ 答而后问：在回答对方发问后，立即向对方提出问题，意在摆脱被动，争取主动。

以上几种发问方式如结合恰当，可以形成强大火力，攻势，威力。但正如上述复旦大学的例子，辩论讲求配合，努力形成进攻合力，也可以达到环环相扣，层层进逼的效果。

至于碰到了敌强我弱的情况，可以采用后发制人的方法，先守后攻，看准了再打，着力发现和捕捉对方立论的漏洞，论据中的不实之处，或者在对方肆意进攻时捕捉其言词中对己方有利的内容，达到为我所用的效果，甚至是转换话题，转变角度，从而促使战局转换。

⑤ 诱敌就范：当本方已经发现对方的谎言或破绽，可以不急于戳穿，故意设问诱其重申肯定，然后再予以揭露，使其有口难改。

（2）防守技巧。

辩论中不仅要有进攻的准备，还要有防守的准备。只会进攻不一定能够取胜，只会防守当然就更容易陷入被动了。该防守就防守，该进攻就进攻，能攻能守的队伍才能游刃有余。防守中，应该注意的技巧有以下几个方面：

① 主动性防御：这时本方是有计划的实施防御战术，目的是确立强化观点，为进攻积蓄力量。因此应答的时候最重要要做到的是应答完满，包括不违背逻辑法则，慎用常理，防止语失。

如果运用得好的话，可以把防御作战与设置陷阱结合起来。比如，南京大学代表队与香港大学辩"儒家思想是否是亚洲'四小龙'取得经济快速增长的主要推动因素"时，南大队有意将韩国和香港地区摆在一起，先抛出韩国政府奉行政府干预经济的政策，问这符合那一条儒家思想？正方答"体现了儒家重视国家、官府主导作用的思想"，反方马上追问香港地区采取自由放任的经济政策，问正方对此有作何解释，对方就陷入困境了。

在防御作战中，要注意不能总是消极地应答对方的问题，让对方牵着鼻子走。有效的办法是依托自己的防线，少立多驳，答后必问，对对方展开短促突击，一方面可以使对方心理紧张，自乱阵脚，另一方面使对方疲于奔命，答复反驳，而无力攻击我方。

最后在主动防御战术中要注意的就是不要恋战。如果明知对方不利，资料事实上不如对方，最好就是抓一把就走，可以积小胜为大胜。

② 仓促防御战术。由于本方难免会在战略谋划上失算，或在战术动作上失误，导致失利，在论敌的强大压力下，就不得不采取退守行动。有以下几种方法：

巩固底线。底线就是本方的立论，底线不保，整个理论体系就会崩溃。此时心理上不能过分紧张，斗志不能垮，不管出现多么恶劣的情形，都不能在底线问题上动摇退让。要反复从不同角度说明本方观点和事实，又不使人有重复之感，这样就有利于稳住阵脚，等待或创造时机了。

化解攻势。事先场下讨论的时候就针对辩题准备几张"万能卡"。其内容往往是一些不争的事实，或是难以解释的矛盾，不管抹在任何一个部位都难以挑剔，这样就可以得到暂时喘息的机会，转危为安。

3. 结辩陈词

一场辩论赛，特别是在双方实力相当时，一份出色的结辩陈词往往能奠定最后的胜利。

一般情况下，结辩陈词应该直入主题，将自己方的观点概括阐述，最好再加上幽默的方式。同时，总结比赛中敌我双方的表现也是很重要的。概括来说，目的就是要为自己方打圆场，然后让对方下不了台。

结辩陈词的结构：

（1）阐述观点（事先定稿）。

这个部分，主要是重申己方观点与定义。注意的是，总结时不用太深入，但要求尽量全面。语气上最好采用与前面的发言部分不同的方式。

即使是事先准备的部分，也要根据赛况酌情更改，要是牛头不对马嘴，让人不知所云，便会被认为稿子也是抄来的了。

（2）解围部分。

辩论是即时性的战斗，自然容易出现漏洞，如果自由辩论或之前陈述观点环节中被对方问得哑口无言，在总结陈词中可以加以补救，因为这时已经没人有机会反驳你了。所以，即使补救的水平低了点，也是可以的。

（3）拆对方台。

这一部分主要是在比赛中得出，但是也可以实现准备些套路，让对方对号入座。例如：

对方反复对××避而不谈，屡屡逃避我方问题，是不是对方自认理亏呢？

对方将××概念偷换成××了，没有把握住本场比赛的重心。

对方对我方某问题的回答极为牵强，试问……

对方以偏概全，用××例子来论证读书是唯一出路，实在是盲人摸象，一叶障目，没有看到还有……

实训实习

组织一场辩论赛，题目：

正方：大学生就业难，是因为就业的机会太少；

反方：大学生就业难，是因为自身的素质不高。

知识拓展

辩论技巧之破解两难

辩论中难免会碰到一些选择疑问句，对方逼着问你"是A还是B？"不管是A是B对本方都是不利的，这就是所谓的两难境地。

对这类问题有两种回答的方法：

① （既不是A，也不是B）是C

② 既是A，又是B

例:"艾滋病是医学问题,还是社会问题"一题

反方:……对方同学认为是病就是医学问题,那么我请问,相思病是看内科还是看外科啊?

正方:相思病也要看心理医生……

这就是第一类回答,有一定难度,但效果甚佳。

例:"抓住老鼠的猫才是好猫"一题

正方:如果一只猫长得可爱,但是不会抓老鼠,而另外一只猫长得很丑,却是抓老鼠能手,对方同学你会挑哪一只呢?

反方:两只我都要,一只用来观赏,一只用来抓老鼠……

这是第二类回答,让对方无法攻到实处。

项目九　求　　职

　　求职过程可以划分为三大步骤：求职申请→笔试→面试。面试过程是招聘者与应聘者双方面对面地观察和交谈的过程，也是一个双方相互沟通和相互了解的过程。应聘者在面试中通过对招聘者言行细致的观察与判断，了解招聘者的真正目的，巧妙运用语言技巧，发挥口才，能够大大提高求职成功率。

　　应聘者面试能否成功取决于两个方面：一是应聘者的口才，二是面试考官。面试考官无法选择，但应聘者可以通过口才训练提高自身的语言表达能力。

　　本项目下共有两项任务，第一个任务是自我介绍训练，第二个任务是答问技巧训练。

任务一　自我介绍训练

事例介绍

〈事例一〉

一家电视台正在招聘编辑和记者，一位二十六七岁的姑娘进入面试室，进门、落座、挺身、发言显得生气勃勃。"先生，您好！很高兴能来参加贵台的招聘考试，请允许我作一个简短的自我介绍。我叫××，毕业于一所名不见经传的师范院校，是学中文的，在某中学任教。我并非不喜爱当教师，只是我更喜欢投身于电视事业。"她的动作紧凑、敏捷，自我介绍落落大方，赢得了招聘者的好评。

〈事例二〉

一家外贸公司想要招聘一名搞贸易的人才，而且要求会外语。一名应聘者在自我介绍时，除了对自己基本情况进行介绍外，又主动说："我对经济贸易很感兴趣，因为我上高中时，对世界地理的学习特别用功，所以对各个国家的地理概貌、矿产资源都比较了解，我可以用英语介绍美国西部地区的情况。同时，我也可以用日语介绍战后日本经济腾飞的情况。我曾在商业部门学习半年，所以也颇懂一些经商之道。如果你们能认真考虑我的条件，我想我可以胜任此项工作。"这位应聘者恰到好处的自我介绍，使在场的3名面试官连连点头，一致同意聘用他。

良好的开端是成功的一半。心理学著名的"首因效应"告诉我们，对某人形成印象时，首先注意到的属性要比后来注意到的属性影响大。即第一印象会在对方脑海中成型并影响以后的评价。自我介绍是正式面试的开始，有时，一个自我介绍甚至能决定整个面试的成败，因此应对自我介绍做充分的准备。

知识归纳

（一）自我介绍的内容

（1）介绍自己的基本情况。

（2）专业情况，简要介绍所学专业达到一个相应水平，适合应聘职位要求，特别应提供与应聘"职位"相关的信息，如在大学期间发表的论文、参加过的科研课题、获得的奖励等。

（3）特长，主要把自己适合应聘职位的特长和优点做一展示和表达。比如"我认为我在推销方面的能力较强，也有相关的经验和良好的成绩，我非常符合贵公司的岗位要求"，这样可以提醒面试官注意你这方面的优势。

（4）工作经验。

（5）表达愿望，在即将结束自述时，要适时不卑不亢地表达一下自己的愿望，希望用人单位能聘用自己。

（二）自我介绍的内容的注意事项。

注意要详略得当，简明扼要：

（1）自我介绍一定要力求简洁，重点突出。以半分钟左右为佳，通常不要超过1分钟。

（2）应用普通话与考官交流，语速不要太快。

（3）自信、坦诚地展示自我。首先要自信。自信与否，是所有面试者都特别看重的基本素质。在面试的过程中，一定要把自信、乐观的自我展现给面试者，既不可唯唯诺诺、毫无主见，也不可盲目自满、夸夸其谈。有一位应聘者能一字不漏地背完一本名为《机械控制》的书，面试时他在面试官面前炫耀自己的这个能耐。面试官却问了其他书上的问题，他答不上来，结果可想而知。其次要坦诚。可以巧妙地、富有技巧地回答问题，但一定要真诚、坦率，展现一个真实的自我，这对赢得面试者的认可至关重要。

（4）突出个性。泛泛而谈无法打动面试官，只有在自我介绍中突出自己的个性才能给面试官留下深刻的印象。

实训实习

1. 请用10分钟谈谈你自己。
2. 你了解自己的性格特点吗？
3. 你认为自己最大的优点是什么？
4. 你的弱点是什么？准备如何改正？
5. 你的朋友认为你是什么样的人？
6. 你身上有哪些东西让朋友们喜欢？
7. 你的哪些素质会使你走向成功？
8. 你认为自己最适合的工作是什么？
9. 你认为自己是一个很有志气的人吗？
10. 你能预见五年后的自己吗？
11. 如果十分满分，你给自己的社交能力打几分？

知识拓展

招聘者的类型

根据美国求职专家罗勃特·哈弗的分类，可以大致将招聘者划分为四类。

（1）第一类：目标导向型。这类招聘者面谈时直截了当，使面谈充满谈生意的气氛，给人以缺乏人情味的感觉。他所关心的是你的能力，而不在乎你灵活还是呆板。他提的问题简单明了，要求回答时也要简练干脆，对回答问题拖泥带水、不着边际的人感到厌烦。在你的话离题时，他会毫不留情地打断你的话，而使谈话回到主题上。

目标导向型的人很容易被识别，在他的办公室的桌上或墙上，通常看不到什么人物的照片，他们对与主题无关的开场白不感兴趣，对别人的恭维显得不自在。这种类型的招聘者，不会想到要创造一种轻松愉快的面谈气氛，他们只是不停地提问，并希望立即听到答案，他们通常是板着面孔、一本正经的。

对付目标导向型招聘者的最好办法，就是简明扼要地回答问题，直接、清楚、信心十足。最忌讳含糊、犹豫和不精确。回答这类人提出的问题，一定要实事求是，如果能恰当地引用具体资料和提供数据，效果就会更好。在回答问题时插进数据，会明显增加说服力。数据对吸引对方的注意力十分有效。因为目标导向型的人最讲究严谨和准确，他们希望工作人员能随时为他们提供准确的数据。如果你能在谈话中说出他已知道的数据，招聘者会更加满意。

（2）第二类：温馨家庭型。这类招聘者让人觉得他是一位好好先生。他喜欢每个人，也希望每个人都喜欢他。在他办公室的墙上或桌上，你会看到该单位工作人员的照片，单位标志或徽章。他说话显得很客气，会尽量让你放松、感到自然和自在。这种类型的招聘者的录用标准，求职者的能力是其中之一，但更重要的是看你是否好相处。

遇到这类招聘者，一定要强调自己的团结合作精神，谈过去的成绩时，少用"我"而多用"我们"，决不能贬低别人抬高自己。总之，要让对方感到你温馨而友善，是个与他性格类似的人。

（3）第三类：轻松浪漫型。这种类型的招聘者情绪和行为难以预料，做决策时往往很草率，常凭着第一印象来评价求职者。他的办公桌通常很杂乱，总是乱七八糟地堆满文件。他喜欢认真倾听他讲故事的人。

遇到这类招聘者，最好的办法是做个好听众。如果你表现出对他的谈话感兴趣，并且能一唱一和，有来有往，他会对你产生好印象。对待轻松浪漫型招聘者，第一印象很重要，同时专家们指出，如果有多个求职者，你最好不要做第一个被面试的人。

（4）第四类：深思熟虑型。这类招聘者是用理智的和有计划的方式主持面谈，他不仅对求职者的经历、职业、理想感兴趣，而且对求职者的工作方式和方法也很感兴趣。与目标导向型的招聘者不同，他希望求职者回答问题时尽可能地发挥，只要言之有理、能自圆其说就行。他会提出许多诸如信念和人生观等理论性的问题。

总之，招聘者是千差万别的，不同的招聘者考察人的角度和用人的标准也不尽相同。只有当应聘者洞悉对方心理时，才能在面试中处于主动地位。

任务二　答问技巧训练

一、明确答问技巧

事例介绍

〈事例一〉

某位招聘者提问："你在找工作时最看重的是什么？为什么？" 应聘者回答：我希望找到的工作能发挥我的长处，比如……（说出具体技能）。我认为还有一件事情也很重要，那就是我要将个人职业发展与企业目标联系在一起，伴随企业的成长自己可以接受更多挑战，让我超越自己目前的技能水平，实现个人和企业双赢。

〈事例二〉

某位招聘者提问："你喜欢怎样的老板？"有位成功的应聘者是这样回答的："我喜欢那种能力高超，意志坚强，能跟他学到东西，能有机会给我指导，必要时又能给我批评的领导。"

〈事例三〉

有家公司的经理这样问应聘者："在有些国家，为了公司的发展可以在暗中给人好处，你能去做吗？"这一问题的正确回答只有一个："我国法规禁止行贿，我没法这样做。"

〈事例四〉

一位刚从大学毕业的青年人参加面试，经过简短的对话之后，公司总经理问了一个问题："何时的销售可谓之销售？"这为青年人自以为懂得会计理论，凭着自己的专业知识一定会使总经理留下深刻的印象，于是把他所学的知识倾囊而出，大约花了十分钟畅谈了会计与货物销售之间的关系。总经理打断了他的话，说："我只要你说当货物装上船（或车），运往买主手中时，才叫销售。"就这样，这位青年人失去了这份工作。

〈事例五〉

一位求职者希望应聘到一家公司的人事主管职位，去该公司应聘时，一位接待他的小姐笑容可掬地提出了一系列问题，他答得不错，当问他的工作经历时，他答道："我在部队受过严格的训练，复员后在街道居委会工作，担任居委会主任至今。"随后，他又出示党员证件。当小姐提及他是否担任过人事主管工作时，他又重复了其担任居委会主任的管理经验，最后，小姐不失礼貌地告诉他："本公司需要的是人事主管人员，而不是居委会主任，对不起，请您另谋高就。"

〈事例六〉

某公司对求职者进行最后的复试，有位大学生凭着良好的资历和优秀的学业成绩，荣幸地成为几名复试人员中的一员。万万没想到的是，复试主持人在开头的寒暄中却故意当着众人面指着他说:"你救了我的女儿,是我们家的救命恩人,对你录用我们会优先考虑。"这位大学生听后,愣了一下,接着便坚定的回答:"先生,你弄错了吧,我未救过任何人。"主持人听了他的回答,微笑着对他说:"年轻人,你说得很对,是我弄错了。我很欣赏你的诚实,我决定,不是优先,而是你的复试已经通过了。"

从以上事例可以看出,招聘者希望通过提问深入了解应聘者对有关问题的想法,对这类问题,应聘者应立场坚定,给出明确简洁、条理清晰的回答。即运用明确答问技巧进行回答。

知识归纳

(一)明确答问技巧的含义

明确答问技巧是指针对招聘者的提问,一语中的地进行回答,观点明确,言简意赅,逻辑性强的答问技巧。

(二)明确答问技巧的运用要领

1. 听清招聘者的提问,抓住要害,不偏不倚,有的放矢地回答问题

一次面试,招聘者这样提问:上级明知你与同事关系不和,却偏要你与你的同事二人合作开发某一项目,你该怎么办?有面试者即答曰:先放下私怨,以工作为重。应该说回答的也似乎过得去,但却没有抓住要害,因而也就没有"破解"到"点"上。且看:上级明知你与同事关系不和,却偏要你们合作,不仅仅是为了让你们先放下私怨吗。我们知道:天时地利不如人和,人和则事业兴旺,因而许多企业甚至我们的国家都在追求"和谐"。上级的用意就在让你与同事由不和——和——合作,只有这样,企业才更成功,事业才更兴旺 。所以,听清招聘者的提问,抓住要害,有的放矢才能一语中的。因此,回答考官的问题不在乎长篇大论、滔滔而谈,恰在乎简洁明确,一语破的。

2. 紧扣主题,收放有度,切忌海阔天空,泛泛而谈

招聘者通常喜欢这样问:"你为什么觉得自己能够在这个职位上取得成就?"失败的回答为:"我擅长做很多事情。如果我能得到并且决定接受这份工作,我确信自己可以把它做得相当好,因为我过去一直都很成功(列举过去的成功事例)。"尽管表面上听起来这种回答可以接受,但是像"擅长做很多事情"以及"相当好"之类的话,空泛无力。"我过去一直都很成功"云云,夸夸其谈,自以为很了不起,无法做到不卑不亢,收放有度。此外,将过去做过的所有事情同这个职位联系起来,这意味着求职者对这一特定职位没有足够的成就欲望和真正的热情。

成功的回答为:"从我的经历来看,这是我的职业生涯中最适合我的一份工作。几年来,我一直在研究这个领域并且关注贵公司,一直希望能有这样的面试机会。我拥有必备的技

能（简单讲述一个故事来加以说明），我非常适合这一职位，也确实能做好这份工作。"这是一个很有说服力的回答，因为它可以告诉面试人，这个求职者拥有足够的技能和知识来完成这项工作。他所讲的故事表明了求职者的技能，也验证了他最初的陈述。最后，求职者表示了"做好这份工作"的愿望，这证明了他具备对这份工作的热情和进取心。回答紧扣主题，不卑不亢，收放有度。

3. 分析合理，条理清晰，逻辑性强

例如，招聘者问："如果这次的面试失败了，你怎么办？"

很多人在听这个问题时本能反应都是一愣，随即支支吾吾地说不出；或者表示会继续努力不怕挫折再来应聘，以示自己有着坚定信念，争取更多印象分；表示会另寻别家者也有。这些答案都无法展示出应聘者的逻辑分析能力。成功的回答为："如果我没有通过这次面试，我会先从自己身上找原因、分析问题所在——是面试没有表现出自己真实的水平，还是自己有需要丰富的知识。如果是前者，我会争取机会，毕竟水平不差，只是发挥的问题。如果确实是自己有知识方面的硬伤，我又非常认同贵公司。那么尽快弥补欠缺、再来应聘就是我要做的。当然，也有可能就是通过面试，您感觉我并不适合贵公司的文化。这应该是个性方面问题，很难在短时间内有变化，所以估计我会最终失去到贵公司工作的机会。但无论如何我都要感谢您的时间，同时我还会请您指教我在此次面试中的不足或者是需要提高的地方，明白自己的不足加以克服，让自己有所进步，在工作中表现更出色。"这样的回答既正面给出了答案，又让招聘者看到了应聘者较强逻辑思维能力；即可以在短期内解决的和不能在短期内解决的；继而从两个角度提出了方案，即争取后仍可能成功和必定失败的应对方案。

可以采取以下几种方法，使自己的回答有条不紊，逻辑性强。第一种是将要回答的内容首先概述后再分述，在回答结束时再将前面的内容小结或升华一下。第二种是开始时把你要说的话 简明扼要地概括一下，再细细讲解。如某宾馆公开招聘总经理，在面试中有这样一道试题："假如你是总经理，你将怎样开展工作？"参加应聘的人员中得分最高的考生是这样回答的："假如我是总经理，我将抓好一个中心，增加两个效益，注意三个问题，把握四个环节。"然后是"中心"、"效益"、"问题"及"环节"——分述，条理性很好。第三种是首先将要说的内容分成若干个部分，用 "一、二、三"娓娓道来，然后将前面所答内容再简要地概括一下。

实训实习

1. 你为什么要到这里应聘？
2. 你对聘任单位社会价值的理解是什么？
3. 告诉我们你胜任应聘岗位的理由。
4. 如果你应聘成功，最应该做的事情有哪些？

5. 你对"成功"是如何理解的？
6. 你的近期发展目标和长远目标是什么？
7. 你人生事业发展的最终目标是什么？应聘的这个职务与此有何关系？
8. 谈谈你对朋友问题的观点。
9. 你认为什么样的人决不能和他交往？
10. 你认为什么样的人最难相处？

知识拓展

选择好公司还是选择好上司

杰克·韦尔奇

选择好公司还是好上司？很多人在求职时会遇到这个问题如果必须在二者之间进行选择的话，一定要选择在好公司里工作！

如果你在一个好公司里认真工作，公司的领导迟早会发现你的上司不称职，并把他（她）辞掉。这可能需要时间——几个月，甚至是一年或更长时间。如果是这样，你甚至有可能因为在"艰苦"条件下的出色表现而获得提升。毕竟，在职业生涯中，每个人都可能在某个阶段遇到并忍受一些喜怒无常、卑鄙龌龊或毫无能力可言的人。

即使你没有因为过去的"艰苦工作"获得提升，你的境遇也会有所改善公司也许会调来一位好上司，或者你也可以去其他部门寻找新的机会。记住：在一个优秀的公司与一群优秀的人在一起工作的经历非常重要。优秀公司的声誉将为你未来的发展提供一个极有分量的资质证明。

来看看另一种情况。毫无疑问，能有一个优秀的上司是人生中最好的体验之一。优秀的上司能让工作变得轻松有趣、使你更了解工作的意义，他们还能在各方面关心你。优秀的上司可以让你对工作环境产生家的感觉。有时，他们甚至让你感觉好像是找到了一个失散多年的好友，或是获得了父母的赞赏但是"好上司——烂公司"这种情况就像是铺着天鹅绒的棺材。所有的上司最终都会离开——不是被提升、辞退，就是调任到其他部门。有朝一日，这位好上司终究会离开你。实际上，在烂公司任职的好上司更可能离开，因为他们的压力更大——除了正常的工作之外，他们还要"保护"他们的下属不受公司其他问题的影响这一负担或者让他们身心疲惫，或者让他们在公司里深受排挤，或兼而有之不管是哪种情况，一有合适的机会，他们马上就会离开。

换句话说，在一个烂公司里，好上司给你的关照只是暂时的，而你无力改变公司的现状，你将被牢牢地"套"在那里因为，在一个二流企业或者是声誉很差的公司里工作的人，很难找到新的工作。

在某种意义上，这个问题就是让人们在短期和长期之间进行选择。从短期来说，在一个不称职的上司手下工作即使这是一家很优秀的公司,对你来说也很可能是度日如年。但是,从长期来说,这位上司离开之后,至少你有了发展的机会。

当然,在一个优秀的上司手下工作,从短期来看,很可能是轻松惬意的;但从长期来看,这些轻松快乐的,给你留下的只是一个二流的职业资质和美好的回忆。

所以,为了将来的发展考虑,不要让这种回忆影响你的未来。

(注:本文作者曾是美国通用电气公司(GE)的董事长兼首席执行官,被誉为全球"最成功的经理人"。)

主试官疯了

电动机工业大厂的培训部主任梅尔瓦因师傅对学徒工具有敏锐的嗅觉,能在为数众多的应试人当中嗅出他所需要的人。他择优录取的方法简单而迅速有效。反正他总能想出一些新招来选出他所想要的人。

现在正有一批年轻小伙子等在他的门前,他们穿着厂里借给的装配工工装。弗兰茨·贝尔纳,一个十七岁的中学生就站在他们中间,他的父亲在战争中阵亡,他是唯一拿不出介绍信的人。

当他们敲梅尔瓦因先生办公室门的时候,培训部主任正坐在自己的写字台边喝咖啡。小青年们敲了半天门,得不到回音,可他们是被特意派到这儿来的。他们无可奈何,面面相觑,便又贴门倾听。毫无声息!于是弗兰茨·贝尔纳壮起胆子说道:"没准他没听见,我再敲一下试试!"

其他青年耸耸肩头。他敲敲门,屋子里传来一声恼怒的骂声。

"他说什么?"这次弗兰茨也没把握了。"好像是说:进来吧!"另一个人答道。于是弗兰茨按动门把手,门开了一条缝,小青年都站在门框里。

"一群老厚脸皮的东西!我说了不要打扰我,你们没有耳朵?"写字台传来暴跳如雷的吼声。小青年们不由自主地往后退缩了一下。

"怎么不吭气?快说呀!"

弗兰茨往前跨了一步:"是人家派我们来的,请您原谅。我们还以为,您是让我们进来呢。"

"是派你们来的?那你们就没学会等一等?给我滚到外面去等着!你们没看见我在忙?"

门砰地一声关上了。小青年们愤愤地议论着,坐到了一张长椅上。"老不死的!"有人还给梅尔瓦因这样一个雅号。

好半天以后才让他们进去。这时这位凶神已显得有些人情味了。他的提问简短而精当,而回答也得这样。"你们懂得了刚才的教训了吗?"他忽然出其不意地问道。小青年们啜嚅地嘀咕了点什么。

梅尔瓦因:"你们说呀!"

一个人答道:"当然是您做得对!"

梅尔瓦因师傅的面孔深不可测。他严厉地盯住弗兰茨,"你是怎么看的?"

这位青年坚定地答道:"我不这么认为!"

"那你的看法呢?"

"我们不是想打扰您。我们只是没听明白您的话,我们还以为您是叫我们进来呢。"

"您大概是这么想的,对么?"

"是的,我是这么想的。"

"孩子,你要记住这一点:要想,你还是让马去想吧,马的脑袋可比你的大得多!"青年的脸庞一下涨得通红,他的牙齿紧紧咬住下唇。其他的应考者笑了起来,笑声里既有一点讨好的意味,又有一点幸灾乐祸的意味,梅尔瓦因师傅仍然毫不留情地问:"我说得不好?"——"不对,我决不让人禁止我思想!"

"那好,这个问题咱们再谈谈。别的人都可以走了,过后你们会接到通知的。这位'思想家'还要在这里多留一会儿!"

报考学徒工的这些人鞠了一个完美无缺的躬,离去了。他们那放肆的笑声对弗兰茨来说意味深长,对这位经验丰富的培训部主任来说也是再清楚不过的了。

门刚刚从他们身后关上,梅尔瓦因先生就拍拍弗兰茨的肩膀说:"好样儿的,孩子!好好保留着你这种坦诚的态度和刚直不阿的勇气!这对你的一生都会有用的。"

弗兰茨难以置信地盯着这位男子。培训部主任笑道"你被录取了!复活节后就开始来我们这干吧!你永远也别失去自己的勇气!"这时弗兰茨也笑了。

"哦,明白了!"他神采焕发地说道。

二、委婉答问技巧

事例介绍

〈事例一〉(联想面试的片段)

HR:能告诉一下上就是说你在学校的综合排名是处在什么位置吗?

A:嗯,中等。

HR:中等。你怎么看待你的这个——排名结果?

A:我觉得每个人的努力结果都——都是两方面的,第一方面是已经尽力百分之百的力,另一方面可能并不是尽了全力,我觉得像我这个结果,(笑),我尽了百分之八十的力。在这段对话中,招聘者在知道应聘者的排名只处于中等后,问了一个很尴尬的问题:"你怎么看待你的这个——排名结果?"在面对这个问题时,受试人并没有直接回答,而是采取了委婉答问技巧说明自己的成绩并不代表自己的智商和能力,因为自己只尽了百分之八十的力,主试人从此回答中看到受试人是一个非常自信的人。由此可见,在面试过程中,委婉答问技巧可以为应聘者解除尴尬,争取应聘成功。

〈事例二〉

传媒领域的知名人士杨澜就曾经凭借出色的口才，过关斩将，进入中央电视台。当年还是北京外国语学院四年级女生的杨澜，正碰上中央电视台招聘《正大综艺》节目主持人，在应试中，主考官猝不及防地问她："你敢不敢穿'三点式'？"

在对"三点式"争论激烈的那个年代，要一个大四的女生来回答这个问题，无疑是强人所难。而且"你敢不敢穿'三点式'"是一个选择疑问句，一般情况下，答案只有两个，要么肯定，要么否定。无疑，回答"敢"或"不敢"，都未免落套，更体现不出求职者的素质与素养。杨澜面对这个难题，跳出考官们用选择疑问句所设的圈套，婉转答问说："这与社会环境很有关系，如果在外国裸体浴场，'三点式'不见得就显得开放，而在中国，穿'三点式'不符合人们共同的审美价值标准。"杨澜不直接给出答案，大处着眼，举例佐证，婉转地回答了这对当时的女孩子来说，是最敏感、最棘手的难题。

从以上事例可以看出，对于模棱两可、令人进退两难、不便正面回答的问题，可以采取迂回婉转的方式作答。变换一下回答方式或答问的内容以及回答的角度，就可以跳出困境，给招聘者留下良好的印象。

知识归纳

（一）婉转答问技巧的含义

婉转答问技巧是指应聘者面对招聘者所提出的无法正面回答的问题时，通过变换回答方式或答问的内容以及回答的角度，婉转巧妙地答问的技巧。

（二）婉转答问技巧的运用要领

招聘者为了探测应聘者的智慧、性格、应变能力和心理承受能力往往会在面试中设置种种充满刺激性、难以正面回答的问题。面对这类问题，应聘者应冷静沉着，充满自信，运用婉转答问技巧小心巧妙地绕开招聘者所设置的陷阱，展示出自己的优点，给对方留下良好的印象。婉转答问技巧的运用要领表现在：

1. 改变答问的方式

有位求职者在面试时，老板问他：评价一下罗纳尔多和乔丹，看看哪个更厉害。"我觉得他俩都没我厉害！"他很是得意地说。"啊？！"老板一头雾水，"我要跟罗纳尔多打篮球，跟乔丹踢足球，看看到底谁更厉害！"他改变答问方式，没有正面直率地回答老板的难题，巧妙转移话题，避免陷入困境，给出了幽默而且富有哲理的回答，结果他被老板录用了。再如，面试官发问："如果我们接受你，你会干多久呢？"如果回答"从一而终"，显得虚伪；如果回答"试试看吧"，又欠虔诚。有位应聘者机智地答道："没人愿意把一生中最为宝贵而有限的时光花在不停地寻找工作中；也不会有人甘愿把他所喜爱的东西轻易放弃。

就拿这份工作来说，如果它能使我学以致用，更多地发挥我的潜力，而我也能从中获取更多的新知识与技能，并且也能得到相应的回报；那么我没有理由不专心致志地对待我所热爱的工作。"应聘者巧妙改变答问方式，采用假设性的答问方式进行回答，表现得既坦诚又合乎情理，为招聘者所欣赏。再如，招聘者问："你有什么突出的才能？"应聘者答："我在文学创作上很有才气，一年中发表几个中篇是没问题的……"这样的答问方式听起来十分刺耳，如果变为"别人说我在文学创作上很有才气，一年发表几个中篇没有问题，这是大家对我的抬举……"既突出了自身的才能，又不会给招聘者留下自吹自擂的不良印象。

2. 改变答问的角度

例如，在一次招聘现场，总经理说："李小姐，你的各方面素质都不错，只是你已成家有孩子，这一点公司还要考虑一下。"总经理苦笑着心里已准备把她淘汰了。李小姐答："我认为总经理的意见有一定的道理。如果我是总经理，可能也会这样想。"总经理听到这里，有点意外，微微点头。李小姐接着说："公司的任务重，工作忙，谁也不愿意职工拖儿带女，东牵西挂地来上班。"总经理听到这里哈哈大笑，这笑声里体现出心底的秘密被人道破的尴尬。他本想照顾求职者的面子，没想到对方却一展无余，不但没有半点埋怨之意，反而多一分体谅之情。李小姐话锋一转，接着说："但是，我想事情还有另外一面，虽然我的想法不一定对，不过，还是想说出来请总经理指正。因为对公司来说，最重要的是职工有责任心。但是，不当家不知柴米贵，不养儿不知父母恩，在生活中没有经过责任心训练的人，工作能有很强的责任心吗？我想，一个母亲与一位未婚女子对生活、工作责任心的理解是不会相同的，况且，我家里有老人照料家务，我决不会因家庭琐事而影响工作，这一点我想请总经理放心。"听到这里，总经理不禁为之动容，连连微笑额首，当即拍板，决定录用。事情皆有两面性，李小姐改变答问的角度，从而获得求职的成功。再如，新东方的王强老师在美国读完计算机硕士后，得到贝尔实验室的一个面试机会，谈到最后，面试官说："你很棒，可惜没有工作经验……"王强抢过话题反问道："你说的'工作经验'是什么意思？假如校外工作经验是唯一的经验，我也许没有，但校内工作经验，我就太多太多了。校内工作经验难道不算经验吗？"说得贝尔实验室的面试官心服口服，当场给了他这份好工作。

3. 改变答问的内容

例如，有一位求职者在面试中说："我十分愿意为贵公司效力，但如果由于名额有限不能效力帐下，我也不会气馁，我会继续努力。我相信，我如果不能成为您的得力助手，那我一定要成为您强有力的对手。"面试官听后，不由得心中暗暗点头。在这位求职者的话语中，"得力助手"与"强有力的对手"形成了强烈的对比，改变了答问的内容，告诉招聘者如果无法被录用，招聘方不仅失去人才，更可怕的是让人才到了别的公司，增加了竞争对手。再如，招聘者问应聘者："你有什么弱点？"这是要看看应聘者是否坦率诚实，和是否具有良好的心理素质。不要说自己没什么具体的弱点。或者从来没有失败过，从不失败的人是没有的。但也不要走向另一极端，把自己说得满身是疤。要巧妙地改变答问的内容，强调从弱点转化为优点。可以这样回答："有时候人们误认为我比较武断，可现在我已经学会更好地表达了。"有位学生，在大学一年级时曾差点因考试不及格而退学，但毕业后求职面试时他这样告诉面试官："我很快振作起来，我用的一种武器——顽强拼搏，要战胜困难，非顽强拼搏不可啊!后来，我的成绩一直是 A。"他的回答让招聘方很满意。再如，招聘者问："你喜欢出差到外地去推销商品吗？"求职者答："坦率地说，我不喜欢。因为'独在异乡为异客'，那并不是一件惬意的事。但我知道，出差是商业活动中的一个重要部分，也是推销员的主要工作之一。所以我不会在意出差的艰辛，反而会引以为荣。因为我非常喜欢推销工作，我想这一点更重要。"再如，小张容貌较好，性格活泼，有较强的中文打字技能，在校是班干部，有一定的组织活动能力，喜欢旅游事业。有一次到国际旅行社面试，人事部门的经理听了她的介绍说："你愿意在我社担任打字工作吗？"小张巧妙地说："我极愿为贵社服务。我有很熟练的打字技能，一定能出色地完成这项工作。不过，我学的是秘书专业，我还会许多比打字更复杂、对贵社更有用的知识和能力，你只让我打字，对贵社来说，不是太浪费了吗？"小张机智的回答，使人事部经理点头称是，终于把她留在办公室任文秘工作。

实训实习

1. 从简历看，大学期间你没有担任学生干部的经历，这会不会影响你的工作能力？
2. 为什么"三个臭皮匠顶个诸葛亮"而"三个和尚没水吃"？
3. 按要求你八点钟必须准时参加上级机关召开的一个保密会议，但当你匆忙赶到会场时，却因没带有关证件被拒绝进入会场。这种情况下你会怎么办？
4. 你经历太单纯，而我们需要的是社会经验丰富的人。
5. 你性格过于内向，这恐怕与我们的职业不合适。
6. 我们需要名牌院校的毕业生，你并非毕业于名牌院校。
7. 你的专业怎么与所申请的职位不对口？

知识拓展

面试时最为糟糕的话题

文/茉莉

面试本身没什么大不了的。除非你对这份工作渴求已久。你只需记住，面试时要让你看起来显得足够自信，并且讲正确的事，不要说任何错误的话，而这似乎也并不是很难遵守的指导原则，除非你碰到一个摸不着边际的问题。如果你正准备去面试。你需要做到的是说正确的话。尽量不要说以下错误的6句话。

（1）"我讨厌以前的老板。"

你的前任老板可能是一个可恶的人，他的主要"功绩"似乎就是把你的生活变得苦不堪言。请记住，你无须谈及这些事情。一些因过于诚实而说出的一些错误的话，尽管令人钦佩，然而，请你不要再犯这种错误，这些垃圾谈话，是无用而且让人瞧不起的。

（2）"我不了解贵公司。"

面试时，面试官可能会问你了解他们公司什么。如果你说不了解这家公司，面试官将会怀疑你为什么申请这个职位，是否只是为了金钱，而非职业。以今日之技术，你没有任何借口说不了解这家公司，除非你太过于懒惰或谋划能力差劲，而这并不是一位有潜力职员所应当具备的特征。

（3）"不。我没有问题问你们。"

如果你没有问题问面试官的话说明你可能不了解这家公司，这是对公司情况缺乏兴趣的信号。可能面试官会回答一个与职位相关的问题，如果你对这个职位的将来感兴趣的话，你应当思考一些问题来问。在你去面试之前，要很好地调查一番这家公司，了解这家公司的商业模式、发展前景和人员。有了这些信息，可以让你获得一些问题在手中，前提是这些问题不会被你遗忘。

（4）"我多久会得到这份工作？"

当你想要去表明，你已经胜券在握时，你得明白，你不能因此表现得过于自信或显得准备 离开去应聘另一份仍没有确定的工作。其实，有很多机智的方法去提出一些想法，这样你可以向面试官表明，你是一位雄心勃勃的人，看起来形象显得非常高大。比如，你可以让面试官回答一些职业发展规划方面的问题，这样的问法就显得非常不错。

（5）"你在团队中是重要分子吗？"

当你试图与面试官聊一些小的私人话题时，请不要超越这一界限而去聊一些无相关的话题，得避免使话题具有争议或偏离工作太远。这听起来似乎很容易，然而更多的时候，面试候选人常会被问及一些个人嗜好、家庭情况等。企图建立一个融洽的沟通气氛是十分必要的，但谈及这些过多，则会让你感觉不太舒服。

（6）"另外一件让人抱怨的事是……"

在你的博客里，无须保留你激昂的演说。若谈到事情，让你生气的时候，请不要试图去动摇任何人对该事的看法，这将使对方产生厌恶感或态度对你转为恶劣。因为对这件事，他们可能不同意你的观点，关键时刻他们也不会对你以往恶劣的态度施以善心。如果你苦恼，请把它装在内心里，并显示出你的积极乐观，开始抱怨，则会使你可能会立即遭遇拒绝。你喜欢与一位经常抱怨的人一起工作吗？面试官也同样不喜欢。

三、模糊话语答问技巧

事例介绍

〈事例一〉（北京市城市规划设计研究所的面试片段）

HR：你在哪方面上那个有特长？

A：觉得计算机方面还可以——主要是获得了一些相关的证书，获得了微软认证，就是MCICE和MCDVA。

HR：那你是课外自己——

A：对！自己考的。自己上我考了这两个证，然后又学了下英语——主要考了2001年的托福。

HR：考多少分？

A：考的分不高（笑）

由以上对话可以看到，对于英语水平，受试人不想对自己的成绩撒谎，而自己不高的分数对显示自己的能力又是不利的，因此为了避免透露对自己不利的信息，受试人采用了模糊话语答问技巧，没有给予主试人直接的回答。

〈事例二〉

某公司招聘营销部经理，答辩会上主考官问："你和其他竞争者相比，有什么优势和劣势？"一位应聘者说："我想来想去，觉得自己没什么明显劣势。"在一片笑声中他又补充说："缺点在一定条件下也是优点。"结果充满自信的他被录取了。

〈事例三〉

招聘者问："依你现在的水平，恐怕能找到比我们企业更好的公司吧？"成功回答为："不可一概而论。或许我能找到比贵公司更好的企业，但别的企业或许在人才培养方面不如贵公司重视，机会也不如贵公司多；或许我能找到更好的企业，我想，珍惜已有的最为重要。"

从以上事例可以看出，无法做出即时的机敏的回答或任何一种回答都不能让对方满意时，可以借助于模糊答问技巧寻求规避。

知识归纳

（一）模糊答问技巧的含义

模糊答问技巧指应聘者无法做出即时的机敏的回答或任何一种明确回答都不能让对方满意时，给出模糊答案的答问技巧。

（二）模糊答问技巧的运用

一家四星级酒店一次招聘管理人员，求职者蜂拥而至，经过笔试的淘汰，进入面试。在面试中，有一位考官兴致勃发，提了一个既简单又复杂的问题说："假如你在服务时无意中推开房门，看见女客正在冲洗淋浴，她也看见了你，这时你该怎么办？"求职者中不少人为之愕然，一时无法应对，能应对者大体有三种说法，一种说法是："向客人说声'对不起'，就关门退出。"另一种说法是："向客人说声'对不起，小姐'，就关门退出。"只有少数几位说："说声'对不起，先生'，就关门退出。"试官评定时，认为第二种说法为最劣，"小姐"二字虽说准确，且有礼貌，但不合适。因一声"小姐"称呼，反而使对方更加陷入窘境，无异于火上加油，必然酿成一场颇大的酒店风波。一旦传言张扬，话必有变，如果被说成服务人员偷看女顾客洗澡，将严重影响声誉。第三种说法最优，因为先生二字使春光外泄的女客真以为对方在朦胧的水雾中错认了，从而减少惊吓与恼怒，也维护了顾客的体面，做到了得体与机智，表现出一个侍者所应该具有的职业素质和应变能力，从而将服务过程中不应有的严重失误和可能造成的顾客风波淡化于无形。任何一种明确回答都不能让对方满意时，给出模糊答案反而能够破解双方的窘境。

此外，当求职者有辉煌的业绩，在面试答问时也不要全盘托出，用模糊的话语轻描淡写反而能够给招聘者留下好印象。例如，小张曾经得过全国发明奖，他跟面试官没有提出这件事，因为他觉得目前这份工作与他的发明没有什么关系。没想到当谈话进一步深入时，面试官无意中提到这项发明。小张笑笑说："这是我前年搞的。去年和今年又搞了两项。"面试官问："得奖了吗？"小张说："这有什么可值得提的。"小张也许在今年和去年都没得奖，但他用这种模糊语言表现出对得奖的淡漠神情，却赢得了面试官的格外好感。面试官又问："现在这份工作与你搞发明相去甚远，你不觉得遗憾吗？"小张回答："我想，我的兴趣和能力不一定只有发明才表现出来，我喜欢琢磨，喜欢有成就感，因此，相信这份工作也一定会做得很出色的。"面试官十分高兴，录用了小张。如果小张把自己的发明成就大大宣扬一番，面试官也许会说："你更适合搞发明吧？"心里还会想："这人有什么了不起的，别拿什么奖来吓唬我。"应聘者越用过去的业绩来炫耀，面试官就越不买你的账，这就是面试场上的法则。

实训实习

1. 今天参加面试的有近10位候选人，如何证明你是最优秀的？
2. 你对琐碎的工作是喜欢还是讨厌，为什么？
3. 你前去应聘的职位是一家公司的财务经理，面试官突然问你："您作为财务经理，如果我（总经理）要求你1年之内逃税100万元，那你会怎么做？"
4. 你正要从一家公司跳槽去另一家公司。面试官问你："你们的老板是不是很难相处啊，要不然，你为什么跳槽？"
5. 请评价你曾工作过的单位。
6. 几个领导都交给了你限时完成的任务，客观上你难以完成，你会怎么办？
7. 你怎样看待那些工作狂？

8. "将能而君不御者胜",这句话是谁讲的?如何理解?
9. 如果你被录用,在工资待遇方面的要求是什么?
10. 我们感到你各方面素质确实很差,很奇怪你为什么有勇气前来应聘?

知识拓展

奇怪的面试

一家房地产公司向社会公开招聘3位电工技师,月薪3000元,还有不错的福利,结果吸引了不少人前去应聘。

这次招聘没有笔试,只有面试,面试时间只有一天,要求所有应聘者到公司大会议室集中。

上午9点,一位自称是人事部主管的人走上主席台说:"今天参加竞聘的有28人,但我们只能选3名,如果你们对自己的技术没有把握,你们现在可以离场。"

结果有4个应聘者离开了会场。

主持人继续说:"你们有条件要求是,具有技师职称以上。"结果又出去16人,只留下了8人。

主持人看着这8人,说:"你们都是具有技师职称的人才,你们是去还是留由公司副总来决定,你们稍等。"

主持人说完,离开了会场。

这8个人坐在那里,等待着公司副总的出现。突然灯熄灭了,楼阁里有人在说:"又停电了。"

会议室的空调停止了运转,室内闷热起来,这8个人又不能离开会场,只能坐在那儿。

有个电工模样的人走进会场,这儿看看,那儿瞧瞧,又看了看那坐着的8个人。电工把一只工具箱放在地上,又到接线盒地方鼓捣了一会儿,自言自语地说:"怪了。"然后就走出会议室。半小时过去了,电还是没来。

主持人出现了,对这8个人说:"因为停电原因不明,副总上工地检查线路去了,你们明天再来。"

这8个人便站了起来,一起走出了会议室。快走到大门口的时候,主持人追上来说:"你们都没有被录取,明天就别来了。"

这8个人面面相觑,不明所以。主持人叹了一口气:"停电是最后一道考题,作为电工技师,你们竟然干坐着等了半个小时。"

总之,面试时的问答过程实际上是一种言语交际过程,言语交际是一种有意识的社交活动,为了达到预定的交际目的。应该有效地选择和调整言语表达的内容和形式,只有这样,才能在面试过程中取得成功。

项目十 推 销

随着市场经济的发展，我们走进了一个推销时代。媒体上各种商品信息铺天盖地，无时无刻不在刺激我们的感官。运用口才是市场经济中不可缺少的活动，是人类从竞争走向合作的桥梁，是获取最大利润的手段。语言推销是商品推销最简捷、风险率最低、投入最小的一种推销方式。

巧妙地号准客户需求脉搏，掌握客户心理，进而加强沟通，充分运用推销口才技巧，成功地将商品和服务推销给客户，将使你的口才和沟通技巧大有用武之地。

这个项目安排了两个任务，一个是做好推销员，主要内容是推销员具备的口才要求；另一项任务是推销口才技巧训练。

任务一　做一名合格的推销员

事例介绍

小王是一名服装导购员，一次有一位体态肥胖的中年妇女要购买一件上衣，妇女试了几件，看中了一件非常瘦小的红色上衣，征询小王的意见。小王在认真考虑之后，直言不讳地说："这件衣服并不适合您，因为您的体态偏胖，如果您买一件休闲款式的黑色上衣，我想效果会更好！"令人意外的是，这位妇女在听了小王的意见之后，非但没有生气，反而听从了小王的意见，买了一件黑色的休闲上衣，并对小王的服务赞不绝口。

推销的技巧不是仅仅体现在巧舌如簧的嘴皮功夫上，有时候对待顾客态度诚恳也是成功的不二法宝。

知识归纳

（一）推销的内涵

推销的实质是推销主体双方在推销中所形成的销售关系。推销的关键是"相互获益"，推销的重要手段是说服。推销员就是要从双方获益的目标出发，通过直接的对话，说服顾客接受他所推销的产品或服务。虽然形式千差万别，推销活动的基本要素却不外乎推销人员、推销对象和推销产品。其中，推销人员指的是向推销对象主动开展推销的各类推销员；推销对象是接受推销员推销的各类顾客；推销产品则是为推销员所推销，且又能为推销对象所购买的一切商品或劳务。

（二）口才在推销中的作用

推销员应该具有良好的语言表达能力，即好的推销口才，这对于推销来说异常重要，它往往能帮助推销员摆脱困境，将商品销售出去，赢得客源。推销洽谈中你可以"一言而胜"，也可以"一言而败"。所以，每一个渴望有不平凡销售业绩的推销员所要掌握的第一个推销工具就是口才。良好的口才是说服顾客的利器，是赚钱的根本，是把握主动权的保证。

1. 好口才是排除推销障碍的有效保证

就顾客而言，个性特点和购买动机各有不同，同时在购买过程中，还会伴有对产品不放心、猜疑不定等问题，这些都是影响成交的障碍。如果解决不好，常常会让推销员的所有努力付诸东流，而要妥善处理推销过程中这些突如其来的变化，不仅要求推销员有良好的心理素质，能随机应变地解决问题，还有一个非常关键的环节，就是推销员的口才。推销员的语言要随时调整，体现出不同的侧重点。那种不分对象、不分时机、千篇一律的套话、废话，只会让顾客感到厌烦和产生反感。通过有效的语言艺术，推销员可以洞悉顾客的心理活动，了解推销障碍产生的原因，从而正确使用推销技巧，促使顾客达成购买行为。

2. 好口才可以让推销员在推销过程中掌握主动权

作为一个推销者，需要通过你的言语，让顾客顺着你的思想进行思维，只有这样，才能将问题引向对你有利的方面。如果丧失了主动权，推销活动往往会以失败告终。这里面的一个关键就是推销员所应具有好的口才。实践证明，一个好的推销员能够通过自己的口才扭转不利局面，达成推销活动。

3. 好口才可以为你赢得顾客

推销是面对面的交易活动，在整个活动过程中，购销双方需要不断地进行沟通，直至最后成交，这就对语言的表达提出了较高的要求。俗话说："良言一句三冬暖，恶语伤人六月寒。"可见，会不会谈话是会造成不同结果的。

(三) 推销员的要求

推销口才不同于一般情况下天马行空地夸夸其谈，它是集知识性与艺术性于一体的语言行为，它是建立在对知识与信息的掌握的基础之上的。因此，一个推销员需要注意以下几点。

1. 全面掌握所要推销产品的信息

一名合格的推销员，首先要熟悉自己的产品，要对自己所从事的行业知识了如指掌，只有这样才能应对顾客方方面面突如其来的提问，只有这样才能让你在推销的过程中意气风发、情绪高涨，由你对产品性能的了解和对行业知识的掌握所衍生出来的那种自信也会自觉不自觉地感染和影响你的顾客，从而促成他们接受你所推销的产品。相反，如果你对你的产品一无所知或是知之甚少，即便是对你的产品非常感兴趣的顾客，也会由于你的表现，对产品的性能表示怀疑，进而打消购买念头，这对你的推销是极为不利的。

(1) 推销员要对产品的性能和质量有充分的认识。

熟悉产品的性能和技术构成（质量）要求推销员对自己推销的产品的材料、质地、性能数据、规格、操作方式等要有清楚的认识。产品的性能和质量到底如何，能够满足顾客什么样的需要，也是顾客最为关心的问题。

例如：小李是一所不太出名的高职院校计算机专业的毕业生。毕业之后，小李在一家电脑城中做了一名业务员，所谓业务员其实也肩负着推销的职能。小李在学校的时候是一名品学兼优的学生，而且老实憨厚，这些与他做一名推销员看起来格格不入，但小李不这么看，他相信只要自己努力，待人真诚，一切都会变好的。他将自己要推销的电脑配件的品牌、性能、效用等都牢牢地记在了心里，如把主板、内存条、风扇、光驱等不同品牌部件的功能和相互之间的区别都做了详细的笔录。面对前来组装电脑的客户，他能将产品的这些知识倒背如流，同时还将电脑的一些可能出现的其他的小毛病都一一向顾客做了交代，再加上他热情的服务态度，到他这里来配电脑的顾客越来越多，他的业绩也越来越突出，最后被公司提了职，涨了工资。

小李的成功之处在于能将每一个配件的不同品牌列举出来，并将他们之间的优劣做出比较，详细地介绍给顾客，相比之下，这比其他那些巧舌如簧的推销员更能打动顾客。

（2）推销员要了解产品的市场和品牌的影响力。

产品的市场和品牌的影响力对推销的成败有着直接的决定作用。当顾客面对一种不十分熟悉的产品时，尽管你的介绍非常全面和细致，也不能够让他们对你完全信任。这个时候，对产品的市场份额和品牌影响的介绍，会对顾客的购买心理造成强烈的刺激，进而对你所推销的产品产生一种"群体意识"，增加购买概率。

例如：小张是昆仑润滑油厂家的推销员，在一次推销活动中，他面对的是一个非常有经验的青年老板，从事润滑油行业已经有接近十年的时间了。在这种情况下，小张准备从另一个方面入手，成功地实施推销。在向该老板做了全面、细致的介绍之后，该老板对这个品牌的润滑油兴趣不大，将生意交给自己的爱人后借故走开了。小张知道，这意味着这次生意就要吹了，为了尽可能地挽回败局，小张和该老板的妻子谈了起来，因为该老板的爱人应该也是决策者之一："您看过雅典奥运会吗？""当然看过！""那您记不记得有这样一句话：昆仑润滑油，为中国健儿加油！"老板娘恍然大悟："哦，就是这个呀！"小张接着说："在央视2004年雅典奥运会招标现场，昆仑润滑油以3280万元的高价在所有招标广告中最先胜出，夺走了《奥运金牌榜》独家特约播映权，是国内影响力较大的润滑油生产企业，产品信誉好，质量绝对信得过！"老板娘听了忍不住伸出舌头："这么好，回头我和他商量一下，你等我电话吧！"

小张的成功之处在于他，注意宣扬自己产品的品牌力度，同时，适当地运用了推销当中的营销策略。

（3）把握产品的不足。

把握产品的不足，并将它诉之于众，往往更能吸引顾客。推销员在推销一件商品的时候，由于对个人利益和业绩的向往，以及"家丑不可外扬"等传统思想的影响，往往会对自己产品的缺点和不足闭口不谈，甚至是欺骗过关。这样做往往会使顾客对你的产品产生怀疑，"水至清则无鱼"就是这个道理。而将产品的不足清楚地介绍给顾客，更能迎合顾客的购买心理，他们会将你作为一个建议者，而不是一个只会兜售商品的推销员。

例如：北京路是广州最繁华的商业区，其服装生意尤其红火。×时装精品店就是其中的一家。有一天，一位衣着普通的女士来到了服装店，在看遍了所有的服装之后，选定了一件粉色的格子上衣，但还有些犹豫，这时促销小姐走了过来———

促销小姐："您好，您喜欢这件衣服吗？"

女士："是的。"

促销小姐："这件衣服不错，颜色也很适合您，您穿着很漂亮！"

女士："是吗？"

促销小姐："是的，这种衣服卖得很快，这是最后一件了。您还可以看看其他的款式！其他款式也很不错！"

女士："这件不错，我喜欢这件！"

促销小姐（有些为难）："这是最后一件了，是别人试过剩下的。当然这也没什么，不过，这件衣服……"

女士："这件衣服怎么了？"

促销小姐："这件衣服在运输的途中，不小心掉到了地上，被水打湿了，后来我们将它干洗了，虽然看起来和新的没有什么差别，但毕竟不是新的，只是作为一个款式挂在这里，我们也不准备卖，所以，您最好还是看一下别的款式！"

女士："我还是喜欢这件，您要是不说，我也不知道它是二手的。"

促销小姐："那好吧，如果您执意要的话，我就给您打5折吧！"

女士喜滋滋地走了，过了几天她带来了一大群顾客，说这家店铺里的衣服价格信得过，而且讲诚信，所以就把朋友也领到了这里。

（4）推销员要了解产品的价格构成。

产品的价格构成是顾客衡量自己购买行为"有没有必要"和"值不值得"的关键。产品的价格过高或过低，都能让顾客产生购买疑虑，"货比三家"是顾客常有的购买心理。推销员不仅要了解不同类产品的价格，对同类竞争产品的价格构成及其原因也要充分知晓，做到有备无患。

（5）推销员要熟悉产品的售后服务。

在推销过程中，为了使产品交易能最后成功和避免售后的纠纷，对产品的售后服务等相关事宜，推销员一定要交代清楚。准确、清楚地回答顾客对产品售后服务的询问，会使顾客更加放心地购买商品，达到购销双方都能满意的效果。对售后服务，推销员切忌模棱两可地回答。

例如：小A是一家抽油烟机销售公司的促销员，他们厂家生产的L牌抽油烟机在性能上比其他商家的产品也好不到哪里去，但是售后服务却很吸引人，很多顾客就是看到他们的售后服务才动心，最后决定购买的。所以，售后服务是小A进行推销的一个主要内容。

小A走进一家正在进行装修的住户家，一个30多岁的女士接待了他。

女士："你有什么事吗？"

小A："我听说您的家里正在进行装修，想问问您是否要装一台性能好、价格实惠的抽油烟机？"

女士："不瞒你说，我正在想这个问题，不过用哪家的我还没有想好。"

小A："那您对抽油烟机有什么要求吗？"

女士："其实抽油烟机的性能都差不多少，我想选择一款售后服务好的。"

小A："那我就来对了，我是L牌抽油烟机的促销员，我们厂家生产的这种抽油烟机有着很好的售后服务保障。您可以去打听一下，在这个小区就有很多家安装了。"

女士："那你说说你们都能提供哪些售后服务吧。"

小A："首先，我们的保修时间长达一年半，比一般商家的都长，顾客可随时联系我们，我们随叫随到；其次，我们可以为客户在保修期间提供一年两次的免费清洗服务，超过两次，按10元/次进行收费，超过保修时间的，进行收费清洗，收费标准不变；再次，顾客可以参加我们举办的各种形式的抽奖、娱乐活动，终身不变。"

女士："听起来不错，我再考虑一下，你把你的产品介绍和联系方式留给我吧。"

几天后，女士把L牌抽油烟机买回了家。

2. 全面了解顾客和竞争对手

一次成功的推销，相对于推销员来说，往往要经历两次不同条件下的交流和竞争过程。一是和顾客面对面地进行交流，还有就是和不在场的竞争对手的较量。要获得胜利，要求推销员在推销之前要充分地了解他的顾客和竞争对手，尽可能多地获取两者的有效信息。

（1）推销员要善于把握顾客的信息。

推销员要尽可能地多掌握一些顾客的信息，比如他的性格、兴趣爱好，以及他的人生经历和对社会的价值，等等。这些信息的掌握，有利于推销员在推销过程中有针对性地挑选话题，从而引起顾客的兴趣，为成功推销提供可能。

例如：乔治是美国一家保险公司的推销员，一次他去见一名大公司的总裁，准备说服他投保。乔治很认真地对该总裁的资料进行了了解，他通过了解知道：这位总裁是一位视工作效率如生命的人，而且不相信任何保险，他只相信自己；还有就是他几乎拒绝了所有前去进行保险推销的推销员。

乔治经过周密的计划来到了这位总裁的办公室，秘书接待了他，让他稍等一会儿。约5分钟后，一个保险推销员垂头丧气地从总裁办公室走了出来，乔治一看就知道这位同行失败了。在秘书的引领下，乔治来到了总裁办公室。

"尊敬的总裁先生，请相信我和您一样都希望自己的时间不被人浪费。"乔治的话音刚落，总裁先生诧异地抬起了头，饶有兴趣地看着他。

乔治接着说："我只说三句话，一句是：祝您永远健康！还有一句就是希望您能对您的健康负责。"

说到这里，乔治有意识地停顿了一下，看了一下总裁的反应。这时总裁已经完全被乔治调动了兴趣，开始认真地注意起乔治来。

"我要说的第三句话是，如果您愿意为您的健康负责，那么我更愿意为您的健康提供一些保障。"

说完这些，乔治将随身带来的保险协议，以及自己的联系方式留在了总裁办公室，转身退了出来。

乔治总共的推销时间一共是两分钟，其中还包括秘书引见的时间。

几天后，总裁给乔治打来了电话，内容很简单：他愿意对自己的健康负责，同时也愿意为他的所有员工提供一些健康的保障，希望能和乔治详细地谈一下。

经过会谈，乔治为总裁和总裁领导下的所有员工做了保险。

乔治的成功之处就在于，他了解了总裁先生的性格，知道啰嗦的语言不是总裁愿意听和所能接受的，而且每个保险公司的协议内容大同小异，不会有很大的差别，所以他就在前一个保险推销员对协议内容进行了细致的叙述的基础上，简洁地说明了自己的来意，给总裁留下了深刻印象，进而促成了这笔生意。

（2）推销员要充分把握竞争对手的信息。

要做一名优秀的推销员，在大量地掌握了顾客的信息之后，还要对竞争对手的信息有一定的了解，比如竞争对手产品的质量、性能数据及其产品价格等，这些都可以为推销活动的成功创造条件。

实训实习

下面这个案例反映了推销员应该具备怎样的素质？分析张先生成功的原因。

张先生在一所大学的附近经营着一家运动鞋专卖店，在他的周围有很多这样的鞋店，为了让生意好一些，张先生采取了一些促销手段。由于他的货源相对较好，可以以比别人低的价格进货，同时也因为他的消费者主要以学生为主，所以，他将自己鞋的价格定得非常低，有的甚至比别家的低出一百多元。本以为这可以让自己的生意更加红火，但是出人意料的是，到自己这里来买鞋的学生反倒少了许多，这是为什么呢？他后来经过调查发现，同样的鞋子，在别的商场可以卖到 800 元以上，而他这里只卖 700 元，正是因为这样的价格，让学生产生了怀疑，学生的理解很简单，"一分钱一分货"，谁也不愿意花五六百元买一双次品鞋。了解到这些，张先生调整了他的销售思路，他将鞋价在 800 元的基础上下调 10 元左右，这样他的生意很快红火了起来。

知识拓展

《推销员之死》

阿瑟·米勒

1949 年，米勒花了一个半月写出的《推销员之死》，揭露了"美国梦的疵点"，被誉为"美国梦不再"的代表作，其主角"威利·娄门"强烈迷信美国的资本主义，想要出人头地，但最后却因利欲熏心走向灭亡。作品在百老汇首演后获得巨大成功，震惊了美国剧坛，为

33岁的米勒在美国戏剧界奠定了大师的地位,并一举赢得当年美国的三项大奖:"普利策戏剧奖"、"纽约戏剧评论奖"和美国舞台艺术成就最高奖项"托尼戏剧音乐奖"。《纽约时报》称《推销员之死》为20世纪话剧的里程碑。1999年,《推销员之死》再获托尼奖中的"最佳戏剧重演奖",而当时83岁的米勒则捧下了"终身成就奖"。

年逾花甲的推销员威利·洛曼,拎着两只沉重的、装样品的箱子回到家。他极度疲倦,仿佛已经走到了生命的尽头。只有老伴儿林达了解他、体贴他,尽一切努力来维护他的尊严,希望能给他一些生活下去的勇气和信心。然而,这一切似乎都无济于事……壮年时代的威利,一付精明强干的神气,两个儿子比夫和哈皮,是他的骄傲。尽管比夫的学习成绩不及格,也没有引起做父亲的重视,因为,他确认比夫将来完全可以当一名体育明星,然而,事与愿违,大儿子比夫多次离家出走,宁愿去当农业工人,也不愿留在充满竞争与欺诈的大城市里。在沉重的压力下,威利的精神恍惚不定。为了拯救威利,林达呼吁孩子们要怜爱父亲,甚至把威利要自杀的企图告诉了他们。这时,小儿子哈皮想出一个办法!让比夫向朋友借钱,由洛曼兄弟自家独立经营,以期干出一番事业来。这个令人振奋的没想,使全家人抱着新的希望进入了梦乡……为了预祝未来理想的实现,父子们约定在餐馆中聚会。而就在他们见面时,双方带来的都是不幸的消息:比夫没有借到钱,威利也被公司开除了。这使得父子间又发生了激烈的争吵,然而,他们谁也没搞清楚,生活不下去的社会原因。最终,威利还是自杀了……为了死后的保险赔偿给家人带来福利。

任务二　掌握推销口才技巧

事例介绍

波斯登羽绒服的价格比其他羽绒服的价格高出200～300元,波斯登的销售员每天都会遇到顾客问同样的问题。

顾客:"你这里的羽绒服为什么这么贵呀?"

售货员:"我们的品牌不同,波司登在市场上是一个比较有影响的品牌,我们是有质量保证的。"

顾客:"可是去年我买的这个牌子的怎么没有这么贵?"

售货员:"您购买的肯定不是这个款式的,这种款式是新开发出来的,不光是款式有了变化,而且面料也是不沾油污的新材料,另外,采用了纳米杀菌技术,是国内数一数二的'绿色'免检产品。"

顾客:"确实不是这种款式的。"

售货员:"而且我们这种款式的羽绒服里面的鹅绒是经过高温处理的。所以价格较高也是有一定原因的。"

顾客："虽然不错，但价格还是有些过高。"

售货员："价格不同的原因主要有两个，一个是城市的消费水平有差别，而且我们的运费也包含在价格里；还有一个就是羽绒服的款式和材料的差别，这也是羽绒服价格不同的主要原因。"

顾客："你说得有些道理。"

售货员："您如果感觉价格有些高的话，您可以选择这个款式的，这个款式的比较便宜。"

顾客："就买你说的这种吧，应该不会错。"

这里面售货员的推销就有一定技巧，他既培养了商品的品牌在顾客中心中的地位，又能把自己商品的优势凸显出来。先守后攻，成功地促成了交易。

知识归纳

（一）推销语言的基本要求

1. 推销员要慎重选择语言

"会不会说话"是顾客对推销员一个总的评价标准。"我怎么说才能不至于伤害对方的自尊心"，这是推销员要认真思考的问题。语言可以疏通与顾客之间的感情，也能够伤害顾客的心。所以，如何选择适合的语言对推销员来说尤为重要，推销员要做到和任何顾客打交道都有共同的语言。

2. 推销的语言要有针对性

顾客存在个体差异，在购买动机、性格习惯、文化层次、性别、年龄等方面都有所不同。这就要求推销员在推销过程中，要根据不同的顾客使用不同的语言，做到有的放矢、对症下药；同时，还要根据不同的洽谈环境和洽谈气氛，使用不同的语言艺术。只有选择顾客最熟悉、最容易接受的语言，才能说服顾客。

3. 推销语言要体现出逻辑性与情感性

"感人心者莫先乎情"、"通情才能达理"。我们都有过这样的经验，拉近与陌生人之间距离最好的办法就是使用一些有亲情色彩的称谓，体现出语言的情感性。除此之外，在推销的过程中，语言的逻辑性也是推销员必须要考虑的。推销员在推销之前，要做一系列的准备活动，要详细了解顾客的情况，并认真分析和整理，同时还要结合所要推销的商品和所面临的市场形式，尽可能地收集相关信息，只有这样，才能使推销的语言体现出较强的逻辑性，才能使语言艺术成为说服顾客的有效手段。

4. 推销的语言必须客观、真实

以事实为依据，客观、公正地运用语言进行沟通，表情达意，是推销员所要遵循的一条基本原则。购销双方以诚相待，会使整个推销过程极为融洽、和谐。同时，由于你所要追求的是一种长期效益，想要得到一个稳定的客源，真实、客观地介绍自己产品的性能、质量、规格等方面的内容，会为以后的合作打下良好的基础。

（二）推销口才常用技巧

1. 直言

直言是推销者真诚的表现，也是和对方关系密切的标志。只有发自肺腑的话语才能打动别人的心，推销员在推销过程中，直言不讳，说真心话，往往会取得意想不到的好效果。

直言不讳并不意味着粗鲁、不讲礼貌，推销员在与顾客坦诚直言时要注意配合适当的语调、语速和表情、姿态，在拒绝、制止或反对对方的某些要求和行为时，一定要注意诚恳地说明自己的原因和与顾客的利害关系。例如，当顾客提出对你的产品进行长时间的免费试用时，你不便对此作出决定，就索性向对方挑明原因："这件事情不是我能够决定的，望你谅解。"这样，对方一般也就不会强你所难了。

2. 避免争论

避免争论，创造真诚合作的气氛，是推销谈判取得成功的基本前提。在推销过程中，当有可能发生争论的时候，有经验的推销员总是会使用恰当的语言艺术创造一种轻松愉快的气氛，以便消除顾客的排斥心理，达成合作意向。

例如：一位自动办公设备的推销员在到一个大公司进行产品推销时，恰巧碰到另一个办公设备公司的推销员正在不遗余力地向公司老总进行产品推销。"你们的办公设备已经过时了，如果使用我们的设备，一天可以节省几个小时的工作时间。""你不要听信某某公司的推销员，他们全都是骗子，我们的产品才是真正的一流货色。"这位推销员听到这样的话，并没有马上出言反击，而是选择了一张椅子坐了下来，并且拿出纸和笔，将刚才那个推销员的话认真地记了下来。当那个推销员走了之后，他对公司老总说："其实他们公司的产品确实不错！"老板很有兴趣地看着他，问他为什么要将刚才那个推销员的话全都用笔记下来，他说："很简单，我不想以后和他犯一样的错误！"公司老总听了之后哈哈大笑，很愉快地听取了他的产品介绍，并和他达成了购买意向。

3. 委婉

人的认识和情感有时并不完全一致，基于这个原因，有时尽管你的话是正确的，但顾客往往难以接受你的直言不讳。如果你将这些话变得"软"一些，也许对方就能既从理智上、又在情感上愉快地接受你的意见了。例如，推销时把"我认为你这种说法不对"改为"我不认为你这种说法是对的"；把"我觉得这样不好"改为"我并不觉得这样好"，就能把同样的意思表达得不那么咄咄逼人了。

例如：下班的时候，商场经理问其中一个营业员接待了几位客户。当得知这个营业员一天只接待了一位客户时，经理很生气。之后经理继续问，你对这位客户的营业额是多少？营业员说卖了58000美元。经理觉得很奇怪，询问这位营业员究竟是怎么回事。

这个营业员说客户买了一辆汽车，又买了一艘游艇，还买了不少其他东西，一共花了58000美元。刚开始这位客户是来买阿司匹林的，他说他的太太头疼，需要安静地休息。营业员在卖给客户药的同时与客户聊天，得知客户一直很喜欢钓鱼，营业员就不失时机地给他推荐了渔竿。接下来营业员问客户，喜欢在哪儿钓鱼？客户说他家附近的河流、池塘鱼太少，他喜欢到大概开车需要3个多小时的海边去钓鱼。营业员又问客户是喜欢在浅海钓鱼还是喜欢在深海钓鱼。客户说他喜欢在深海钓鱼。营业员又问客户怎么去深海钓鱼，之后建议客户买艘钓鱼船，并向他推荐了商场里卖的钓鱼船。客户买了船后，营业员又问客户，去海边需3个小时的路程，船怎么运过去，他现在的车是否能够把船拉过去。客户后来一想，他现在的车拉不了这艘船，需要一辆大车，聪明的营业员又不失时机地给客户推荐了一辆大卡车，建议客户用这辆大卡车把刚买的钓鱼船拉过去。当然，这个营业员也得到了经理的赏识。

从这个例子可以看出，营业员实际上已经拥有了一个成功的谈判者的核心技能之一，善于抓住时机，了解客户，扩大推销范围。从买几片阿司匹林到购买一辆大卡车，他通过不失时机的问话，唤起了客户的购买潜能。

4. 长话短说

能说善道对于推销员来说是非常必要的，但推销员也不要说话过多，发表长篇"演说"，搞"一言堂"。因为这样很容易引起顾客反感。一名优秀的推销员一定要清楚顾客的购买意图，长话短说，有针对性地进行宣传。

例如：小张想要买一台电视机，本来已经决定了要购买的品牌，到了商场，恰巧碰到这家工厂的销售代表正在进行产品促销介绍，介绍的内容将他吓了一跳：原来，某某模糊式控制是要被淘汰的，某某彩显管有国产和进口之分，某某电压不稳时不能正常使用……总之，言外之意，就他们厂的彩电最好。最后，小张并没有买这家工厂的电视机，而是选择了另一家普通型号的名优品牌。因为，厂家代表过度的介绍让小张心里没了底，他只能挑选一家售后服务好，有保修年限的品牌了。

5. 善说反语

说反语就是将自己心里想说的话用相反的话语表达出来。在推销过程中，正确使用反语往往会取得意想不到的效果。但要注意，在使用反语之前，一定要确定顾客是否已经与您产生了一定的默契，否则将会适得其反。

例如：美国福特汽车公司的一位推销员向一家公司的董事推销福特汽车，之前他已经来过了几趟，每趟都无功而返。这次这家公司的董事坚持说他们的汽车"发动机性能不好"、

"舵轮转动不灵"、"跑起来费油等",表示拒绝购买。推销员惊讶地说:"您对我们的汽车了解得可真够清楚!我作为推销员怎么没有发现这些问题呢?先生,不买汽车不要紧,如果您有时间的话,能否坐上我的汽车跑一圈,将我们公司的汽车存在的问题告诉我,以便我们回去修理改正!"

董事听了推销员的话,不以为然地说:"我说的话是有根据的,试试也好,咱们服从真理。"于是钻进推销员的汽车,脚踏油门,手握方向盘,飞快地跑了起来。他们在院里转了三圈后,又在公路上跑了一会儿。大约过了10分钟,董事才把汽车停下来,笑容满面地说:"这车不错,我买一辆!"

6. 幽默

幽默在推销中起着非常重要的作用,它可以使紧张的气氛变得轻松,使彼此间产生信任。一句得体的幽默语会消除一场误会,一句巧妙的幽默言辞可以胜过许多平淡乏味的攀谈。

例如:一位鼻子很大的推销员到一户人家进行产品推销,这家小孩看到一个陌生人,长着一只很大的鼻子,马上叫出来"大鼻子!"大人和推销员都很不好意思,一段短暂的停顿之后,推销员率先打破了尴尬,他笑呵呵地对小孩说:"你就叫我大鼻子叔叔吧!"大家一笑了之,推销员很快地赢得了这家主人的好感。

(三)推销口才禁忌

1. 忌用嘴而不用脑

推销应以顾客为中心。用顾客的语言和思维顺序来介绍产品、安排说话顺序,不要将自己准备好的话一股脑说下去,要注意顾客的表情,灵活调整。应保持商量的口吻,避免用命令或乞求语气,尽量用以顾客为中心的词句。

2. 忌用嘴而不用耳

要把握"说三分,听七分"的原则,注意倾听顾客的要求,所谓言多必失,推销员应该谨记这一条。

3. 忌用嘴而不用手

推销人员在介绍产品时,应尽量用手进行示范,现场对产品进行操作,把商品的性能、特色、优点直观地展示给消费者。

实训实习

推销不同商品的口才训练。

1. 一对夫妇来到商场,要购买一台洗衣机,他们正犹豫不决,不知购买哪一个品牌。

此时，你作为某品牌的推销人员，如何劝说顾客购买该品牌的洗衣机。

训练说明：双方的立场不得发生转变。推销者必须坚持希望顾客购买商品，顾客则不能轻易答应购买。

2. 某医院要大量采购一批治疗感冒的药品，某药厂将推销的工作交给了你，希望能够达到与该医院合作的目的。

训练说明：可以多分几组，分别模拟几家药厂的营销代表，看看哪组的语言表达最准确、最有说服力，达到最好的效果，即双赢。老师可以假设药品的价格，悄悄告诉双方价格的极限，看看哪个小组获利最大。

3. 一位女士走进一间时装店，对一件新款的高档服装打量了很久却沉默不语。你作为营业员应该怎么说服她购买这件衣服。

训练说明：老师可以准备一件衣服，配合学生的推销，也可以将模拟的双方互换进行训练，体验不同的立场的不同心理，总结技巧方法。

知识拓展

推销员成功推销的12句经典开场白

推销员与准顾客交谈之前，需要适当的开场白。开场白的好坏，几乎可以决定这一次访问的成败，换言之，好的开场，就是推销员成功的一半。推销高手常用以下几种创造性的开场白。

（1）金钱。

几乎所有的人都对钱感兴趣，省钱和赚钱的方法很容易引起客户的兴趣。如：

"张经理，我是来告诉你贵公司节省一半电费的方法。"

"王厂长，我们的机器比你目前的机器速度快、耗电少、更精确，能降低你的生产成本。"

"陈厂长，你愿意每年在毛巾生产上节约5万元吗？"

（2）真诚的赞美。

每个人都喜欢听到好听话，客户也不例外。因此，赞美就成为接近顾客的好方法。

赞美准顾客必须要找出别人可能忽略的特点，而让准顾客知道你的话是真诚的。赞美的话若不真诚，就成为拍马屁，这样效果当然不会好。

赞美比拍马屁难，它要先经过思索，不但要有诚意，而且要选定既定的目标与诚意。

"王总，您这房子真漂亮。"这句话听起来像拍马屁。"王总，您这房子的大厅设计得真别致。"这句话就是赞美了。

下面是两个赞美客户的开场白实例。

"林经理，我听华美服装厂的张总说，跟您做生意最痛快不过了。他夸赞您是一位热心爽快的人。"

"恭喜您啊,李总,我刚在报纸上看到您的消息,祝贺您当选十大杰出企业家。"

(3)利用好奇心。

现代心理学表明,好奇是人类行为的基本动机之一。美国杰克逊州立大学刘安彦教授说:"探索与好奇,似乎是一般人的天性,对于神秘奥妙的事物,往往是大家所熟悉关心的注目对象。"那些顾客不熟悉、不了解、不知道或与众不同的东西,往往会引起人们的注意,推销员可以利用人人皆有的好奇心来引起顾客的注意。

一位推销员对顾客说:"老李,您知道世界上最懒的东西是什么吗?"顾客感到迷惑,但也很好奇。这位推销员继续说,"就是您藏起来不用的钱。它们本来可以购买我们的空调,让您度过一个凉爽的夏天。"

某地毯推销员对顾客说:"每天只花一毛六分钱就可以使您的卧室铺上地毯。"顾客对此感到惊奇,推销员接着讲道:"您卧室12平方米,我厂地毯价格每平方米为24.8元,这样需297.6元。我厂地毯可铺用5年,每年365天,这样平均每天的花费只有一角六分钱。"

推销员制造神秘气氛,引起对方的好奇,然后,在解答疑问时,很技巧地把产品介绍给顾客。

(4)提及有影响的第三人。

告诉顾客,是第三者(顾客的亲友)要你来找他的。这是一种迂回战术,因为每个人都有"不看僧面看佛面"的心理,所以,大多数人对亲友介绍来的推销员都很客气。如:"何先生,您的好友张安平先生要我来找您,他认为您可能对我们的印刷机械感兴趣,因为,这些产品为他的公司带来很多好处与方便。"

打着别人的旗号来推介自己的方法,虽然很管用,但要注意,一定要确有其人其事,绝不可能自己杜撰,要不然,顾客一旦查对起来,就要露出马脚了。

为了取信顾客,若能出示引荐人的名片或介绍信,效果更佳。

(5)举著名的公司或人为例。

人们的购买行为常常受到其他人的影响,推销员若能把握顾客这层心理,好好地利用,一定会收到很好的效果。

"李厂长,××公司的张总采纳了我们的建议后,公司的营业状况大有起色。"

举著名的公司或人为例,可以壮自己的声势,特别是,如果您举的例子,正好是顾客所景仰或性质相同的企业时,效果就更会显著。

(6)提出问题。

推销员直接向顾客提出问题,利用所提的问题来引起顾客的注意和兴趣。如:

"张厂长,您认为影响贵厂产品质量的主要因素是什么?"产品质量自然是厂长最关心的问题之一,推销员这么一问,无疑将引导对方逐步进入面谈。

在运用这一技巧时应注意,推销员所提问题,应是对方最关心的问题,提问必须明确具体,不可言语不清楚、模棱两可,否则,很难引起顾客的注意。

（7）向顾客提供信息。

推销员向顾客提供一些对顾客有帮助的信息，如市场行情、新技术、新产品知识，等，会引起顾客的注意。这就要求推销员能站到顾客的立场上，为顾客着想，尽量阅读报刊，掌握市场动态，充实自己的知识，把自己训练成为自己这一行业的专家。顾客或许对推销员应付了事，可是对专家则是非常尊重的。如你对顾客说："我在某某刊物上看到一项新的技术发明，觉得对贵厂很有用。"

推销员为顾客提供了信息，关心了顾客的利益，也获得了顾客的尊敬与好感。

（8）表演展示。

推销员利用各种戏剧性的动作来展示产品的特点，是最能引起顾客的注意。

一位消防用品推销员见到顾客后，并不急于开口说话，而是从提包里拿出一件防火衣，将其装入一个大纸袋，旋即用火点燃纸袋，等纸袋烧完后，里面的衣服仍完好无损。这一戏剧性的表演，使顾客产生了极大的兴趣。卖高级领带的售货员，光说："这是金钟牌高级领带"，这没什么效果，但是，如果把领带揉成一团，再轻易地拉平，说"这是金钟牌高级领带"，就能给人留下深刻的印象。

（9）利用产品。

推销员利用所推销的产品来引起顾客的注意和兴趣。这种方法的最大特点就是让产品作自我介绍。用产品的魅力来吸引顾客。

河南省一乡镇企业厂长把该厂生产的设计新颖、做工考究的皮鞋放到郑州华联商厦经理办公桌上时，经理不禁眼睛一亮，问："哪产的？多少钱一双？"广州表壳厂的推销员到上海手表三厂去推销，他们准备了一个产品箱，里面放上制作精美、琳琅满目的新产品，进门后不说太多的话，把箱子打开，一下子就吸引住了顾客。

（10）向顾客求教。

推销员利用向顾客请教问题的方法来引起顾客注意。

有些人好为人师，总喜欢指导、教育别人，或显示自己。推销员有意找一些不懂的问题，或懂装不懂地向顾客请教。一般顾客是不会拒绝虚心讨教的推销员的。如："王总，在计算机方面您可是专家。这是我公司研制的新型电脑，请您指导，在设计方面还存在什么问题？"受到这番抬举，对方就会接过电脑资料信手翻翻，一旦被电脑先进的技术性能所吸引，推销便大功告成。

（11）强调与众不同。

推销员要力图创造新的推销方法与推销风格，用新奇的方法来引起顾客的注意。日本一位人寿保险推销员，在名片上印着"76600"的数字，顾客感到奇怪，就问："这个数字什么意思？"推销员反问道："您一生中吃多少顿饭？"几乎没有一个顾客能答得出来，推销员接着说："76600顿吗？假定退休年龄为55岁，按照日本人的平均寿命计算，您不剩下19年的饭，即20805顿……"这位推销员用一个新奇的名片吸引住了顾客的注意力。

（12）利用赠品。

每个人都有贪小便宜的心理，赠品就是利用人类的这种心理进行推销。很少人会拒绝免费的东西，用赠品作敲门砖，既新鲜，又实用。

当代世界最富权威的推销专家戈德曼博士强调，在面对面的推销中，说好第一句话是十分重要的。顾客听第一句话要比听以后的话认真得多。听完第一句话，许多顾客就自觉不自觉地决定是尽快打断谈话，还是要继续。如果一边谈话，一边拿出准备好的免费赠品，大部分顾客都不会马上粗暴拒绝了，于是自己谈话就有了转机。

项目十一　谈　　判

有人把当今世界比喻为一张巨大的谈判桌，因为每个人都会随时扮演谈判者的角色，小到市场上的讨价还价、招聘会上的自我推荐、商场里售货员的产品推销，甚至家庭中的夫妻劝架等，大到国际上的各种争端的解决，可以说我们的生活中处处都存在谈判。要想在这张"谈判桌"前成为赢家，要想在各个领域里获得全面发展，谈判口才的掌握是必不可少的。

本项目中安排了两项任务，一项是谈判的准备，包括谈判的程序以及准备工作；另一项是谈判的口才技巧。

任务一　谈判准备

事例介绍

1972年2月，美国总统尼克松访华，中美双方将要展开一场具有重大历史意义的国际谈判。为了创造一种融洽和谐的谈判环境和气氛，中国方面在周恩来总理的亲自领导下，对谈判过程中的各种环境都做了精心而又周密的准备和安排，甚至对宴会上要演奏的中美两国民间乐曲都进行了精心的挑选。在欢迎尼克松一行的国宴上，当军乐队熟练地演奏起由周总理亲自选定的《美丽的亚美利加》时，尼克松总统简直听呆了，他绝没有想到能在中国的北京听到他如此熟悉的乐曲，因为，这是他平生最喜爱的并且指定在他的就职典礼上演奏的家乡乐曲。敬酒时，他特地到乐队前表示感谢。此时，国宴达到了高潮，一种融洽而热烈的气氛感染了美国客人。

一个小小的精心安排，赢得了和谐融洽的谈判气氛，这不能不说是一种高超的谈判艺术。

知识归纳

（一）谈判的内涵

谈判是指有关组织或个人以口头语言作为载体，与对方在涉及切身利益的分歧和冲突方面进行反复磋商，寻求解决的途径和谋求达成协议的过程。对需要的满足是谈判的共同基础，为了达成协议是谈判的共同目的，最好的谈判是在求同存异的原则下达到互惠互利双赢的结果。

（二）谈判的种类

在谈判实践过程中，我们根据不同的划分标准，把谈判分为不同的种类。

1. 根据谈判人员的数量和规模的不同，分为个人谈判、小组谈判和大型谈判

（1）个人谈判。

个人谈判指在项目较小或次要的谈判中，谈判双方只派出一位谈判代表，进行"一对一"形式的谈判。能够出席这类谈判的代表，大多有主见、有决断力，善于单兵作战。有时根据需要，在一些谈判成员多、规模大的谈判中，也会安排双方的首席代表针对一些关键问题和要害问题进行"一对一"形式的谈判。

（2）小组谈判。

小组谈判指在一些规模较大、情况比较复杂的谈判中，为了提高谈判效率，双方各由

若干谈判人员组成谈判小组共同参加的谈判。这种谈判的小组内部人员有适当的分工和合作，可取长补短、各尽其能。比如，中国在进入世贸组织的谈判过程中，就是组织的谈判小组，经过长期协同作战，终于使我国成功加入世界贸易组织。

（3）大型谈判。

大型谈判指能够影响国家声望、关系国计民生、决定国家或地方经济发展的重大谈判。这类谈判历时比较长，程序严谨，大多会分成若干层次和阶段进行谈判。

2. 根据谈判主体的不同，分为企业间谈判、政府间谈判和民间谈判

（1）企业间谈判。

企业间谈判指为了协调企业间各种利益关系而进行的谈判。

（2）政府间谈判。

政府间谈判指各国政府之间或者是国内各政府部门之间的谈判。国内政府之间的谈判是为了协调和理顺各部门之间的关系，提高工作效率。各国政府之间的谈判是为某种具体事项的协调统一而进行的，并最终达到促进世界的和平、稳定与发展。

（3）民间谈判。

民间谈判指为了调解家庭内部矛盾，处理家庭之间的纠纷或者是协调个人之间的关系而进行的谈判。谈判主体可以是基层组织人员、双方单位代表，或者是双方可以信赖的德高望重的邻里、同事、亲友等，当然也可以是当事人直接进行谈判。

3. 根据谈判性质的不同，分为一般性谈判、专门性谈判和外交性谈判

（1）一般性谈判。

一般性谈判指生活中最常见的随意性比较强的、非正式的谈判。这类谈判无须做过多的准备，比如，一对夫妻在买电脑的过程中，为了说服对方同意购买自己满意的品牌所进行的非正式谈判。

（2）专门性谈判。

专门性谈判指专门针对经济、文化、教育等内容而进行的内容比较单一的谈判。

（3）外交性谈判。

外交性谈判指国与国之间进行的各种内容的谈判。这类谈判都要有充分的准备，谈判的过程比较正规和严谨，谈判的结果对双方都有很大的影响和制约。

4. 根据谈判语言交流方式的不同，分为口头谈判和书面谈判

（1）口头谈判。

口头谈判指谈判双方在谈判的过程中以口语表达的方式进行协商，既可以是面对面的形式，也可以通过电话来完成。口头谈判的优点是灵活性比较大，信息反馈迅速，谈判对象范围广，谈判内容丰富。其缺点是主观性比较强，容易在谈判的过程中出现遗漏，容易在谈

判后产生纠纷。因此，口头谈判用于内容比较简单的谈判，或者是重大谈判的首次接触。

(2) 书面谈判。

书面谈判指双方在谈判过程中通过书面材料进行协商，书面材料可以是文字的也可以是图表的。书面谈判的优点是谈判的效率比较高，精力也比较集中，双方需要承担的责、权、利在书面材料中也比较明晰。其缺点是比较"生硬"，缺少情感交流，灵活性也较差，而且，双方也容易对文字的表述发生分歧，影响谈判的效果。

(三) 谈判的标准程序

在谈判的过程中，我们只有懂得了谈判的程序才能在谈判中把握正确方向，思路清晰，排除干扰，最终取得圆满的结局。

一般情况下，正式的谈判程序，都要经历开局阶段、概述阶段、明示阶段、交锋阶段、妥协阶段和签约阶段六个阶段。

1. 开局阶段

这个阶段是谈正题之前的一个短暂阶段，主要是为了建立一个良好的谈判氛围，一般是双方参与谈判的人员通过自我介绍的形式相互认识，然后共同讨论一些社会新闻、娱乐消息、体育赛事等。这样，有助于双方的感情沟通，为下一步的顺利谈判创造轻松和谐的气氛。这个过程对打破紧张气氛、消除对方的防范心理是非常必要的，但时间不宜太长。

〈案例〉

日本首相田中角荣 20 世纪 70 年代为恢复中日邦交正常化到达北京，他怀着等待中日间最高首脑会谈的紧张心情，在迎宾馆休息。迎宾馆内气温适宜，田中角荣的心情也十分舒畅，与随从的陪同人员谈笑风生。他的秘书仔细看了一下房间的温度计，是"17.8度"。这一田中角荣习惯的"17.8度"使得他心情舒畅，也为谈判的顺利进行创造了条件。

"17.8度"的房间温度，是人们针对特定的谈判对手，为了更好地实现谈判的目标而创造的轻松和谐的开局氛围。

2. 概述阶段

这个阶段是为了陈述各方立场、探测对方意图而进行的探索阶段。此时，双方的态度都表现得积极而又谨慎，一方面要通过清晰无误的概述，让对方知道自己的目标和想法，同时也要注意自己重要信息的保密；另一方面，还要通过对方的概述，迅速抓住对方的立场、策略，掌握对方的目标和需求，通过对这些有效信息的分析，快速灵活地调整谈判策略，为进一步谈判创造条件。

注意：

(1) 在内容上要简练且重点突出。比如："希望我们今天能够在机器的质量和技术的转让问题上取得共识，令我们双方都满意。"

（2）在言辞和态度上，要礼貌、热情、积极和有诚意，避免使对方产生防御心理和抵触情绪。

（3）在自己概述结束之后，要给对方留出一定的时间表示意见和进行概述。在对方陈述的时间里，要仔细倾听，积极提问，准确整理对方的观点、意见，认真分析对方的目的、动机，找出对方和自己在观点上、立场上的异同点，进一步明确谈判的策略。

（4）在时间的掌握上不要太长，一般一两分钟即可。这个阶段里，必须尽力争取对方的认可，因为只有在有共识的基础上，才能将谈判进一步推进。

3. 明示阶段

明示阶段是双方进入实质性问题的磋商阶段，这个阶段主要围绕以下两个内容进行。

（1）提出问题。

双方尽量提出与对方不同的意见和看法，经过心平气和的磋商、讨论，求得快速、彻底的解决。一般双方问题主要体现在自己所求、对方所求、彼此相互之求和外表没有表露的内蕴需求上。

（2）提出方案。

双方提出问题之后，各方的谈判者就要通过对对方信息的分析，预测出对方可以接受的最佳方案，提出建议，供双方进一步讨论。

4. 交锋阶段

在这个谈判阶段里，谈判各方为了共同的利益尤其是自身的需求，运用各种策略和技巧相互争执较量、讨价还价，这是谈判的核心阶段。在交锋中，双方都是据理力争，使自己处于优势地位，让对方接受自己的观点，因此会争论激烈，气氛紧张。这时，谈判者应冷静、果断，坚定自己的目标，但也不要简单强硬，而要通过各种谈判手段和技巧，找出双方都能接受的妥协方案。

本阶段需要注意的问题有以下四个。

（1）找出分歧点。

找出主要问题的分歧点，准确判断对方的目标和需求，充分预计出自己在这些问题上讨价还价的空间。

（2）排除障碍。

谈判双方有时会根据对方谈判人员的性格、作风、心理、气质和文化素养的不同，给对方施加压力。在谈判中，一方会故意设计障碍来干扰另一方。比如，座位阳光刺眼，看不清对手的表情；会议室纷乱嘈杂，常有干扰和噪音；在一方疲劳和困倦的时候另一方提出一些细小但比较关键的改动。有时甚至利用外部环境施加压力。在谈判中遇到对方设置的"阳光刺眼"障碍时，我们应该立即提出拉上窗帘或者更换座位的正当要求，而不要碍于面子，默默忍受。

（3）把握好方向。

谈判时，要努力促使谈判朝着有利于双方的方向发展。在谈判中，如果分歧比较大，可适当做出一些小的让步，表示出己方的诚意和良好愿望，从而要求对方同样回报，最终在双方的良好愿望下，使谈判朝着有利于双方的方向发展。

（4）积极反应，灵活应对。

每一轮交锋磋商的过程都是一次完整的回馈反应过程，我们要积极地给予应对，并且能够在万一出现僵局时，灵活地采取缓解措施和应对办法，做到能进能退。

5．妥协阶段

双方经过激烈的交锋后，进入妥协阶段，各方会为了最终达成协议而做出一些必要的让步，这是谈判过程中必不可少的阶段和过程。谈判人员的妥协让步既要坚持原则立场，又要不伤害对方的感情和不影响以后的长期合作。让步是每场谈判都存在的问题，让步的策略如下。

（1）一方先在小问题上让步，然后要求对方在重要问题上让步，即先"给"后"取"。

（2）不轻易让步，即己方的每一次让步都要让对方付出艰巨的努力。

（3）不要让步太快，同时争取自己的让步一定要导致对方的相应让步。

（4）让步的幅度要掌握好，尽量多给自己留下回旋的余地。

6．签约阶段

经过双方的交锋和妥协，双方认为已经基本达到自己的目的，便根据谈判的结果议定一个文字的协议或合同，并在文件上签字，整个谈判活动即告结束。在签订协议或合同时，为了避免因遗漏或遗弃产生纠纷，双方要认真核对，一定要字斟句酌，每个条款表述要做到全、细、明。

（四）谈判前的准备工作

1．了解自己

在谈判前一定要对自己有足够的了解，清楚自己想要通过谈判达到的预定目的，用多少代价来促成合作而不至于损失，因此要清楚以下两点。

（1）弄清谈判的理由。

弄清谈判的理由，能让自己的思路更加清晰，目标更加明确，不至于做无谓的努力。比如，如果不谈判，自己是否有能力解决问题；通过谈判，希望对方能给自己提供哪些条件等。

（2）明确自己的实力。

明确自己的实力，能够在谈判中掌握主动权，能进能退，从容应对。比如，要明确自己有多大的实力，能够满足对方多大的需求，这样在谈判过程中才能准确定夺增加多大的筹码。只有知道自己的上下极限，才能在谈判中掌握终止谈判或签订协议的最佳时机。

2. 摸清对手的底细

在谈判之前，只有做到"知己知彼"，才能"百谈百赢"。比如，本次谈判，你的对手究竟想从你这里获得什么？你知道他是否还有别的途径获得他想要的东西？假如双方无法达成协议，那么对方会有什么损失？

3. 确定谈判目标

目标是谈判的主题和核心，只有在明确、具体、可行的目标指导下，谈判才能高效进行、高质完成。

4. 拟订谈判计划

在谈判前预先拟订的具体内容和步骤即是谈判计划，这是谈判工作的基础。谈判计划包括：谈判具体任务、谈判要点、谈判策略和谈判双方共同利益四个方面。

5. 选择谈判时间

最佳的谈判时间能给谈判带来最好的效果，因此，要尽量选择对己方最有利的时机谈判。

6. 选择谈判地点

谈判地点选择得好坏，会直接影响谈判的效率，因此，要选择优美、清静的谈判地点，这样双方能够集中精力投入到谈判中，并最终达成协议。

7. 选择谈判人员

知人善任才能取得成功，因此要选择有丰富谈判经验的人员。

实训实习

在小组中模拟购买办公设备的谈判，以下一些问题是谈判前要准备的问题，请给出问题的答案。

1. 主要谈判问题是什么？
2. 有哪些敏感的谈判问题不要去碰？
3. 应该先谈什么？
4. 我们了解对方哪些问题？
5. 自从最后一笔生意，对方又发生了哪些变化？

6. 如果谈的是续订单，以前与对方做生意有哪些经验教训要记住？
7. 与我们竞争这份订单的企业有哪些强项？
8. 我们能否改进我们的工作？
9. 对方可能会反对哪些问题？
10. 在哪些方面我们可让步？我们希望对方做哪些工作？
11. 对方会有哪些需求？他们的商务谈判战略会是怎样的？

知识拓展

谈判技巧（一）

一、期限效果

从统计数字来看，我们发现，有很多谈判，尤其较复杂的谈判，都是在谈判期限即将截止前才达成协议的。不过，未设定期限的谈判也为数不少。

谈判若设有期限，那么，除非期限已到，不然的话，谈判者是不会感觉到什么压力存在的；所谓"不见棺材不掉泪"就是这种道理。

譬如，人平常都不怕死，虽明知每一个人终将难逃一死，但总觉那还是"遥遥无期"的事。然而，若有一天，医生突然宣布，你只有一个月的时间了，这样的打击，是谁可以忍受的呢？

由此可见，当谈判的期限愈接近，双方的不安与焦虑感便会日益扩大，而这种不安与焦虑，在谈判终止的那一天，那一时刻，将会达到顶点——这也正是运用谈判技巧的最佳时机。

还记得美国总统卡特在戴维营与埃及前总统沙达特、以色列前首相比金所举行的长达十二天的会议吗？此一首脑会议的目的，是想解决以、埃之间对立三十年来的一切悬而未决的问题。这些问题十分复杂，因此谈判从一开始便进行得非常缓慢，经常中断，没有人有把握能谈出什么结果来。于是，主事者便不得不为谈判设定一个期限——就在下个礼拜天。果然，随着截止期限一天天的接近，总算有一些问题获得了解决。而就在礼拜天将到前的一两天，谈判的气氛突然变得前所未有地顺利，更多的问题迎刃而解，以、埃双方也达成了最后的协议。

在如此重大谈判的过程中，谈判的"截止期限"依然能产生令人惊异的效果，所以，如果你也能将此心理运用在各种谈判中，自然也可获得预期的效果。

美国西部一名牛仔闯入酒店喝酒，几杯黄汤下肚之后，便开始乱搞，把酒店整得一塌糊涂。这不不算，到后来，他居然又掏出手枪朝着天花板乱射，甚至对酒店中的客人。就在大伙儿一筹莫展之际，酒店老板——一个瘦小而温和的好人，突然一步步的走到那牛仔身边，命令他道："我给你五分钟，限你在五分钟之内离开此地。"而出乎意料的是，这名牛仔真的乖乖收起手枪，握着酒瓶，踏着醉步离开酒店，扬长而去了。惊魂未定，有人问老板"那名流氓如果不肯走，那你该怎么办？"老板回答："很简单，再延长期限，多给他一些时间不就好了。"

以上的故事只能证明酒店老板的"运气不错"，但是，在谈判中，这位老板的行为却大有参考的价值。为了能使谈判的"限期完成"发挥其应有的效果，对于谈判截止前可能发生的一切，谈判者都必须负起责任来，这就是"设限"所应具备的前提条件。只有在有新的状况发生或理由充足的情况下，才能"延长期限"。如果对方认为你是个不遵守既定期限的人，或者你会有过随意延长期限的"前科"的话，那么，所谓"设限"，对谈判对手就发挥不了什么作用。即使期限已到，也不会有人感觉到不安与焦虑，因为他们早已算准了你"不把期限当作一回事"。

你的谈判对手或许会在有意无意中透露一个"截止谈判"的期限来，譬如"我必须在一个小时内赶到机场"、"再过一个小时，我得去参加一个重要的会议"，这样的"自我设限"，不正给了你可乘之机吗？。在这种情况下，你只需慢慢地等，等着那"最后一刻"的到来便行了。当距离飞机起飞或开会的时间愈来愈近，对方的紧张不安必也愈来愈严重，甚至巴不得双方就在一秒钟内达成协议。此时此刻，你就可以慢条斯理地提出种种要求"怎么样呢？我觉得我的提议相当公平，就等你点个头了，只要你答应，不就可以放心地去办下一件事了！"由于时间迫切，对方很可能便勉为其难地同意你的提议，不敢有任何异议。

以上所举的，是谈判对手为自己设定了一个不利于己的期限的例子。这也是想同时提醒你，千万不要犯了相同的错误。这种错误，是绝对不会发生在一名谈判高手身上的。

在谈判时，不论提出"截止期限"要求的是哪一方，期限一旦决定，就不可轻易更改。所以，无论如何，你都必须倾注全力，在期限内完成所有准备工作，以免受到期限的压力。如果对方提出了不合理的期限，只要你抗议，期限即可获得延长。不过，若对方拒绝了你延长期限的提议，或者自认为所设定的期限相当合理的话，那就麻烦了。在这种情况下，你唯一能做的，就是加倍努力，收集资料，拟定策略，如果还一味地因对方的"不讲理"而生气，以致浪费了原本有限的时间，这就落入对方的圈套了。不论你有多少时间，冷静地拟定应付措施、仔细地检查对策，才是最聪明的做法。

譬如你想购买一批不动产，而对方只给了你十天的时间，要你在十天内决定是否以其所开出的价钱买下这批不动产。这时，你就应该先从各种不同的角度来检查对方的提议。如果觉得价钱不甚合理，最好能在期限截止前，尽早向对方说明你的看法。可能的话，还可以依照自己的意愿，再重新订立一个期限，这么做，将使你免于成为对所设定的期限下的牺牲品。

二、调整议题

当你乘坐卡车通过一条蜿蜒曲折的道路。路上的急斜坡很多，上上下下，下下上上，你会看得心惊胆跳，直冒冷汗。然而，卡车司机的换挡技术着实巧妙到了极点。他似乎完全是凭着直觉换档的，上坡时速度并没有减慢，而下坡时，也不至于急速的往前猛冲。总之，坐在车上的人始终是平平稳稳的，没有半点不舒服的感觉。

那么，谈判中的所谓"换挡"又是什么呢？谈判中的所谓"换挡"，就是在谈判进行时设法改变中心议题。而"换挡"的技术如能像那位卡车司机那般的娴熟，那么，不管任何谈判，主导权都将操纵在你手中。

苏联的谈判专家便是"换挡"的能手。在限制武器的谈判中，他们便一再使出以改变、转移论点的"换挡"技术，纵横全场。

以限制武器谈判来说，美、苏双方都急欲达成限制武器的协议，也就是说，不管谈判遭遇到何种困难，还是必须坐在谈判桌前，继续讨论，直到有了结果为止。事实上，许多谈判，如公司、政府、自治团体以及各种工会间的谈判也是如此。即使谈判无法获得一致协议，因而演变到怠工、罢工等最坏的状况，双方仍须继续努力，寻求一合理的解决方式。总之，就算是谈判一度中止了，双方还得再坐上谈判桌。假设你代表资方，那么，对于劳方接二连三提出工资问题、医疗问题，乃至休假问题——这就是一种"换挡"，随时改变议题的技术，或许会感到不满，穷于应付。然而，为了顾全大局，无论如何，你都必须做到"使谈判继续下去"的基本要求。

有时候，谈判双方或单方会急欲获得某种程度的协议。譬如，你想买进对方所持有的某种颇具影响力的资产（公司、专利、土地、名画、钻石、古董或马匹等等），那么，为了使"换挡"的技术在谈判中发挥效果，最重要的，就是不让对方察觉到你的意图。你可以顾左右而言他，可以装作漠不关心的样子，也可以声东击西。总之，如果被对方察觉到你"购买欲极强"的意图，他必然会想尽办法来对付你，使你难遂所愿。

对方如果有意中止谈判，便不可能眼睁睁地听任你采取随意改变话题的"换挡"技术，除非此一话题他甚感兴趣，或者对谈判本身非常重要。当然，如果你的谈判对手是个经验不足或缺乏动力的人，那就另当别论了。

在非重要的谈判中，当你想改变话题时，应事先向对方说明之所以改变话题的理由，以取得其谅解，进而毫无异议地接受你的提议。

张先生曾经参加过一件牵涉极为复杂难的谈判，其内容大多有关证券与不动产，也有一部分涉及信托财产的文字解释。为了掌握谈判的主导权，从谈判一开始，他便充分地运用"换挡"的技术，从价格查估问题到文字解释问题，再从文字解释问题到信用问题，如此反反复复，随心所欲地转换议题。不过，在每一次转换议题之前，他总会事先说明之所以转换的理由，以取得对方的谅解。就这样，对方终于拖进了"换挡"技术的迷途中，而退至防卫线上。

在谈判中，对方一旦退至防卫线上，你便等于向前迈进了一大步，取得优势了。

三、打破僵局

谈判的内容通常牵连甚广，不只是单纯的一项或两项。在有些大型的谈判中，最高纪录的议题便多达七十项。当谈判内容包含多项主题时，可能有某些项目已谈出结果，某些项目却始终无法达成协议。这时候，你可以这么"鼓励"对方，"看，许多问题都已解决，现在就剩这些了。如果不一并解决的话，那不就太可惜了吗？"

这就是一种用来打开谈判僵局的说法，它看来虽稀松平常，实则却能发挥莫大的效用，所以值得作为谈判的利器，广泛地使用。

牵涉多项讨论主题的谈判，更要特别留意议题的重要性及优先顺序。譬如，在一场包含六项议题的谈判中，有四项为重要议题，另两项则不甚重要。而假设四项重要议题中已有三项获得协议，只剩下一项重要议题和两项小问题，那么，为了能一举使这些议题也获得解决，你可以这么告诉对方："四个难题已解决了三个，剩下的一个如果也能一并解决的话，其他的小问题就好办了。让我们再继续努力，好好讨论讨论唯一的难题吧！如果就这么放弃，大家都会觉得遗憾呀！听你这么一说，对方多半会点头，同意继续谈判。

当第四个重要议题也获得了解决时，你不妨再重复一遍上述的说法，使谈判得以圆满地结束。

打开谈判僵局的方法，除了上述"只剩下一小部分，放弃了多可惜"、"已经解决了这么多问题，让我们再继续努力吧"等说话的技巧外，尚有其他多种做法。不过，无论所使用的是哪一种方法，最重要的，是要设法借着已获一致协议的事项作为跳板，以达到最后的目的。

四、声东击西

这一策略在于把对方的注意力集中在我方不甚感兴趣的问题上，使对方增加满足感。

具体的运用方法是，如果我方认为对方最注重的是价格，而我方关心的是交货时间，那么我们进攻的方向，可以是付条件问题，这样就可以支对方从两个主要议题上引开。

这种策略如果能够运用得熟练，对方是很难反攻的。它可以成为影响谈判的积极因素，而不必负担任何风险。

五、金蝉脱壳

当谈判人员发觉他正被迫作出远非他能接受的让步时，他会声明没有被授予达成这种协议的权力。

这通常是谈判人员抵抗到最后时刻而亮出的一张"王牌"。在这时，双方都很清楚，这是为了不使谈判破裂。

然而，如果用直截了当的方式使用"职权有限"，这个策略还是有危险性的。因为，为使谈判得以顺利进行，就要求双方共同以适当的速度朝着预期的方向努力，要求共同交换条件，共同得到满足，共同做出让步。如果一没有足够的权力，那么就会出现新的问题，若是一方认为可能会面临到，即无论与对方的谈判人员达成什么样的谅解，都不会被他的老板认可。其结果，一方会不得不做出进一步的让步。

某一方提出"职权有限"，对双方来说都是不利的。它破坏也干涉了另一方让步的速度和方式，削弱了自己获取利益的可能，使任何谈判都更趋复杂化。

如果一方真是"权力有限"，则会降低谈判的效率。如果一方蓄意采取这一策略来愚弄对方，那么，它不但具有许多不利之处，而且这种人为障碍很可能被发现，而使自己受损。

一方如果怕对方使出这一招，最好在谈判开始时就弄清楚。在谈判的目标、计划和进度已经明确，亮底牌阶段即将完成之前，谈判人员的个性已初步掌握之后，可首先提出一个这样的问题："你有最后决定的权力吗？"

谈判进入中期阶段后，如要某一方的权力确实有限了，那么，另一方应该施加各种影响，争取在他的权力范围内成交。权力有限的一方应该利用电话、传真机和其他设施，与老板取得联系，解决因"职权有限"而造成的问题。

任务二　谈判口才技巧训练

事例介绍

〈事例一〉

美国商人怀特率领一个代表团与欧洲某公司的谈判代表举行一场关于"小麦出口"的谈判。美国小麦大量积压，这是众所周知的事实。怀特在谈判前，召开代表会议，大家商讨了谈判策略、语言技巧，并一致同意毫不隐讳国内小麦过剩这一问题。

在谈判桌上，双方你来我往，毫不相让。怀特在开始时就向与会者谈了己方的要求，并明确告诉对方，希望对方妥善考虑。欧洲公司的代表知道美国国内小麦过剩，农场主怨声载道这一问题，因此，总想在小麦的价格方面进行限制，想趁机捞一笔。

怀特面临着两难处境，一是国内的农场主们都想尽量销出小麦，减少损失，二是欧方公司的代表出价过低，如果以这样的协议达成小麦出口合同，那农场主们几乎是白种了一季小麦，他们肯定不会同意。

思考一番之后，怀特决定以明白的语言，向对方坦陈国内的危机，并希望对方能体谅美国农场主们此时的心情。怀特这样做了，他的语言很有感染力，最后，怀特用肯定的语气说："我们与贵国是生意上的长期伙伴，大家彼此优势互补，患难时也相互扶持。不错，国内今年丰收了，但丰收没有带来喜悦，反而是说不尽的烦恼，这大概有点滑稽吧。不过，在此我要告诉各位的是，尽管小麦过剩，但农场主们一年的辛苦也不能白费，如果他们毫无利益，我想他们是不会答应出售的。希望各位先生郑重地考虑我的话，然后再做决断。"

怀特的这一番话合情合理，既明白具体，又准确地表达了己方的立场，并暗含责备，即希望对方不要趁火打劫，使美国农场主们的困苦再雪上加霜。

欧洲的公司代表经过认真考虑与磋商，知道如果以这样的价格是不会买到小麦的，于是抬高了价格。最后，双方达成了协议。

谈判中，一个人的语言是否能让对方听得明白而准确，是否得体是衡量他口才的重要标志，也是谈判成功的关键，一定不能掉以轻心。

〈事例2〉

中国与中东某国客商谈判建立联合化肥公司的项目，经过考察论证，谈判数月，在接近尾声的时候，对方突然加入一位有相当实力和声望的董事长。他一进场，就推翻以前的结论，要求重新再来。这样，中方便要蒙受数十万元的损失。谈判便进入了僵持的阶段。

这时，中方一位地方首长站起来说："我代表地方政府声明：为了建这个化肥厂，我们安排了这一块挨近港口、地理位置优越的地皮。也为了尊重我们的友谊，在许多合资企业要使用这块地皮时，我们都拒绝了。如果按照董事长今天的提议，事情将要无限期地搁置下去。那我们只好把这块地皮让出去！对不起，我要处理别的事情，我宣布退出谈判。下午我等大家的消息。"

说完拿起皮包便走。形势便急转直下。这位董事长考虑再三，只好改变主意，同意按原方案执行。

当对方态度强硬，以势欺人时，在对方即将要得到最大利益上"将"他一军，以强硬的态度，逼迫对方让步，这也是谈判的策略。

知识归纳

在谈判中，双方要通过"舌战"，努力争取自己最大的利益，也可以说，谈判能否取得真正意义上的成功，与语言技巧的运用有着直接的关系。

（一）表达技巧

同样的内容，经过不同人的表述，取得的效果是不同的。我们在谈判中，要通过语言工具，借助不同的表达方式，达到自己的目标。谈判中使用语言应注意以下几个问题。

1. 准确、正确地运用语言

谈判的目的是为了达成双方满意的协议，在协议中要写明双方应该承担的责任、义务和可以享受的权利，不可采用模棱两可或容易产生歧义的语言，而造成不必要的误会和纠纷。因此表述得越具体、越细致越好，尤其是在涉及一些具体的指标时，一定要把应该达到的标准写清楚、准确。

例如，某公司向国外一家企业购进一批生产设备，在协议上只说对方要提供技术转让材料，而没有明确地说明是在哪些项目上需要技术材料，结果设备购进后，外国的企业只在一些小的方面提供了技术材料，而其他材料只能又花了几十万元再次买进，致使公司蒙受了很大的经济损失。

2. 不伤对方的面子和尊严

在谈判中，维护面子与尊严是一个极其敏感而又重要的问题。很多谈判专家总结道：在谈判中，如果一方的面子和尊严受到伤害，即使是最好的交易，也会产生不良的后果。在心理学上讲，当一个人的自尊受到威胁时，他就会对外界充满敌意，会以反击、回避、冷淡的方式反抗。这时，再想挽回局面，进行轻松的谈判就会变得十分困难。在谈判中使用的语言就要认真推敲。例如：

当你不同意对方提出的观点时，你可以说："你的观点是否考虑到……"或者说："有些资料有可能你还没有看到。"使用这样的语言，既避免了正面冲突，又表达了不接受的意思，而"你的这个观点是在没有掌握全面材料的情况下主观得出的片面性的结论，我们是不能接受的。"这样的表达可能因伤害对方的尊严而引起冲突，使谈判陷入僵局。

3. 使用语言要掌握分寸

在谈判中有些语言是不适合的，我们应该尽量少用或者不用，比如如下的语言。

（1）极端性的语言。

如："肯定如此"、"绝对不是那样的"，等等。

（2）针锋相对的语言。

如："你们不用再说什么了，事情就这样定了"，或者"我们的开价就是这些，一分也不能让了。"这样的语言很容易引起双方的争论，造成僵局。

（3）涉及对方隐私的语言。

如："我知道你的地位不高，这个问题你说了不算。"

（4）有损对方自尊心的语言。

如："我们开价就这些，买不起就别谈。"

（5）催促对方的语言。

如："别啰嗦了，快点决定吧，到底买还是不买？"

（6）赌气的语言。

往往赌气的语言都是言过其实，容易造成不良的后果。如："你们要买就这个价，我宁可不卖，也不会降价卖给你的。"

（7）言之无物的语言。

如："明天将会很晴朗"，这与谈判内容无关，不利于谈判。

（8）以自我为中心的语言。

如："我认为……"、"我觉得……"、"我的看法是……"，这样的语言容易引起对方的反感，应适当地把"我"换成"您"。

（9）威胁性的语言。

如："你这样做，不会有好果子吃的。""你应该为这个决定付出代价。""你如果这样做的话，就等着瞧吧。"

（二）提问技巧

谈判中提问的目的就在于探索对方的一些有效信息，为赢得谈判提供基础。下面介绍几种提问的技巧。

1. 明确提问的内容

在谈判中，想要得到对方明确的回答，首先应明确自己要什么，再明确提问的具体内容。比如，"你们的价钱是否已经含有运输费"就比"你们的价钱是多少"要具体明确得多。在明确提问内容上值得注意的问题有以下几个。

（1）用词准确、简练，以免产生歧义，造成不必要的误解。

（2）一次提问一个内容，以免对方避重就轻，或者遗漏重要的问题。

（3）问话时要注意措辞。比如，"贵公司对自己目前的销售策略是怎样看待的？"要比"贵公司认为自己的销售策略是否有不合理的地方？"礼貌，而且还能获得更多的信息。

（4）问话之前要认真地思考和准备。思考的内容包括：我要问什么？对方会有什么反应？能否达到我的目的？必要时还可以对提问的理由做一个简单的解释，避免意外的麻烦和干扰，达到问话的目的。

（5）问话的内容要有价值。比如，"贵公司的产品打算怎样在我国打开市场"就比"贵公司的产品为何要卖到中国而不卖给日本"有意义得多。

2. 选择问话的方式

从不同的角度进行提问，就能引起对方不同的反应，也能得到不同的回答内容，所以我们在谈判中要根据自己的需要选择不同的问话方式。

（1）掌握好问话的策略，不要让对方因为你的问话而感到有压力和烦躁不安，或者给对方造成压迫感和威胁感。比如，"你们的条件这么苛刻，我们能接受吗？"这句话的挑战意味比较浓，似乎在表明如果不让步，我们就放弃了。但如果改变一下问话的方式，"你们的条件超出了我们所能承受的能力，是否还有商量的余地？"很明显，这样的问话方式让对方更容易接受，既缓和了气氛，又表达了谈判的诚意。

（2）提问时不要夹杂含混的暗示，而且要注意避让对自己不利的内容。比如，当对方没有做出明确的答复时，如果问"你们是否还有别的要求"这样的提问，就把主动权交给了对方，而使自己陷入了被动，所以，这样的问话要绝对避免。

（3）问题要简明扼要，指出关键所在。比如，"价格是这次谈判的分歧吗"要比"你认为此次谈判的分歧在哪里"好一些。

3. 注意问话的时机

谈判的时机对谈判的效果也有很大的影响，如果在谈判刚刚开始就咄咄逼人地提出问题，显然是不合时宜的。因为，这时双方还没有完全阐明观点和立场，过早地提问就使人摸不着头脑，抓不住关键点，也使对方感到为难。

（1）应该在对方充分表达之后再提问，过早过晚地提问都会打断对方的思路，影响对方回答问题的兴趣，而且也显得不礼貌。

（2）若想控制谈话的引导方向，你可以适时地运用发问，或者适时地连续发问。这可以让别人注意到你的提问，把话题引回到原来的内容或者把话题引到你希望的结论上。

4. 考虑问话对象的特点

兵来将挡，水来土掩。针对不同的谈判对象，我们也要选择不同的提问方式，这样才能"对症下药"，取得良好的谈判效果。比如：对方坦率耿直，提问方式就要简洁；对方爱挑剔、善抬杠，提问方式就要周密；对方羞涩，提问方式就要含蓄；对方急躁，提问方式就要委婉；对方严肃，提问方式就要认真；对方活泼，提问方式就要诙谐。

（三）回答技巧

在谈判中有问必答，不是聪明的谈判者。只有根据具体的情况来决定回答的内容，才不至于吃亏。我们要注意的问题有以下几个。

1. 不要彻底回答

在谈判中，你在一个问题上的全面回答，就能让对方推测出很多机密内容，导致谈判的形势对己方不利。可是不回答又显得没有诚意，这个时候最好的解决方式，就是不作彻底的回答，把对方的问话范围缩小，或者是只针对问题的某一个方面回答。

2. 不要马上回答

对于一些可能会暴露己方意图、目的的问题的回答，要小心慎重，不要马上就做出回答，要留出思考和探测对方的时间。例如："你们的开价是多少？"如果还没有摸准对方的底线，就可以找一些其他的借口搪塞，或者是闪烁其词，答非所问，如："这个问题只有经理能回答。""这要看产品的质量如何？""这个问题我还要考察一下其他厂家的报价再决定"，等等。

〈案例〉

美国一位著名的谈判专家有一次替他邻居与保险公司交涉赔偿事宜。理赔员先发表了意见："先生，我知道你是谈判专家，一向都是针对巨额款项谈判，恐怕我无法承受你的要价，我们公司若是只出 100 元的赔偿金，你觉得如何？"

专家表情严肃地沉默着。根据以往经验，不论对方提出的条件如何，都应表示出不满意，因为当对方提出第一个条件后，总是暗示着可以提出第二个，甚至第三个。

理赔员果然沉不住气了："抱歉，请勿介意我刚才的提议，我再加一点，200 元如何？""加一点，抱歉，无法接受。"理赔员继续说："好吧，那么 300 元如何？"

专家等了一会儿道:"300？嗯……我不知道。"
理赔员显得有点惊慌,他说:"好吧,400元。"
"400？嗯……我不知道。"
"就赔500元吧!"
"500？嗯……我不知道。"
"这样吧,600元。"

专家无疑又用了"嗯……我不知道",最后这件理赔案终于在950元的条件下达成协议,而邻居原本只希望要300元!

这位专家事后认为,"嗯……我不知道"这样的回答真是效力无穷。

案例分析:谈判是一项双向的交涉活动,双方都在认真地捕捉对方的反应,以随时调整自己原先的方案,一方不立即回答,不表明自己的态度,只用"不知道"这个可以从多种角度去理解的词,竟然使得理赔员心中没了底,价钱一个劲儿自动往上涨。

3. 不要准确回答

模棱两可、弹性较大的回答有时是很必要的。很多谈判专家认为,在谈判中有一说一的回答方式不是最好的回答。回答的技巧在于知道该说什么和不该说什么,而不必考虑是否答即所问,有的时候甚至可以根据情况故意作出错误的回答。比如,对于"你们打算购买多少？"这样的问题就可以不做确切的回答,而且可以利用这个时机谈一下条件,可以这样回答:"这要看对方的优惠条件是什么,然后我们再根据情况而定。"在这类问题的回答上要采用比较客气的语气,如:"据我所知……","那要看……而定","至于……就看你的态度了",等等。

4. 让问话者失去问话的兴趣

在很多的谈判场合下,一方为了制造一种气势,会采用连珠炮似的提问,使对方感到压力,回答者没有充分的思考时间和反应时间,这对回答者是很不利的。特别是当对方有准备时,他会让你随着问题的回答,而逐步陷入设计好的陷阱里,诱使回答者落入圈套。因此,在处理这样的问题时,我们可以采用一些回答技巧,让对方找不到继续追问的话题和借口,可以尽量多找一些客观理由。例如:"我们交货延期,是由于铁路运输……,天气……"等,却不说自己公司可能出现的问题。有时,我们还可以借口无法回答或资料不在身边,回避一些比较难于回答的问题,转变谈判中的被动地位。

(四) 说服技巧

在谈判中,能够说服对方,使对方做出一些牺牲,让出一些利益,是非常困难的,但我们还是可以通过一些说服技巧,保证在谈判桌前能够争取到自己的利益。

1. 循序渐进

先谈一些小的方面和容易解决的问题，然后再谈可能引起争论的焦点问题，这个时候，对方会考虑到已有很多问题达成了一致意见，因此，不会轻易放弃谈判，容易做出一些让步。

2. 巧妙联系

如果把引起争论的问题和已经解决的问题联系起来，对方会全面考虑问题，容易达成协议。

3. 提供多项选择

就某一个问题争论不休的时候，可以给对方提供几个选择，这样对方就会很容易找出一个合适的选项。

4. 突出共性

多注重双方共同的利益和处境，比单独强调自己的效果要好得多。

5. 反复强调

针对重点和焦点，可以反复强调，促使对方了解和接受。

6. 重视对方

在谈判时，多强调对方将会得到的好处和利益，让对方感到真正的实在，对方自然会欣然接受一些条件。

7. 把握时机

人们往往在谈判开始和结束时注意力集中，并印象深刻，所以，我们可以在谈判开头和结尾上下工夫，加大说服力。

（五）拒绝技巧

当对方提出一些己方无法接受的条件和要求时，如果直截了当地拒绝对方，可能影响谈判的氛围，使谈判转向消极。我们需了解一些拒绝的技巧，以摆脱尴尬的局面。

1. 要有勇气说"不"

我们不可能让所有的人对我们的做法感到满意，生活中无论你怎样努力，都会有部分人否定你，所以，我们就应该拿出勇气面对现实，坚持原则，敢于说"不"。

2. 运用拒绝的艺术

如果对方提出一些过分的条件，我们可以绕开锋芒，委婉拒绝。例如：

（1）你的要求是公司所禁止的，我也无能为力；
（2）你要的资料我无法得到详细的报告单；
（3）这份材料现在还没统计完，要过段时间才能整理出来；
（4）你要的材料属于我们公司的商业秘密或专利材料，是不能外泄的。

（六）谈判用语的注意事项

1. 礼貌用语，以和为贵

在谈判中，双方都会为了争取自己的最大利益，而努力说服对方接受自己的观点，产生分歧也是在所难免的，但无论分歧多大，对方的要求有多么的不合理，我们都要秉着"对事不对人"的态度，运用文明的语言，尽量争取"和解"，不要因为分歧或暂时的失利，而失去风度，给对方留下不好的印象，影响以后的合作。

例如，一位先生在下班的时候突然想起有重要的文件忘在了办公室，于是就对看电梯的工作人员说："喂，快点到八楼。"可是，看电梯的马上就说："对不起，我下班了，你爬楼梯吧。"在这场简单的谈判中，我们可以看出，由于这位先生的语言不够礼貌，态度不够尊重对方，导致谈判没有成功。

2. 不要轻易表态

事情是有一个发展变化的过程的。有时，一个暂时不利于我们的事情，经过我们的一段努力后，会转变成有利于我们的事情。所以，在谈判过程中，我们不要轻易表态，这样会影响谈判的进一步发展，甚至会导致谈判的破裂。也不要轻易评论对方的观点，这样会使对方难以接受。所以，在谈判中，即使不同意对方的观点，也不要直接表态说"不可以"、"不对"、"不行"，我们可以婉转地表达自己的意思。

3. 不要轻易否定

否定带有很强烈的对抗色彩，容易让对方处于尴尬境地，导致对方产生消极态度。我们可以采用一点语言小技巧：先给予肯定、理解，然后间接地表达否定的意思，并阐明自己不可动摇的立场，这样就能达到目的。例如，"你的方案很全面，很细致，但是，只有在产品销售方面做些改进，我们才能接受。"

4. 要善于转换话题

很多时候，对方的谈话是带有一定目的的，我们要提高警惕，要善于转换话题，躲避锋芒，这样才是明智之举。因为通过转换话题，可以达到五个目的：避开对自己不利的话题；缓和争论的焦点；为做出重大决定争取一些思考的时间；把问题引向对己方有利的方面；通过转换阐述问题的角度来说服对方。例如：周恩来总理在一次接见美国记者时，记者为了达到一定的政治目的，提了一个非常敏感的问题："中国为什么管人走的路叫马路啊？"周总理非常巧妙地回答说："我们走的是马克思主义理论指导下的道路，简称马路。"这里就是通过转换角度，既达到说服对方的目的，又维护了民族的尊严。

实训实习

〈训练材料〉

背景介绍：假设你是一名电脑售货员，一位顾客上周在你的柜台购买了一台电脑，可是现在顾客却说不好使了，他非常气愤地来到你面前，你怎么回答对方的提问，最终让顾客满意呢？

顾客："你们卖的东西是不是组装的啊？打着原装的牌子，收着原装的价格。"

你的回答：……

顾客："你们的东西这么贵，质量还这么差，是不是太黑了，属于欺骗！"

你的回答：……

顾客："如果不给我解释明白，让我满意，我就去投诉你们！"

你的回答：……

顾客："这样的解决方式，我不同意！"

你的回答：……

顾客："你们把电脑给我退了，然后再赔偿我一定的精神损失费！"

你的回答：……

顾客：……

你的回答：……

〈训练说明〉

1. 分组进行，每组两名同学，分别模拟顾客和售货员，时间允许的话，还可以角色互换。

2. 以上只是提供一个可能发生的场景，也可以由同学自己组织情景对话，看哪组同学能用最短的时间，把问题解决得最好。

知识拓展

谈判技巧（二）

一、适时反击

反击能否成功，就要看提出反击的时间是否当掌握得准确。反击只有在对方以"恐怖战术"来要挟你时方能使用，所以，它也可以说是一种以退为进的防卫战。汤姆成功的例子，就足以显示反击正是所谓的"借力使力"，就是利用对方的力量，再加上自己的力量，发挥"相乘效果"，一举获得成功。

其次要注意的是，使用反击法时，如果对方不认为你是个"言行一致"的人，那效果就要大打折扣了。强生相信汤姆是个"说到做到"的人，所以在汤姆尚未正式宣战前，便作了让步。情况如果恰巧相反，结果也自然大不相同了。所以，在使用反击法之前，你必须先行了解，在谈判对手眼中，你是否是个言行一致、说到做到的人。

二、攻击要塞

谈判，尤其是有关公务的谈判，参加者通常不止一人。在这种"以一对多"或"以多对多"的谈判中，最适合采用的，就是"攻击要塞"。

谈判对手不止一人时，实际上握有最后决定权的，不过是其中一人而已。在此，我们姑且称此人为"对方首脑"，称其余的谈判副将们为"对方组员"。"对方首脑"是我们在谈判中需要特别留意的人物，但也不可因此而忽略了"对方组员"的存在。

谈判时，有时你无论再怎么努力也无法说服"对方首脑"，在这种情况下，就应该转移目标，向"对方组员"展开攻势，让"对方组员"了解你的主张，凭借由他们来影响"对方首脑"。其过程也许较一般谈判辛苦，但是，不论做任何事，最重要的就是要能持之以恒，再接再厉，始能获得最后的成功。

当你无法说服"对方首脑"时，就要另辟蹊径，把攻击的矛头指向"对方组员"。这正如古时候的攻城略地一般，只要先拿下城外的要塞，就可以长驱直入了。

攻占城池，要先拿下对城池具有保护作用的要塞，如此一来，就能如入无人之境了。同理，在无法说服时，便应改弦易辙，设法通过"对方组员"来动摇"对方首脑"的立场。

使用"攻击要塞"战术时，关键在于"有变化地反复说明"。很显然地，"对方首脑"已经不止一次地听过了你的主张，而现在，如果要再拿同样的说辞对"对方组员"展开游说，"对方首脑"自然感觉兴味索然。而"对方组员"也一样，对你一成不变陈述方式，也不可能专心聆听的。所以，目的虽然相同，但是，在反复说明的过程中，就要特别留意其中的变化性，以免收到反效果。另外应注意的是，纵然你已经认真地说服了"对方组员"，但是，这却无法保证"对方组员"也会像你认真地说服他们般的去说服"对方首脑"。要是"对方组员"不肯这么做，即使你用尽了全力，"攻击要塞"战术还是难奏其效的。

三、"白脸""黑脸"

有一回，传奇人物——亿万富翁休斯想购买大批飞机。他计划购买三十四架，而其中的十一架，更是非到手不可。起先，休斯亲自出马与飞机制造厂商洽谈，但却怎么谈都谈不拢，最后搞得这位大富翁勃然大怒，拂袖而去。不过，休斯仍旧不死心，便找了一位代理人，帮他出面继续谈判。休斯告诉代理人，只要能买到他最中意的那十一架，他便满意了。而谈判的结果，这位代理人居然把三十四架飞机全部买到手。休斯十分佩服代理人的本事，便问他是怎么做到的。代理人回答："很简单，每次谈判一陷入僵局，我便问他们——你们到底是希望和我谈呢？还是希望再请休斯本人出面来谈？经我这么一问，对方只好乖乖地说——算了算了，一切就照你的意思办吧！"

要使用"白脸"和"黑脸"的战术，就需要有两名谈判者，两名谈判者不可以一同出席第一回合的谈判。两人一块儿出席的话，若是其中一人留给对方不良印象的话，必然会影响其对另一人的观感，这对第二回合的谈判来说，是十分不利的。

第一位出现谈判者唱的就是"黑脸"，他的责任，在激起对方"这个人不好惹"、"碰到这种谈判的对手真是倒了八辈子霉"的反应。而第二位谈判者唱的是"白脸"，也就是扮演"和平天使"的角色，使对方产生"总算松了一口气"的感觉。就这样，二者交替出现，轮番上阵，直到谈判达到目的为止。

第一个谈判者只需要做到使对方产生"真不想再和这种人谈下去了"的反感便够了，不过，这样的战术，只能用在对方极欲从谈判中获得协议的场合中。当对方有意借着谈判寻求问题的解决时，是不会因对第一个谈判者的印象欠佳，而中止谈判的。所以，在谈判前，你必须先设法控制对方对谈判所抱持的态度，如果是"可谈可不谈"，那么"白脸"与"黑脸"战术便派不上用场了。

前面已经提过，谈判以在自己的地盘上进行较为有利，但是，在使用"白脸"与"黑脸"战术时，却反而以在对方的阵营中进行谈判为佳。不管第一位上阵的谈判者用什么方式向对方"挑战"，如果谈判是在对方的阵营中进行的话，基于一种"反正这儿是我的地盘"的安全感，对方通常不会有过度情绪化的反应。因此，当第二名谈判者出现时，他们的态度自然也不至于过分恶劣了。

相反地，若谈判是在自己的地盘进行，而对方又被第一位上阵的谈判者激怒了的话，便很可能拒绝再度前来，或者干脆提出改换谈判地点的要求。一旦谈判地点变更，对方便可能因此而摆脱掉上回谈判所带来的不悦，重新振奋起来，以高昂的斗志再度面对你的挑战。果真如此，那么"白脸"与"黑脸"战术的效果就要大打折扣了。

"白脸"与"黑脸"战术的功效是源自第一位谈判者与第二谈判者的"连线作业"上。第二位谈判者就是要利用对方对第一位谈判者所产生的不良印象，继续其"承前启后"的工作。第一位谈判的"表演"若未成功，第二位谈判者自然也就没戏可唱了。

四、"转折"为先

"不过……"这个"不过"，是经常被使用的一种说话技巧。有一位著名的电视节目主持人在访问某位特别来宾时，就巧妙地运用了这种技巧。"我想你一定不喜欢被问及有关私生活的情形，不过……"。这个"不过，等于一种警告，警告特别来宾"，"虽然你不喜欢"，"不过我还是要……"。在日常用语中，与"不过"同义的，还有"但是"、"然而"、"虽然如此"等等，以这些转折词作为提出质问时的"前导"，会使对方较容易作答，而且又不致引起其反感。

"不过……"具有诱导对方回答问题的作用。前面所说的那位主持人，接着便这么问道："不过，在电视机前面的观众，都热切地的希望能更进一步的了解有关你私生活的情形，所以……"被如此一问，特别来宾即使不想回答，也难以拒绝了。

在谈判时，当问题本身颇为复杂，叫人难以启口，但却又非问不可时，通常便得使用"缓动"的技巧。说话的缓动技巧，具有防止对方发怒，使谈判得以顺利进行的作用。

在谈判过程中，我们有时难免会变得情绪化，有时则不得不提出某些涉及人身攻击的问题，有时又不可避免地必须与曾是你手下败将的谈判对手再度会面。在这样的情况下，你应该如何处置呢？□这里举个例子说明。假设你现在的谈判对手，在不久之前，才和你谈过一件有关土地买卖的问题，当时对方觉得他所提出的价格非常合理，但事后却愈想愈不对，愈想愈觉得价格太低，自己吃了个大亏。在这种情况下，当这位谈判对手再度与你面对面，讨论另一件有关土地买卖的问题时，必然是心不平、气不和的。所以，不论你开出的价格再怎么合理，对方一定不肯轻易地同意。他之所以不肯同意，并非价格合不合理的问题，而是他已打定了主意，要以更高的价格把土地卖出，以强补上一次的损失。

类似这样的例子经常发生。所以，当你发现眼前的谈判对手对你心存不平时，就不得不慎重处理，小心应付。而化干戈为玉帛的最好方式，便是一开始便诚恳、开门见山地向对方提出解释，以消除其蓄积于心中的不满与怨气，让一切能重新开始。

也许你可以这么说："上一次土地买卖的事已经过去了，现在想来，我确实有些抱歉，不过……"接着便要设法让对方明白，心中也不再怨恨不平，谈判便可以顺利地进行了。这就是所谓说话的缓动技巧。

五、文件战术

一家金融公司举行董事会议，十二名董事围坐在椭圆形的会议桌前激烈地讨论着。有十一名董事面前摆着纸和笔，而另外的一位呢？除了纸笔外，还堆满了一叠叠的文件资料，每一叠几乎都厚达十公分。董事们对该次会议的中心议题——有关公司经营方针的变更，均踊跃发言，各抒己见，一时之间，争论四起，难达结论。在混乱当中，那位携带了大批文件资料的董事，却一直保持沉默，而每一位起来发言的董事，都会不约而同地以充满敬畏的眼光，向那堆文件资料行注目礼。待在座人士都发言过后，主席遂请那名似乎是有备而来的董事说几句话。只见这位董事站起来，随手拿起最上面的一叠资料，简要地说了几句话，便又坐了下来。之后，经过一番简短的讨论，十一名董事均认为那最后发言的董事"言之有理"，而一致同意他的意见，纷乱而冗长的争论遂告结束。

散会之后，主席赶忙过来与这位一锤定音的董事握手，感谢他所提供的宝贵意见，同时也对其为收集资料所下的工夫表示敬意。

"什么？这些文件资料和今天开的会根本是两回事嘛！这些东西是秘书整理出来的，先交给我看看，如果没有保存的必要，就要烧毁了。而我正打算开完会便外出度假，所以顺便把它们也带到了会场。至于我发表意见时手上拿的字条，不过是刚刚边听各位发言边随手记下的摘要。老实说，对这一次的会议，我事前根本就没做什么准备。"

这位被"误解"了的董事做了如此解释。

任何事情，都不能光看表面。平常的董事会议，除了纸笔之外，大家什么也不带。而这一回，突然出现了一名携带了大堆资料与会的董事，除令在座人士惊讶之余，自然也会

项目十一 谈判

叫人联想到——他带了这么多参考资料出席会议，想必在事前已做了充分地准备。正因为有这种联想，所以，不论这位董事说了些什么，都会使大家觉得"有分量"、"言之有理"，从而毫无异议地采纳了。

与开会不同的是，在谈判时若要使用"文件战术"，那么，你所携带的"工具"，也就是各种文件资料，一定要与谈判本身有关。如果你带了大批与谈判无关的资料前去谈判，想"混"的话，一旦被发现，谈判信用便将破产，而前面已再三强调过，谈判信用一旦失去，便将再难挽回，也无法弥补了。因此，在谈判时，你必须千万小心，绝对不要为图一时之便，而犯下招致"信用破产"的错误，这是谈判的原则。

参加任何谈判，都要留意自己所使用的战术或技巧是否适用于谈判的内容，这是非常重要的。所使用的战术或技巧要是不够高明、不适合于谈判内容，都将使谈判难以顺利地展开。

"文件战术"的效果，多半产生在谈判一开始，也就是双方隔着谈判桌一坐下来时。为什么呢？试想，如果等谈判已进行至某一阶段，才突然搬出大批文件资料的话，对方能不起疑吗？携带大堆文件资料前往谈判的目的，是要让对方知道自己事前的准备有多么周到，对谈判内容的了解又是何等的深入。但如果中途才搬出大批文件资料，对方就不会如此认为了。

其次要注意的是，一旦采用了"文件战术"，就要有始有终，在每一次的谈判中，都不要忘了把所有的文件资料带在身边，否则，将会引起对方的怀疑，甚至蔑视。如果有可以不再携带文件资料的理由，则要向对方详细说明，使其了解。

当谈判已进行至某一阶段，所有重要的问题均已谈妥，仅仅剩下两三个次要问题时，就可以结束你的"文件战术"了。不过，在撤走所有的文件资料之前，还是有必要向对方提出说明"重要的问题都谈过了"!这些资料已经用不着了"，以免令人起疑。还有，如要谈判场所改变，使你不方便携带大批文件资料前往时，也必须向对方照会一声"那些东西实在太笨重了，带起来不方便"。总之，当你觉得再也没有必要使用"文件战术"时，不管理由为何，最重要的，是不要使对方心生疑窦。

谈判自然是以在自己的"地盘"上举行较为有利。但是，有时候，却又不得不深入虎穴，到对方的阵营中展开谈判。

若是到对方的阵营中谈判时，就不得不考虑文件资料的携带问题。搭乘公共汽车不便携带大批文件资料，乘坐计程车，也有遗失之虞。而当对方见到你费尽千辛万苦，"搬"来了堆起来有如一座小山似的文件资料时，头一个想到的便是——这一定是用"文件战术"来对付我了。

所以，在对方的阵营中谈判时，除了必要的，以及在谈判中将使用到的文件资料外，最好什么都不要携带。这么做，除了乐得轻松以及不致让对方起疑外，对信用的提升，也有无形的帮助。而信用，正是谈判成功的关键所在。

参 考 文 献

1. 莫　非. 实用口才学（修订版）[M]. 广州：暨南大学出版社，2008.3
2. 李元秀. 口才学大全[M]. 呼和浩特：内蒙古人民出版社，2008.1
3. 欧阳谋. 口才学大全[M]. 北京：中国城市出版社，2006.10
4. 杨　欣. 口才训练与演讲艺术[M]. 北京：线装书局，2009.1
5. 侯清恒. 青年演讲技能训练[M]. 北京：中国纺织出版社，2007.7
6. 姚　尧. 演讲规范与技巧[M]. 南宁：广西人民出版社，2008.1
7. 易　钰. 演讲与口才[M]. 北京：中华工商联合出版社，2007.7
8. 朱月龙. 口才心理学[M]. 北京：海潮出版社，2008.6